DuMont's Kriminal-Bibliothek

S. S. van Dine ist das Pseudonym des amerikanischen Kunst- und Kulturkritikers Willard Huntington Wright (1888–1939). Seine aus profunder Kennerschaft des Genres 1926 bis 1939 geschaffenen Romane um den Gentleman-Detektiv Philo Vance begründeten neben dem Werk von Dorothy L. Sayers die Tradition des Detektivromans für Intellektuelle; Ellery Queen und John Dickson Carr sind ihm ebenso verpflichtet wie Michael Innes und Edmund Crispin. Von S. S. van Dine ist in DuMont's Kriminal-Bibliothek bereits erschienen: »Der Mordfall Bischof« (Band 1006) und »Der Mordfall Greene« (Band 1029).

Herausgegeben von Volker Neuhaus

S. S. van Dine

Der Mordfall Canary

DuMont Buchverlag Köln

Die Deutsche Bibliothek – CIP-Einheitsaufnahme

Van Dine, S. S.:
Der Mordfall Canary / S. S. van Dine. [Aus dem Amerikan.
von Manfred Allié]. – Köln: DuMont, 1996
  (DuMont's Kriminal-Bibliothek; 1062)
  ISBN 3-7701-3118-5
NE: GT
Vw: Wright, Willard Huntington [Wirkl. Name] → van Dine, S. S.

Umschlagmotiv von Pellegrino Ritter
Aus dem Amerikanischen von Manfred Allié

Copyrigth © 1927 by Willard Huntington Wright
Copyrigth © renewed 1954 by Mrs. Claire R. Wright
© 1996 der deutschsprachigen Ausgabe by DuMont Buchverlag Köln
Die der Übersetzung zugrundeliegende Originalausgabe erschien 1927 unter
dem Titel »The Canary Murder Case« im Verlag Ernest Benn Limited
Satz: Boss-Druck, Kleve
Druck und buchbinderische Verarbeitung: Clausen & Bosse GmbH, Leck

Printed in Germany   ISBN 3-7701-3118-5

Der äußere Anschein täuscht viele: Der Verstand allein erkennt, was in den Tiefen des Gehirns sorgfältig verborgen wurde. Plato, *Phaidros*

Zur Einführung

Viele Jahre lang war ich der persönliche Anwalt und ständige Gefährte von Philo Vance; und in diese Zeit fielen auch die vier Jahre, in denen John F.-X. Markham, Vance' engster Freund, Bezirksstaatsanwalt in New York war. Daraus erwuchs mir das Privileg, Zuschauer bei der, wie ich glaube, erstaunlichsten Serie von Kriminalfällen zu sein, die jemals vor den Augen eines jungen Anwalts ablief. In der Tat stellen die grausigen Dramen, deren Zeuge ich in dieser Zeit wurde, eins der erstaunlichsten Geheimdokumente der amerikanischen Polizeigeschichte dar. Vance war in diesen Dramen der Hauptdarsteller. Durch ein analytisches und interpretatorisches Verfahren, das meines Wissens noch nie zuvor auf kriminelle Handlungen angewendet worden war, löste er erfolgreich viele wichtige Fälle, an denen sich die Polizei und die Bezirksstaatsanwaltschaft die Zähne ausgebissen hatten.

Dank meiner besonderen Beziehung zu Vance ergab es sich, daß ich nicht nur an all den Fällen teilnahm, mit denen er befaßt war, sondern ich war auch meistens zugegen, wenn er sie mit dem Bezirksstaatsanwalt zwanglos erörterte. Methodisch wie ich bin, legte ich eine vollständige Dokumentation hierüber an. Diese Arbeit des Sammelns und Niederschreibens, um die mich niemand gebeten hatte, erwies sich als Glücksfall, denn jetzt, wo die Umstände die Veröffentlichung der Fälle gestatten, bin ich in der Lage, sie in allen Details und mit all ihren diversen Nebenaspekten, wie sie sich Schritt für Schritt abgespielt haben, zu präsentieren.

In einem anderen Band – »Der Mordfall Benson« – habe ich berichtet, wie Vance zufällig in eine kriminalistische Untersuchung verwickelt wurde, und habe auch die einzigartigen analytischen Methoden der Detektion erläutert, mit deren Hilfe er die Rätsel um den Mord an Alvin Benson löste.

Die vorliegende Chronik handelt davon, wie Vance den brutalen Mord an Margaret Odell aufklärte – eine *cause célèbre,* die als »Mordfall Canary« bekannt wurde. Die außergewöhnlichen Umstände, die Kühnheit und die scheinbare Undurchdringlichkeit dieses Verbrechens machen es zu einem der ausgefallensten und erstaunlichsten Fälle der New Yorker Polizeiannalen. Hätte Philo Vance nicht bei der Aufklärung mitgewirkt, zählte dieser Fall meiner Überzeugung nach noch heute zu den großen ungelösten Geheimnissen dieses Landes. S. S. van Dine, New York

Inhalt

Kapitel		Seite
I.	Der »Canary«	9
II.	Spuren im Schnee	15
III.	Der Mord	22
IV.	Der Abdruck einer Hand	34
V.	Die verschlossene Tür	45
VI.	Ein Hilferuf	53
VII.	Ein unbekannter Besucher	60
VIII.	Der unsichtbare Mörder	69
IX.	Die Meute auf der Jagd	75
X.	Eine erzwungene Unterredung	87
XI.	Auf der Suche nach Aufschluß	96
XII.	Ein Indizienbeweis	105
XIII.	Ein alter Verehrer	113
XIV.	Vance legt eine Theorie dar	121
XV.	Vier Möglichkeiten	129
XVI.	Bedeutende Enthüllungen	137
XVII.	Ein Alibi wird geprüft	146
XVIII.	Die Falle	155
XIX.	Der Doktor gibt eine Erklärung	163
XX.	Ein mitternächtlicher Zeuge	171
XXI.	Widersprüchliche Angaben	180

XXII.	Ein Telefonanruf	189
XXIII.	Die Verabredung um zehn	199
XXIV.	Eine Festnahme	207
XXV.	Vance führt vor	217
XXVI.	Die Rekonstruktion	226
XXVII.	Ein Pokerspiel	236
XXVIII.	Der Schuldige	245
XXIX.	Beethovens »Andante«	254
XXX.	Das Ende	264

Die handelnden Personen

PHILO VANCE
JOHN F.-X. MARKHAM, Bezirksstaatsanwalt von New York County
MARGARET ODELL (der »Canary«), berühmte Broadway-Schönheit,
   ehemalige Tänzerin der »Follies«, die in ihrer Wohnung auf
   mysteriöse Weise ermordet wurde
AMY GIBSON, Margaret Odells Dienstmädchen
CHARLES CLEAVER, Mitglied der New Yorker Nachtclub-Szene
KENNETH SPOTSWOODE, ein Fabrikant
LOUIS MANNIX, ein Importeur
DR. AMBROISE LINDQUIST, Nerven- und Modearzt
TONY SKEEL, berufsmäßiger Einbrecher
WILLIAM ELLMER JESSUP, Telefonist
HARRY SPIVELEY, Telefonist
ALYS LA FOSSE, Musical-Sängerin
WILEY ALLEN, Glücksspieler
POTTS, Straßenkehrer
AMOS FEATHERGILL, stellvertretender Bezirksstaatsanwalt
WILLIAM M. MORAN, Leiter der Kriminalpolizei
ERNEST HEATH, Sergeant bei der Mordkommission
SNITKIN, Detective bei der Mordkommission
GUILFOYLE, Detective bei der Mordkommission
BURKE, Detective bei der Mordkommission
TRACY, Detective, abgestellt zur Bezirksstaatsanwaltschaft
DEPUTY-INSPECTOR CONRAD BRENNER, Experte für
   Einbruchswerkzeuge
CAPTAIN DUBOIS, Experte für Fingerabdrücke
DETECTIVE BELLAMY, Experte für Fingerabdrücke
PETER QUACKENBUSH, Polizeifotograf
DR. EMANUEL DOREMUS, Gerichtsmediziner
SWACKER, Sekretär des Bezirksstaatsanwalts
CURRIE, Vance' Diener

Kapitel I

Der »Canary«

Im Büro des Morddezernats der New Yorker Kriminalpolizei auf der zweiten Etage des Polizeipräsidiums in der Center Street steht ein großer stählerner Aktenschrank, und in diesem Schrank findet sich unter Tausenden gleichartiger Karten eine kleine grüne Karteikarte, auf der mit Schreibmaschine geschrieben steht: »ODELL, MARGARET. 184 WEST 71ST STREET. 10. SEPT. MORD: ERDROSSELT GEGEN 11 UHR ABENDS. WOHNUNG VERWÜSTET. SCHMUCK ENTWENDET. LEICHE GEFUNDEN VON AMY GIBSON, DIENSTMÄDCHEN.«

In diesen wenigen, einfachen Worten haben wir die trockenen Fakten eines der verblüffendsten Fälle in den Annalen der amerikanischen Polizei – eines Verbrechens, das so widersprüchlich, so rätselhaft, so genial war, daß selbst die klügsten Köpfe der Polizei und der Bezirksstaatsanwaltschaft lange Zeit ratlos waren, wo sie mit der Aufklärung auch nur beginnen sollten. Ganz gleich, welche Spur man verfolgte, alles lief immer nur darauf hinaus, daß Margaret Odells Tod unmöglich ein Mord gewesen sein konnte. Und doch hatte die junge Frau erdrosselt auf dem großen seidenen Sofa ihres Wohnzimmers gelegen, und jede Schlußfolgerung, es könnte etwas anderes als Mord gewesen sein, war einfach grotesk.

Als nach einer qualvollen Zeit, in der nichts als Dunkelheit und Verwirrung herrschten, die wahre Geschichte dieses Verbrechens endlich ans Tageslicht kam, da fanden sich die absonderlichsten und bizarrsten Verwicklungen, die dunkelsten, geheimnisvollsten Abgründe der menschlichen Seele und das geradezu ehrfurchtgebietende Raffinement eines von tragischer Verzweiflung geschärften Verstandes. Und es fand sich eine bis dahin verborgen gebliebene Szene im Melodrama der Leidenschaften, die in ihrem Wesen und ihren Figuren nicht weniger romantisch und faszinierend war als jene turbulenten Schauspiele der *Comédie humaine,* die von der sagenhaften Liebe des Barons Nucingen zu Esther van Gobseck handeln oder vom tragischen Tod des armen Torpille.

Margaret Odell war ein Kind der leichtlebigen *demi-monde* des Broadway – eine schillernde Gestalt, die in gewisser Weise der Inbegriff des Übermuts und der Frivolität jener flüchtigen, kapriziösen Welt war. In den knapp zwei Jahren vor ihrem Tode war sie die auffälligste und, könnte man sagen, populärste Gestalt im Nachtleben der Stadt. Zu Zeiten unserer Großeltern hätte sie den etwas zweifelhaften Ruhm der »Frau, der alle zu Füßen liegen« gehabt; doch heute gibt es zu viele Aspirantinnen für eine solche Stellung, zu viele Cliquen und miteinander im Streit liegende Fraktionen unter den bunten Vögeln, die unsere Cafés bevölkern, als daß man sich noch auf ein einzelnes Objekt solcher Aufmerksamkeiten einigen könnte. Doch auch wenn die Profis wie die Amateure unter den Presseagenten jeder seinen eigenen Liebling hatten, war doch Margaret Odell ohne Zweifel in ihrer kleinen Welt eine Berühmtheit.

Ihren Ruf verdankte sie nicht zuletzt gewissen gern getuschelten Geschichten, die von ihren Abenteuern mit Potentaten aus den entlegeneren Winkeln Europas erzählten. Nach ihrem ersten Erfolg in »Das Mädchen aus der Bretagne« – einem Musical, mit dem sie, keiner wußte recht wie, von der völlig Unbekannten zum »Star« aufgestiegen war – war sie zwei Jahre im Ausland gewesen, und man kann sich ausmalen, daß es dieser Umstand war, den sich ihr Presseagent zunutze machte, um die abenteuerlichsten Berichte über ihre Eskapaden in Umlauf zu bringen.

Ihr Äußeres trug seinen Teil zu diesem etwas anrüchigen Ruhm bei. Ohne Zweifel war sie, wenn auch auf eine grelle, extravagante Weise, eine Schönheit. Ich weiß noch, wie ich sie eines Abends beim Tanz im Antlers-Club sah – jenem legendären Treffpunkt der Nachtschwärmer, den der berüchtigte Red Raegan betrieb.[1] Sie fiel mir damals als ein außergewöhnlich hübsches Mädchen auf, auch wenn etwas Berechnendes, Lauerndes in ihren Zügen lag. Sie war mittelgroß, schlank, grazil auf eine katzenhafte Art, und benahm sich für meinen Geschmack ein wenig herablassend, arrogant sogar – vielleicht die Folge jenes legendären Umgangs mit den Herrscherhäusern Europas. Sie hatte, wie es sich für Kokotten gehört, volle, rote Lippen

---

[1] Der Antlers-Club ist seitdem von den Behörden geschlossen worden, und Red Raegan verbüßt in Sing-Sing eine längere Strafe wegen schweren Diebstahls.

und die großen Lemurenaugen von Rossettis »Seliger Damozel«. In ihrem Gesicht stand jene merkwürdige Mischung von sinnlichem Versprechen und spirituellem Entsagen geschrieben, um die Maler aller Zeiten sich immer wieder für ihre Darstellungen der Maria Magdalena bemüht haben. Es war jene Art von Antlitz, verlockend und mit einem Anflug von Geheimnis, das die Leidenschaften eines Mannes beherrscht und solchen Einfluß auf seinen Verstand gewinnt, daß es ihn zu Verzweiflungstaten treibt.

Ihren Spitznamen »Canary« hatte Margaret Odell für den Part bekommen, den sie in einem aufwendigen ornithologischen Ballett der »Follies« getanzt hatte, bei dem jedes der Mädchen als Vogel verkleidet aufgetreten war. Ihr war die Rolle des Kanarienvogels zugefallen, und ihr Kostüm aus weißem und gelbem Satin hatte zusammen mit ihrem glänzenden Goldhaar und der frischen Gesichtsfarbe in den Augen ihrer Betrachter ein ganz außerordentlich bezauberndes Geschöpf aus ihr gemacht. Noch bevor vierzehn Tage vergangen waren, war aus dem »Vogel-Ballett« ein »Canary-Ballett« geworden, und Miss Odell war zu dem aufgestiegen, was ein nachsichtiger Betrachter *première danseuse* genannt hätte, und der Aufführung wurden ein Solowalzer und ein Lied[2] eingefügt, damit ihr Charme und ihre Talente um so besser zur Geltung kamen.

Am Ende der Spielzeit hatte sie die »Follies« verlassen und eine beispiellose Karriere in den Nachtlokalen des Broadway gemacht, und seitdem hatte jeder sie ohne Umschweife immer nur den Canary genannt. Und so kam es, daß, als man sie brutal erdrosselt in ihrer Wohnung fand, das Verbrechen auf der Stelle unter dem Namen »Mordfall Canary« bekannt wurde und seitdem stets so geheißen hat.

Meine eigene Teilnahme an den Ermittlungen im Mordfall Canary – oder besser gesagt die Rolle eines Boswellschen Zuschauers, die ich dabei spielte – zähle ich zu den denkwürdigsten Ereignissen meines Lebens. Zu der Zeit, als der Mord an Margaret Odell geschah, war John F.-X. Markham Bezirksstaatsanwalt in New York; er hatte das Amt im Januar des Jahres angetreten. Ich brauche wohl nicht daran zu erinnern, daß er sich in seiner vierjährigen Amtszeit durch einen beinahe schon übernatürlichen Erfolg im Aufspüren von Straftätern auszeichnete. Das Lob, das er von allen Seiten dafür zu hören bekam, war ihm allerdings unangenehm, denn sein Ehrgefühl war so ausgeprägt, daß er es instinktiv ablehnte, Anerkennung für Leistungen

---

2 Speziell für sie komponiert von B. G. De Sylva.

anzunehmen, die er teils anderen verdankte. Um die Wahrheit zu sagen – bei den Ermittlungen der Mehrzahl seiner berühmtesten Fälle spielte Markham nur eine vergleichsweise unbedeutende Rolle. Die Ehre für die Aufklärung dieser Fälle gebührt einem seiner engsten Freunde, einem Freund, der es sich seinerzeit verbat, daß sein Name in der Öffentlichkeit genannt wurde.

Es handelte sich um einen jungen Mann aus vornehmen Kreisen, dem ich, um seine Anonymität zu wahren, den Namen Philo Vance geben will.

Über die Vielfalt an Fähigkeiten und Begabungen, die Vance an den Tag legte, konnte man nur staunen. Er war Kunstsammler, wenn auch nicht im großen Stil, war Pianist von beträchtlichem Talent, und er war hochgelehrt in allen Fragen der Ästhetik und der Psychologie. Obwohl Amerikaner, hatte er seine Bildung größtenteils in Europa genossen und sprach von daher nach wie vor mit einem leicht englischen Tonfall. Er hatte Vermögen, von dessen Einkünften er mehr als bequem leben konnte, und einen Gutteil seiner Zeit verbrachte er mit gesellschaftlichen Verpflichtungen, die seine familiäre Herkunft mit sich brachte; doch war er weder Müßiggänger noch Dilettant. In seiner Art war er zurückhaltend und zynisch, und wer ihn nur oberflächlich kannte, sah einen Snob in ihm. Doch kannte man Vance, so wie ich es tat, erst einmal näher, dann kannte man auch den Menschen, der sonst hinter dieser Maske verborgen blieb; und ich wußte, daß sein Zynismus und seine Distanziertheit alles andere als Pose waren, sondern die äußere Hülle einer Natur, die empfindsam und einsam zugleich war.

Vance war noch nicht einmal fünfunddreißig Jahre alt und auf seine kühle, wie gemeißelte Art bemerkenswert gutaussehend. Sein Gesicht war schlank und ausdrucksvoll, doch insgesamt hatten seine Züge etwas Abweisendes, Spöttisches, das ihm als Schranke zwischen sich und seinen Mitmenschen diente. Nicht daß er gefühllos gewesen wäre, doch seine Gefühle waren in der Regel intellektueller Art. Viele fanden dies Asketentum tadelnswert, und doch habe ich, wenn es um kunstkritische oder psychologische Fragen ging, regelrechten Enthusiasmus bei ihm gesehen. Der Eindruck, den er erweckte, war allerdings der eines Mannes, der sich von allen trivialen Dingen des Lebens fernhielt, und tatsächlich betrachtete er das Leben, wie ein distanzierter, unengagierter Zuschauer ein Theaterspiel betrachtet, insgeheim gut unterhalten und doch nach außen hin zynisch angesichts der Sinnlosigkeit des ganzen Unternehmens. Vor allem aber hatte er einen Verstand, der stets nach Wissen dürstete, und kaum ein kleines Detail der menschlichen Komödie, wo immer sie sich seinen Blicken bot, entging ihm.

Und eine unmittelbare Folge dieser intellektuellen Neugier war es, daß er sich aktiv, wenn auch inoffiziell, für Markhams kriminologische Untersuchungen zu interessieren begann.

Ich habe recht vollständig über die Fälle Buch geführt, an denen Vance als eine Art *amicus curiae* teilnahm, auch wenn ich nie damit gerechnet hätte, daß ich einmal die Ehre haben würde, sie der Öffentlichkeit zu präsentieren; doch Markham verlor, wie Sie wissen, bei den nächsten Wahlen sein Amt, weil die Partei viel zu viele Kandidaten aufgestellt hatte, und zog sich von der Politik zurück; und Vance ist letztes Jahr nach Europa gegangen in der festen Absicht, nie wieder einen Fuß auf amerikanischen Boden zu setzen. So erklärt es sich, daß beide mir die Erlaubnis gaben, meine Aufzeichnungen ohne Einschränkungen zu publizieren; die einzige Auflage, die Vance mir machte, war es, seinen wirklichen Namen nicht zu nennen.

An anderer Stelle[3] habe ich die merkwürdigen Umstände dargelegt, die dazu führten, daß Vance seine Zeit mit der Aufklärung von Verbrechen verbrachte, und berichtet, wie er trotz einer erdrückenden Fülle widersprüchlicher Beweise das Geheimnis der unerklärlichen Todesschüsse auf Alvin Benson löste. Die Chronik, die ich hier vorlege, handelt von seiner Aufklärung des Mordes an Margaret Odell, der im Frühherbst desselben Jahres geschah und der, wie Sie sich erinnern werden, für noch mehr Aufruhr sorgte als sein Vorgänger.[4]

Daß Vance bei diesen Ermittlungen hinzugezogen wurde, war die Folge einer Reihe von kuriosen Zufällen. Die Oppositionsblätter setzten Markham schon seit Wochen zu, weil es der Bezirksstaatsanwaltschaft nicht gelang, eine Verurteilung gewisser Elemente aus der Unterwelt durchzusetzen, die ihr die Polizei zu genau diesem

---

3 »Der Mordfall Benson«
4 Die Fälle Loeb-Leopold, Dorothy King und Hall Mills kamen später. Was die gestellten Herausforderungen angeht, so kann der Mordfall Canary es durchaus mit der Affäre Nan Patterson – »Caesar« Young, mit dem Fall Durants, der in San Francisco Blanche Lamont und Minnie Williams ermordete, mit dem des Giftmörders Molineux und des Morphium-Mörders Carlyle Harris aufnehmen. Will man Fälle nennen, die vergleichbares Aufsehen in der Öffentlichkeit erregten, so muß man schon bis zum Bordens-Doppelmord in Fall River, dem Fall Thaw, den Elwell- und Rosenthal-Morden zurückgehen.

Zwecke überstellt hatte. Als Folge des Alkoholverbotes war eine neue, gefährliche und durch und durch üble Art von Nachtleben in New York aufgekommen. Eine Vielzahl finanziell gutsituierter Kabaretts, die sich Nachtclubs nannten, war entlang des Broadway und in den benachbarten Straßen entstanden, und eine beträchtliche Zahl an schweren Verbrechen war bereits geschehen, Gewaltverbrechen wie auch Eigentumsdelikte, und es hieß, daß sie in diesen ungesunden Schlupfwinkeln ihren Anfang nähmen.

Als dann ein Raubmord in einem der ruhigeren Hotels in den Wohnvierteln geschah und die Spur unmittelbar auf Pläne zurückführte, die in einem der Nachtclubs geschmiedet worden waren, und als zwei Beamte der Mordkommission, die in diesem Fall ermittelten, eines Morgens nicht weit vom selben Etablissement mit Kugeln im Rücken tot aufgefunden wurden, beschloß Markham, seine anderen Arbeiten zunächst zurückzustellen und sich persönlich der unerträglichen Zustände anzunehmen, die sich in der Unterwelt der Stadt breitgemacht hatten.[5]

5 Bei dem hier erwähnten Verbrechen handelt es sich um den Fall der Mrs. Elinor Quiggly, einer wohlhabenden Witwe, die im Adlon Hotel in der West 96th Street gelebt hatte. Am Morgen des 5. September hatte man sie tot aufgefunden, erstickt an einem Knebel, den die Räuber ihr in den Mund gesteckt hatten. Die Täter waren ihr offenbar in ihre Wohnung vom Club Turque aus gefolgt – einem kleinen, doch luxuriösen Nachtcafé, 290 West 48th Street. Die Polizei geht davon aus, daß die beiden Beamten McQuade und Cannison sterben mußten, weil sie auf belastendes Beweismaterial gestoßen waren. Schmuck im Werte von über 50 000 Dollar wurde aus Mrs. Quigglys Wohnung gestohlen.

Kapitel II

Spuren im Schnee
(Sonntag, 9. September)

Am Tag nachdem Markham beschlossen hatte, sich dieser Dinge anzunehmen, saßen er, Vance und ich in einer stillen Ecke im Salon des Stuyvesant-Clubs. Wir kamen häufig dort zusammen, denn wir waren alle drei Clubmitglieder, und für Markham war es oft eine Art inoffizielles Hauptquartier außerhalb der Innenstadt.[1]

»Schlimm genug, daß die halbe Stadt glaubt, die Bezirksstaatsanwaltschaft sei nur eine Art feinere Filiale des organisierten Verbrechens«, sagte er an jenem Abend zu uns, »nun muß ich auch noch selbst Detektiv spielen, weil die Polizei mir nicht genug Beweismaterial liefert, oder nicht das richtige Beweismaterial, um diese Burschen zu verurteilen.«

Vance setzte ein mildes Lächeln auf und betrachtete ihn amüsiert.

»Das Problem«, hob er in seinem trägen Tonfall an, »scheint doch zu sein, daß unsere Polizei, die nichts von den Geheimwissenschaften der Juristerei versteht, im Glauben lebt, daß Beweise, die den Mann auf der Straße überzeugen, auch ein Gericht überzeugen müßten. Eine vollkommen abwegige Vorstellung, ich weiß. Schließlich will ein Jurist ja keine Beweise: er will technisch korrekte Informationen. Und der Verstand eines durchschnittlichen Polizisten ist einfach nicht feinsinnig genug für die diffizilen Anforderungen der Jurisprudenz.«

»So schlimm ist es auch wieder nicht«, erwiderte Markham und versuchte, es jovial aufzunehmen, auch wenn die Nervenbelastung der letzten Wochen ihm ein wenig von seinem üblichen Gleichmut genommen hatte. »Wäre die Beweisaufnahme nicht geregelt, so würde oft Unschuldigen schweres Unrecht geschehen. Und selbst ein Verbrecher hat vor unseren Gerichten seine Rechte.«

---

[1] Der Stuyvesant war ein großer Club, ein wenig in der Art eines vornehmeren Hotels, und seine zahlreichen Mitglieder kamen hauptsächlich aus der Politik, dem Rechts- und Finanzwesen.

Vance gähnte nachsichtig.

»Markham, Sie hätten Pädagoge werden sollen. Geradezu verblüffend, wie Sie auf jeden Vorwurf Ihre Routineantwort parat haben. Und doch überzeugen Sie mich nicht. Denken Sie nur an den Fall in Wisconsin – ein Mann wurde entführt, und das Gericht erklärte ihn für vermutlich tot. Selbst als der Mann zurückkehrte und bei bester Gesundheit wieder unter seinen einstigen Nachbarn wandelte, galt er vor dem Gesetz nach wie vor als vermutlich tot. Die Tatsache, daß er ganz offensichtlich am Leben war, wurde vom Gericht als belangloser Begleitumstand aufgefaßt, der nichts zur Rechtslage beitrug.[2] ... Oder nehmen Sie eine Merkwürdigkeit, die man in diesem schönen Land allenthalben findet – nämlich daß jemand in einem Bundesstaat irrsinnig sein kann und im anderen vollkommen normal ... Da können Sie wirklich nicht erwarten, daß ein einfacher Laienverstand, der nicht den geringsten Begriff von den gewaltigen Gedankengebäuden des Justizwesens hat, derart subtile Nuancen wahrnimmt. Der Laie, von der Düsternis des gewöhnlichen Menschenverstandes umfangen, würde sagen, daß jemand, der am einen Flußufer nicht zurechnungsfähig ist, es auch am anderen Ufer nicht sein kann. Und er würde auch – zu unrecht, keine Frage – davon ausgehen, daß jemand, der am Leben ist, nicht tot sein kann.«

»Und womit habe ich mir diese Belehrung verdient?« fragte Markham, nun schon ein wenig ärgerlicher.

»Da scheint mir doch ein unmittelbarer Bezug zu Ihrer gegenwärtigen Zwangslage zu bestehen«, plauderte Vance munter fort. »Die Polizei, ungeschult in Rechtsdingen, wie sie ist, hat Sie in Verlegenheit gebracht, nicht wahr? ... Machen Sie doch Propaganda dafür, daß die Ermittlungsbeamten eine ordentliche juristische Ausbildung brauchen.«

»Sie sind mir eine große Hilfe«, erwiderte Markham.

Vance hob die Augenbrauen um eine Winzigkeit.

»Was haben Sie gegen meinen Vorschlag? Sie werden nicht leugnen können, daß er vernünftig ist. Wenn ein Mann ohne juristische Ausbildung davon überzeugt ist, daß etwas die Wahrheit ist, dann kümmert er sich um keine unzuverlässige Zeugenaussage und hält sich an die Tatsachen. Ein Gericht hingegen hört sich mit ernster Miene jede nutzlose Aussage an und fällt sein Urteil nicht nach den

---

2 Vance spielte hier, wie ich später feststellte, auf den Fall Shatterham gegen Shatterham an, 417 Mich., 79 – eine Testamentssache.

Fakten, sondern nach einem komplizierten System von Regeln. Und so kommt es, daß ein Gericht oft jemanden laufen läßt, obwohl es genau weiß, daß er schuldig ist. Wie oft hat schon ein Richter zu einem Gauner im Grunde nichts anderes gesagt als: ›Ich weiß, daß du die Tat begangen hast, und die Geschworenen wissen es auch, doch in Anbetracht des gesetzlich zulässigen Beweismaterials erkläre ich dich für unschuldig. Gehe hin und sündige weiter.‹«

Markham schnaubte. »Ich würde mich wohl kaum beim Mann auf der Straße beliebt machen, wenn ich als Antwort auf die Vorwürfe, die gegen mich erhoben werden, eine juristische Ausbildung für Polizisten forderte.«

»Dann gestatten Sie mir, die Alternative von Shakespeares Schlachter vorzuschlagen, ›daß wir alle Rechtsgelahrten umbringen‹.«

»Leider handelt es sich hier um eine konkrete Situation, mit der wir uns auseinandersetzen müssen, und nicht um Phantastereien.«

»Und wie«, erkundigte Vance sich träge, »gedenken Sie die vernünftigen Schlüsse, zu denen die Polizei gekommen ist, mit dem in Einklang zu bringen, was Sie in Ihrer Unschuld korrektes juristisches Vorgehen nennen?«

»Zunächst einmal«, erwiderte Markham, »gedenke ich bei allen größeren Fällen, die mit Nachtclubs zu tun haben, von nun an die Ermittlungen persönlich zu leiten. Ich habe die leitenden Beamten aus meinen Abteilungen gestern zusammengerufen, und von nun an werden sämtliche Fäden direkt in meinem Büro zusammenlaufen. Ich werde die Beweise beischaffen, die ich für Verurteilungen brauche.«

Vance holte bedächtig eine Zigarette aus seinem Etui und klopfte sie auf der Sessellehne fest.

»Ah! Sie werden also den Freispruch der Schuldigen durch die Verurteilung der Unschuldigen ersetzen.«

Das nahm ihm Markham nun wirklich übel; er drehte sich in seinem Sessel zu Vance hin und blickte ihn mit gerunzelter Stirne an.

»Ich könnte so tun, als wüßte ich nicht, worauf Sie hinauswollen«, sagte er grimmig. »Aber ich weiß es. Sie sind wieder einmal bei Ihrem Lieblingsthema, der Unzuverlässigkeit von Indizienbeweisen im Vergleich zu Ihren psychologischen Theorien und ästhetischen Hypothesen.«

»Ganz genau«, gab Vance unumwunden zu. »Wirklich, Markham, Ihr Kinderglaube an Indizienbeweise hat etwas so Rührendes, daß es einen schon entwaffnen kann. Jeder Versuch, sich seines Verstandes zu bedienen, wird davon im Keime erstickt. Ich bange um die unschuldigen Opfer, die sich im Netz Ihrer Gerichtsbarkeit verstricken werden. Am Ende werden die Leute es nicht mehr riskieren können, auch nur ins Cabaret zu gehen.«

Markham rauchte eine Weile schweigend. Man hätte die Unterhaltung dieser beiden Männer für bitter halten können, doch im Grunde gab es in ihrem Verhältnis keine Feindseligkeit. Sie waren schon seit vielen Jahren befreundet, und auch wenn ihr Temperament und ihre Ansichten noch so verschieden waren, war doch die Basis ihrer engen Freundschaft ein tiefer gegenseitiger Respekt.

Schließlich ergriff Markham wieder das Wort.

»Warum wollen Sie denn Indizienbeweise in Grund und Boden verdammen? Ich will Ihnen gern zugestehen, daß sie bisweilen in die Irre führen; doch oft genug liefern sie uns eindeutige Verdachtsmomente. Einer unserer größten Rechtsgelehrten hat dargelegt, daß Indizienbeweise die zwingendsten Beweise überhaupt sind, Vance. Direktes Beweismaterial ist ja in den meisten Fällen nicht verfügbar; das liegt in der Natur des Verbrechens. Wenn die Gerichte sich allein auf Zeugenaussagen verlassen müßten, blieben die meisten Verbrecher auf freiem Fuß.«

»Ich habe nie gezweifelt, daß die allermeisten fröhlich ihrem Gewerbe nachgehen.«

Markham fuhr unbeirrt fort.

»Nehmen Sie folgendes Beispiel: Ein Dutzend Erwachsener sieht ein Tier, das über den Schnee läuft, und sagt aus, es habe sich um ein Huhn gehandelt; aber ein Kind hat es auch gesehen und schwört, es war eine Ente. Daraufhin untersucht man die Spuren im Schnee, und an den Abdrücken der Schwimmhäute erkennt man, daß es eine Ente war. Liegt da nicht die Schlußfolgerung nahe, daß es sich um eine Ente und nicht um ein Huhn handelt, auch wenn die Aussagen der Beobachter dagegen sprechen?«

»Gut, Ihre Ente will ich Ihnen zugestehen«, antwortete Vance unbeeindruckt.

»Und ich nehme das Geschenk dankbar an«, fuhr Markham fort, »und komme zu dem logischen Schluß: Ein Dutzend Erwachsener sieht einen Menschen über den Schnee laufen und beschwört, daß es eine Frau war; ein Kind hingegen behauptet, es sei ein Mann gewesen. Wenn sich nun die Fußabdrücke eines Mannes als Indizien im Schnee fänden, so würden Sie mir doch sicher auch zugestehen, daß dies ein schlüssiger Beweis ist, daß es sich um einen Mann handelte und nicht um eine Frau?«

»Ganz und gar nicht, mein lieber Justinian«, erwiderte Vance und streckte vor Markhams Nase genüßlich seine Beine; »es sei denn, Sie könnten mir auch beweisen, daß das menschliche Hirn nicht höher entwickelt ist als das einer Ente.«

»Was hat denn das Gehirn damit zu tun?« fragte Markham ärgerlich. »Das Gehirn hat keinen Einfluß auf die Fußabdrücke.«

»Auf die einer Ente mit Sicherheit nicht. Aber bei einem Menschen könnte das durchaus anders sein – und ist es gewiß auch oft.«

»Wird das eine Anthropologiestunde oder ein Vortrag über Darwinsche Anpassungstheorien, oder sind es einfach nur metaphysische Spekulationen?«

»Keines dieser abstrusen Themen«, versicherte Vance ihm. »Ich spreche lediglich von einer simplen Erkenntnis, die ich aus der Beobachtung gewonnen habe.«

»Nun, dann sagen Sie es mir – würden Sie mit Ihren so außerordentlich entwickelten Verstandeskräften eher schließen, daß es sich um die Fußabdrücke eines Mannes handelt oder um die einer Frau?«

»Vielleicht keins von beiden«, antwortete Vance. »Oder besser gesagt, es könnte ebensogut das eine wie das andere sein. Wenn man solche Indizien auf einen Menschen bezieht – ein verstandesbegabtes Wesen also –, so dürfte man nicht mehr sagen, als daß es entweder ein Mann in seinen eigenen Schuhen oder eine Frau in Männerschuhen oder vielleicht sogar ein langbeiniges Kind war. Kurz, meinem durch keinerlei Rechtsgelehrtheit getrübtem Verstand würde es lediglich offenbaren, daß diese Spuren von einem Nachfahren des *Pithecanthropus erectus* stammen, der in Männerschuhen steckte und auf den Hinterbeinen ging – Alter und Geschlecht unbekannt. Abdrücke von Entenfüßen hingegen würde ich wohl gemäß dem ersten Eindruck akzeptieren.«

»Immerhin freut es mich zu hören«, sagte Markham, »daß Sie die Möglichkeit, daß es die Ente in den Stiefeln des Gärtners war, offenbar nicht in Betracht ziehen.«

Vance blieb einen Moment lang still; dann sagte er:

»Die Schwierigkeit mit euch Solons heutzutage ist doch, daß ihr versucht, die menschliche Natur auf eine Formel zu reduzieren; in Wirklichkeit ist jedoch diese Natur, wie das Leben selbst, von unendlicher Vielfalt. Menschen sind hinterhältig, gerissen – sie haben jahrhundertelange Übung in den teuflischsten Gemeinheiten. Ein Mensch ist ein raffiniertes Wesen, das selbst im Zuge seines ganz gewöhnlichen nutzlosen und blödsinnigen Strebens instinktiv und mit voller

Absicht neunundneunzig Lügen auf eine Wahrheit erzählt. Die Ente, der die gewaltigen Errungenschaften der menschlichen Kultur versagt blieben, ist geradeheraus, ein durch und durch ehrlicher Vogel.«

»Wenn Sie aber alle herkömmlichen Mittel, zu einer Schlußfolgerung zu kommen, verwerfen«, fragte Markham, »wie wollen Sie dann jemals herausfinden, welchem Geschlecht und welcher Spezies dasjenige angehörte, was da die männlichen Fußspuren im Schnee hinterließ?«

Vance blies einen Rauchring zur Decke.

»Zunächst einmal würde ich die Aussagen der zwölf kurzsichtigen Erwachsenen und des allzu phantasievollen Kindes allesamt verwerfen. Als nächstes würde ich mich nicht mehr um die Fußstapfen kümmern. Und dann würde ich, ohne daß mein Verstand voreingenommen durch unzuverlässige Zeugenaussagen oder belastet durch nutzlose materielle Indizien wäre, mir genau überlegen, was für ein Verbrechen das war, von dem die fragliche Person entfloh. Wenn ich das Verbrechen erst einmal von allen Seiten betrachtet hätte, dann könnte ich Ihnen mit absoluter Gewißheit nicht nur sagen, ob der Täter männlichen oder weiblichen Geschlechts war, sondern ich könnte Ihnen auch seine Gewohnheiten, seinen Charakter und seine Persönlichkeit beschreiben. Und das hätte nichts damit zu tun, ob diese Person bei ihrer Flucht männliche oder weibliche oder Känguruhspuren hinterlassen hätte, ob sie auf Stelzen ging oder auf dem Hochrad davonfuhr oder gar mittels Levitation ganz ohne Spuren verschwand.«

Markham quittierte dies mit einem breiten Grinsen. »Da wäre ich also bei Ihnen noch schlechter dran als bei der Polizei, was die Beweislage für meine Verhandlung angeht.«

»Ich würde jedenfalls keine Indizien anbringen, die einen armen Menschen belasten, dessen Stiefel der Täter sich zufällig ausgeborgt hat«, gab Vance zurück. »Und merken Sie sich eins, Markham, wenn Sie sich auf so etwas wie Fußspuren verlassen, dann werden Sie immer nur die fassen, von denen die wahren Täter wollen, daß Sie sie fassen – Menschen, die nicht das mindeste mit den Kriminalfällen zu tun haben, in denen Sie ermitteln.«

Plötzlich wurde sein Tonfall ernst.

»Hören Sie, mein Lieber; das, was die Theologen die Mächte der Finsternis nennen, das hat heutzutage ein paar sehr kluge Köpfe auf seiner Seite. Der äußere Schein vieler dieser Verbrechen, die Ihnen Kummer bereiten, führt Sie doch ganz offensichtlich in die Irre. Ich für meinen Teil kann mir jedenfalls nicht vorstellen, daß eine Bande von üblen Halsabschneidern sich zu einer amerikanischen Mafia zusammengetan hat, die ihre Geschäfte von albernen Nachtlokalen aus führt. Diese Idee ist mir zu melodramatisch. Sie paßt zur Phantasie eines Sensationsjournalisten – sie hat zuviel von Eugène Sue. Außer im Krieg, wo es ja nur ein obszöner Sport ist, ist Verbrechen nichts, was instinktiv von Massen betrieben wird. Verbrechen, das ist etwas Persönliches, Individuelles. Für einen Mord stellt man keinen *parti carré* zusammen wie für ein Bridgespiel ... Markham, mein Alter, lassen Sie sich nicht von diesen romantischen Vorstellungen von einem Verbrecher in die Irre führen. Und vergeuden Sie nicht zuviel Zeit mit den sprichwörtlichen Spuren im Schnee. Die Spuren werden nichts als Verwirrung bei Ihnen anrichten – Sie sind viel zu vertrauensselig für diese böse Welt. Glauben Sie mir, kein Verbrecher, der etwas im Kopf hat, wird seine eigenen Spuren für Ihr Maßband und Ihren Zirkel hinterlassen.«

Er seufzte tief und betrachtete Markham mit einem Ausdruck gespielten Mitleids.

»Und haben Sie einmal überlegt, daß Sie womöglich an einen Fall geraten, bei dem es gar keine Fußspuren gibt? ... Sie Ärmster! Was werden Sie dann tun?«

»Die Schwierigkeit ließe sich leicht meistern, indem ich Sie einfach mit auf meine Ermittlungen nähme«, meinte Markham mit einem Anflug von Heiterkeit. »Wie wäre das – wollen Sie mich beim nächsten größeren Fall, der sich ergibt, begleiten?«

»Mit dem größten Vergnügen«, antwortete Vance.

Zwei Tage darauf verkündeten die Gazetten unserer Metropole mit gewaltigen Lettern den Mord an Margaret Odell.

Kapitel III

Der Mord

(Dienstag, 11. September, 8.30 Uhr morgens)

Es war gerade erst halb neun an jenem denkwürdigen Morgen des 11. September, als Markham mit der Nachricht kam.

Ich wohnte damals als Hausgast in Vance' Heim – einer großen nach seinen Vorstellungen umgebauten Wohnung in den beiden obersten Etagen eines Stadthauses in der 38. Straße. Schon Jahre zuvor hatte ich meinen Posten in der väterlichen Anwaltskanzlei Van Dine, Davis & Van Dine aufgegeben und hatte mich nun als Vance' privater Rechtsberater ausschließlich um dessen persönliche Belange zu kümmern. Man kann nicht sagen, daß seine Rechtsangelegenheiten umfangreich gewesen wären, doch die Wahrung seiner finanziellen Interessen und die Abwicklung seiner zahlreichen Käufe von Bildern und *objets d'art* hielten mich beschäftigt, ohne daß es mir je zur Last wurde. Dieser Posten eines Finanz- und Rechtsberaters war ganz nach meinem Geschmack, und meine Freundschaft mit Vance, die bis in unsere frühesten Studientage in Harvard zurückreichte, steuerte die geselligen und menschlichen Aspekte zu einem Arrangement bei, das sonst leicht zur öden Routine hätte werden können.

An diesem Morgen war ich früh aufgestanden und saß in der Bibliothek über meinen Papieren, als Currie, Vance' Haus- und Kammerdiener, eintrat und verkündete, daß Markham im Wohnzimmer warte. Ich war verblüfft, daß er uns zu so früher Stunde aufsuchte, denn Markham wußte genau, daß Vance nicht vor Mittag aufzustehen pflegte und empfindlich auf jede Störung seines Morgenschlafes reagierte. Ein untrügliches Gefühl sagte mir, daß etwas Ungewöhnliches, etwas Wichtiges bevorstand.

Ich fand Markham nervös im Zimmer auf- und abgehend, Hut und Handschuhe hatte er achtlos auf den Couchtisch geworfen. Als ich eintrat, hielt er inne und blickte mich mit gehetzter Miene an. Er war mittelgroß, glattrasiert, mit grauen Haaren und kräftig gebaut. Er war eine vornehme Erscheinung und stets höflich und freundlich. Doch hinter dem eleganten Äußeren verbarg sich ein eiserner Wille, eine unbezwingbare Entschlossenheit, die einen Mann verriet, der nicht lockerließ, bis er erreicht hatte, was er wollte, und der auch die Fähigkeiten besaß, es zu erreichen.

»Guten Morgen, Van«, begrüßte er mich knapp und kam gleich zur Sache. »Es hat einen neuen Halbweltmord gegeben – den schlimmsten und gräßlichsten bisher ...« Er zögerte und blickte mich forschend an. »Erinnern Sie sich noch an unsere Unterhaltung im Club vor ein paar Tagen? Das war verdammt prophetisch, was Vance da gesagt hat. Und Sie werden sich auch erinnern, daß ich ihm mehr oder weniger versprochen habe, daß ich ihn beim nächsten größeren Fall mitnehmen würde. Nun, dieser Fall ist eingetroffen – und wie! Margaret Odell – der Canary, wie die Leute sie genannt haben – wurde erdrosselt in ihrer Wohnung aufgefunden; und nach dem, was ich gerade am Telefon erfahren habe, führt es uns wieder ins Nachtclub-Milieu. Ich bin unterwegs zu Miss Odells Wohnung ... Was meinen Sie, können wir den Sybariten wecken?«

»Aber unbedingt«, ermunterte ich ihn mit einer solchen Schnelligkeit, daß es, wie ich fürchte, wohl aus rein selbstsüchtigen Motiven geschah. Der Canary! Als ob jemand es darauf angelegt hätte, bei seinem Mord ein Opfer zu finden, das für den größtmöglichen Aufruhr sorgen würde; und selbst wenn er die ganze Stadt abgesucht hätte, hätte er wohl kaum eine bessere Wahl treffen können.

Ich eilte zur Tür, rief Currie und trug ihm auf, Vance zu wecken.

»Ich fürchte, Sir –« begann Currie höflich einzuwenden.

»Nur keine Sorge«, unterbrach Markham ihn. »Ich übernehme die volle Verantwortung dafür, ihn zu so unchristlicher Stunde aus dem Schlaf zu reißen.«

Currie spürte die Dringlichkeit und machte sich auf den Weg.

Schon ein oder zwei Minuten darauf kam Vance in einem kunstvoll bestickten Seidenkimono und Sandalen durch die Wohnzimmertür.

»Ich muß schon sagen!« begrüßte er uns ein wenig verblüfft mit einem Blick zur Uhr. »Seid ihr Burschen etwa immer noch auf?«

Er schlenderte zum Kaminsims und wählte aus einem kleinen florentinischen Humidor eine *Régie*-Zigarette mit Goldmundstück.

Markham kniff die Augen zusammen: Er war nicht in der Stimmung für leichtfertige Bemerkungen.

»Der Canary ist ermordet worden«, platzte ich heraus.

Vance hielt sein Wachsstreichholz auf halber Höhe und blickte mich schläfrig an. »Wessen Canary?«

»Margaret Odell wurde erwürgt in ihrer Wohnung aufgefunden«, klärte Markham schroff die Situation. »Selbst *Sie* in Ihrem Elfenbeinturm werden schon von ihr gehört haben. Und Sie können sich vorstellen, für welche Aufregung dieses Verbrechen sorgen wird. Ich werde mich persönlich auf die Suche nach den Fußspuren im Schnee machen, und wenn Sie mitkommen wollen, wie Sie es neulich abends in Aussicht stellten, dann sollten Sie jetzt sehen, daß Sie sich fertigmachen.«

Vance drückte seine Zigarette aus.

»So, so, Margaret Odell? – Die blonde Aspasia vom Broadway – oder war es Phryne mit der *coiffure d'or?* ... Welch ein Verlust.« Ich konnte sehen, wie sehr ihn die Sache interessierte, trotz seiner frivolen Art. »Die Feinde von Recht und Ordnung haben es aber wirklich auf Sie abgesehen, was, mein Alter? Verdammt rücksichtslos von den Leuten! ... Entschuldigen Sie mich für einen Augenblick; ich muß die angemessene Garderobe bedenken.«

Er zog sich wieder in sein Schlafzimmer zurück, und Markham holte derweil eine große Zigarre hervor und präparierte sie mit energischer Geste, während ich in die Bibliothek zurückkehrte und die Papiere verstaute, an denen ich gearbeitet hatte.

Es vergingen noch nicht einmal zehn Minuten, bis Vance im Straßenanzug zurückkehrte.

»Bien, mon vieux«, verkündete er beschwingt, als Currie ihm Hut, Mantel und einen Malakkaspazierstock reichte. *»Allons-y!«*

Wir nahmen die Madison Avenue stadtauswärts, durchquerten den Central Park und kamen am Eingang 72. Straße heraus. Margaret Odells Wohnung lag an der 71. Straße, Nummer 184, nicht weit vom Broadway, und als wir dort vorfuhren, mußte der Beamte, der als Wache aufgestellt war, uns einen Weg bahnen, so viele Menschen waren allein schon deswegen zusammengelaufen, weil die Polizei im Haus war.

Feathergill, einer von Markhams Assistenten, stand auf dem Flur und erwartete die Ankunft seines Vorgesetzten.

»Eine Katastrophe, Sir«, lamentierte er. »Etwas Schlimmeres hätte uns gar nicht passieren können. Und das gerade jetzt! ...« Er zuckte entmutigend die Schultern.

»Die Aufregung wird sich rasch legen«, beruhigte Markham ihn und drückte ihm die Hand. »Wie stehen die Dinge? Sergeant Heath rief unmittelbar nach Ihnen an, und er meinte, daß der Fall auf den ersten Blick ein wenig dunkel aussehe.«

»Dunkel?« erwiderte Feathergill kummervoll. »Er ist rabenschwarz. Heath wirbelt durch die Wohnung wie eine Turbine. Er ist übrigens vom Fall Boyle abgezogen worden, damit er sich ganz hier um unser neuestes Sorgenkind kümmern kann. Inspektor Moran kam vor zehn Minuten und hat es offiziell abgesegnet.«

»Schön«, sagte Markham. »Heath ist ein guter Mann. Wir werden die Sache schon hinbekommen ... Welche Wohnung?«

Feathergill führte uns zu einer Tür am hinteren Ende des Eingangsflurs.

»Hier wären wir, Sir. Ich mache mich dann auf den Weg. Ich habe den Schlaf bitter nötig. Viel Glück!« Und schon war er fort.

Es wird notwendig sein, das Haus und seine Aufteilung kurz zu beschreiben, denn der ein wenig merkwürdige Aufbau dieses Gebäudes spielte eine entscheidende Rolle bei dem allem Anschein nach unlösbaren Rätsel, vor das der Mord uns stellte.

Es war ein dreistöckiges Haus, das ursprünglich einmal ein Stadthaus gewesen war und das man umgebaut hatte, um es innen wie außen seiner neuen Bestimmung als exklusives Apartmenthaus anzupassen. Es gab, glaube ich, drei oder vier abgeschlossene Wohnungen auf jedem Stockwerk, doch die oberen brauchen uns nicht zu interessieren. Das Verbrechen geschah im Erdgeschoß, und dort fanden sich drei Wohnungen und eine Zahnarztpraxis.

Der Haupteingang lag direkt an der Straße, und die Haustür führte unmittelbar auf den breiten Flur. Am hinteren Ende dieses Flures, der Haustür gegenüber, befand sich die Odellsche Wohnung, mit einer »3« beziffert. Etwa in der Mitte des Flures führte zur Rechten die Treppe in die oberen Etagen hinauf, und dahinter, ebenfalls rechts, gab es einen kleinen Empfangsraum mit einem weiten offenen Durchgang anstelle der Tür. Direkt gegenüber der Treppe befand sich in einer kleinen Nische die Telefonvermittlung des Hauses. Einen Aufzug gab es nicht.

Ein weiterer wichtiger Aspekt des Grundrisses war der schmale Durchgang am Hinterende des Flures im rechten Winkel dazu, der an der Wand der Odellschen Wohnung entlang zu einer Tür führte, die auf einen Hof an der Westflanke des Hauses mündete. Dieser Hof war über einen gut mannsbreiten Durchgang mit der Straße verbunden.

In der beigegebenen Zeichnung wird der Grundriß augenfällig, und ich rate dem Leser, sich diesen einzuprägen; denn ich möchte bezweifeln, daß je zuvor ein so einfacher und vernünftiger Entwurf eines

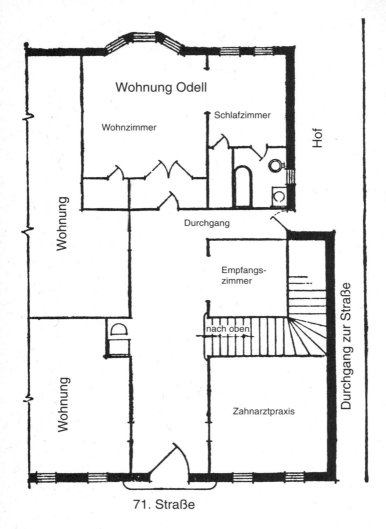

Architekten eine so entscheidende Rolle bei einem Verbrechen gespielt hat. Gerade weil er so einfach und auf beinahe konventionelle Weise vertraut war – gerade weil er auch nicht das mindeste Rätsel aufgab –, sollte er zu einem solchen Hemmnis der Ermittlungen werden, daß tagelang alles den Anschein hatte, als werde der Fall für immer unaufgeklärt bleiben.

Als Markham an jenem Morgen die Odellsche Wohnung betrat, kam ihm Sergeant Ernest Heath sogleich entgegen und streckte ihm die Hand hin. Seine breiten, rundlichen Züge nahmen einen erleichterten Ausdruck an, und es war offensichtlich, daß die traditionelle Rivalität, ja Feindseligkeit zwischen Kriminalpolizei und Bezirksstaatsanwaltschaft für seine Begriffe bei diesem Fall nichts zu suchen hatte.

»Ich bin froh, daß Sie da sind, Sir«, sagte er; und das war sein voller Ernst.

Dann wandte er sich mit einem herzlichen Lächeln Vance zu und streckte auch ihm die Hand entgegen.[1]

»Und unser Amateurdetektiv ist auch wieder dabei!« begrüßte er ihn in freundschaftlich lästerndem Ton.

»Aber gewiß«, murmelte Vance. »Wie geht es Ihrer Spürnase an diesem wunderschönen Septembermorgen, Sergeant?«

»Schweigen wir lieber davon!« Dann wurde Heath' Miene plötzlich ernst, und er wandte sich Markham zu. »Verdammtes Pech, Sir. Teufel nochmal, warum haben die sich ausgerechnet den Canary für diese Schweinerei aussuchen müssen? Da hätte's genug Flittchen am Broadway gegeben, die von der Bildfläche verschwunden wären, ohne daß ein Hahn danach gekräht hätte; aber nein, es muß die Königin von Saba sein!«

Bei diesen Worten betrat William A. Moran, Ermittlungsleiter der Kriminalpolizei, den kleinen Vorraum, und es folgte wiederum die übliche Zeremonie des Händeschüttelns. Zwar hatte er Vance und mich bisher nur ein einziges Mal gesehen, und auch das nur flüchtig, doch er wußte unsere Namen noch und begrüßte uns freundlich.

»Ihre Ankunft ist hochwillkommen«, wandte er sich an Markham mit wohlmodulierter Stimme. »Sergeant Heath wird Ihnen alles an Informationen geben, was Sie brauchen. Ich selbst weiß kaum etwas – ich bin eben erst gekommen.«

---

[1] Heath und Vance hatten sich zwei Monate zuvor bei den Ermittlungen zum Mordfall Benson kennengelernt.

»Schöne Informationen, die *ich* habe«, knurrte Heath und führte uns ins Wohnzimmer.

Margaret Odells Wohnung war eine Suite aus zwei recht großen Zimmern, die durch einen Durchgang mit schweren Damastportieren verbunden waren. Die Wohnungstür führte vom Hauptflur des Apartmenthauses in einen kleinen rechteckigen Vorraum, etwa einen mal zweieinhalb Meter groß, und von dort gelangte man durch eine zweiflügelige Buntglastür in den eigentlichen Wohnraum. Einen anderen Eingang zur Wohnung gab es nicht, und das Schlafzimmer war nur über den Durchgang vom Wohnzimmer zu erreichen.

Ein großes Sofa mit einem Bezug aus Seidenbrokat stand vor dem Kamin an der linken Seitenwand, und hinter der Lehne erstreckte sich über die ganze Breite ein langer, schmaler Tisch mit Rosenholzintarsien. An der gegenüberliegenden Wand zwischen Vorraum und dem Durchgang zum Schlafzimmer hing ein dreiteiliger Marie-Antoinette-Spiegel, und darunter stand ein Klapptisch aus Mahagoni. Gegenüber dem Eingang, am großen Erkerfenster, stand ein Steinway-Stutzflügel, wunderschön mit Schnitzereien im Louis-Seize-Stil verziert. Die Ecke rechts vom Kamin wurde von einem hochbeinigen Sekretär mit einem quadratischen, handbemalten Pergament-Papierkorb eingenommen, und in der Ecke links vom Kamin schließlich befand sich ein Schränkchen mit Einlegearbeiten, wie ich es hübscher selten gesehen habe. Mehrere ausgezeichnete Reproduktionen nach Boucher, Fragonard und Watteau hingen an den Wänden. Das Schlafzimmer war mit einer Kommode, einem Frisiertisch und mehreren vergoldeten Stühlen möbliert. Die ganze Wohnung schien im perfekten Einklang mit der flüchtigen und zerbrechlichen Gestalt des Canary.

Den Anblick, der sich uns bot, als wir von dem kleinen Vorraum ins Wohnzimmer traten und uns einen Augenblick lang umsahen, muß man beinahe schon verheerend nennen. Die beiden Zimmer waren offenbar von jemandem in fieberhafter Eile durchsucht worden, und das Durcheinander, das herrschte, war entsetzlich.

»Haben nicht gerade Fingerspitzengefühl bewiesen, die Burschen«, kommentierte Inspektor Moran.

»Wahrscheinlich müssen wir noch froh sein, daß sie keine Stange Dynamit geworfen haben«, meinte Heath bitter.

Doch es war nicht die allgemeine Unordnung, die unsere Blicke auf sich lenkte. Unser Blick fiel unwillkürlich auf die Ermordete, und wir konnten ihn kaum wieder von ihr abwenden, wie sie dort in unnatür-

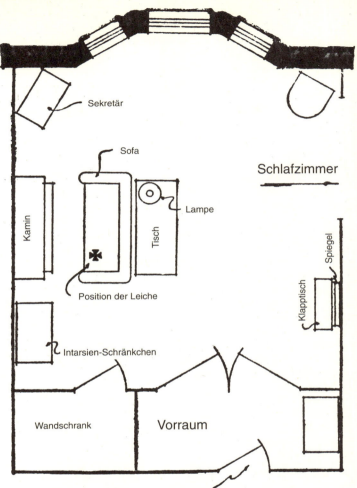

licher, halb zusammengesunkener Haltung in der uns zugewandten Ecke des Sofas lag. Ihr Kopf war wie gewaltsam nach hinten über das weiche Seidenpolster gebogen, und das Haar hatte sich gelöst und lag unter dem Nacken und über der entblößten Schulter wie eine gefrorene Welle aus flüssigem Gold. Ihr Gesicht war im gewaltsamen Tode entstellt und nicht hübsch anzusehen. Die Haut war bleich, die Augen hatte sie weit aufgerissen, der Mund stand offen, und die Lippen waren zurückgezogen. Ihr Hals zeigte beiderseits häßliche dunkle Würgemale. Sie trug ein dünnes Abendkleid aus schwarzer Chantilly-Spitze über cremefarbenem Chiffon, und über der Sofalehne lag ein Abendcape aus hermelinbesetztem, golddurchwirktem Tuch.

Es gab Anzeichen, daß sie sich, wenn auch erfolglos, gegen ihren Mörder zur Wehr gesetzt hatte. Außer dem zerzausten Haar zeugte ein zerrissener Träger ihres Kleides davon, und in der feinen Spitze war quer über die Brust ein großer Riß. Ein kleiner Strauß aus künstlichen Orchideen, den sie am Mieder getragen hatte, lag zerknittert in ihrem Schoß. Einen Satinpumps hatte sie verloren, und ihr rechtes Knie war nach innen an die Sitzfläche des Sofas gedrückt, so als habe sie sich dagegengestemmt, um sich aus dem Würgegriff ihres Widersachers zu befreien. Ihre Finger waren gekrümmt, zweifellos noch in der Haltung, in der sie, als sie im Augenblick des Todes ihren Kampf aufgaben, von den Handgelenken des Mörders abgefallen waren.

Der Anblick dieses gemarterten Leibs ließ uns erstarren, doch Heath mit seinem routinierten Tonfall brach den Bann.

»Wie Sie sehen, Mr. Markham, saß sie hier auf der Seite des Sofas, als plötzlich jemand von hinten zufaßte.«

Markham nickte. »Es muß ein ziemlich starker Mann gewesen sein, daß er sie so ohne weiteres erdrosseln konnte.«

»Das will ich meinen!« stimmte Heath ihm zu. Er beugte sich vor und zeigte uns einen Finger des Mädchens, auf dem Abschürfungen zu sehen waren. »Sie haben ihr sogar die Ringe abgenommen, und das nicht gerade sanft.« Dann wies er auf ein Segment einer feinen, mit winzigen Perlen besetzten Platinkette, das noch auf ihrer Schulter lag. »Und was sie um den Hals hatte, haben sie ihr auch abgerissen, und dabei ist die Kette zu Bruch gegangen. Die haben nichts übersehen, und sie haben's eilig gehabt ... Richtige Gentleman-Arbeit. Ganz die vornehme Art.«

»Wo ist der Polizeiarzt?« fragte Markham.

»Noch nicht da«, antwortete Heath. »Der Mann muß erst geboren werden, der Doc Doremus ohne sein Frühstück aus dem Haus bekommt.«

»Vielleicht findet er noch etwas anderes – etwas, das man nicht auf Anhieb sieht.«

»Mir reicht schon, was man sehen kann«, meinte Heath. »Schauen Sie sich doch mal hier in der Wohnung um. Schlimmer könnt's kaum sein, wenn ein Wirbelsturm drübergegangen wäre.«

Wir wandten uns von dem bedrückenden Anblick der Ermordeten ab und gingen in die Mitte des Raumes.

»Denken Sie daran, Mr. Markham«, warnte Heath, »nichts anrühren. Ich habe die Fingerabdruck-Experten angefordert. Müssen jeden Moment hier sein.«

Vance setzte eine verdutzte Miene auf.

»Fingerabdrücke? Was Sie nicht sagen – tatsächlich? Das wird ja ein Spaß! Stellen Sie sich das einmal vor, ein Ganove unseres aufgeklärten Zeitalters, der für Sie einen Fingerabdruck hinterläßt.«

»Nicht jeder Ganove hat Köpfchen, Mr. Vance«, nahm Heath die Herausforderung an.

»O nein, ganz gewiß nicht! Sonst ginge Ihnen ja nie einer ins Netz. Aber, Sergeant, selbst ein echter Fingerabdruck beweist Ihnen nur, daß die Person, von der er stammt, sich irgendwann einmal hier in der Wohnung aufgehalten hat. Das ist noch kein Indiz, daß es der Täter war.«

»Das mag sein.« Heath ließ nicht locker. »Aber eins können Sie mir glauben: Wenn ich hier aus dieser Wohnung einen brauchbaren Fingerabdruck bekomme, dann möchte ich nicht in den Schuhen von dem Burschen stecken, von dem der stammt.«

Vance machte ein schockiertes Gesicht. »Sie jagen mir ja regelrecht Angst ein, Sergeant. Von heute an werde ich nur noch Fausthandschuhe tragen. Ich habe nämlich so eine dumme Angewohnheit, immer die Möbelstücke und die Teetassen und den Krimskrams anzufassen, wenn ich irgendwo zu Besuch bin.«

Markham unterbrach die beiden mit dem Vorschlag, sich ein wenig in der Wohnung umzusehen, bis der Amtsarzt einträfe.

»Originell waren die nicht, die Burschen«, erklärte Heath. »Sie haben das Mädchen umgebracht und dann alles aus den Schränken und Schubladen gerissen.«

Die beiden Zimmer waren allem Anschein nach gründlich durchsucht worden. Kleider und diverse andere Dinge lagen auf dem Boden verstreut. Die Türen beider Wandschränke (es gab einen in jedem Zimmer) standen offen, und dem Durcheinander des Schlafzimmerschranks nach zu urteilen, war er in großer Hast durchwühlt worden; der Schrank im Wohnzimmer, in dem offenbar die weniger häufig gebrauchten Dinge verstaut waren, war hingegen unversehrt geblieben. Die Schubladen von Frisiertisch und Kommode lagen teils auf den Boden ausgeleert, und das Bettzeug war heruntergerissen, die Matratze umgestülpt. Zwei Stühle und ein kleiner Beistelltisch waren umgeworfen, mehrere Vasen zerschmettert, so als hätte jemand etwas darin gesucht und sie dann vor enttäuschter Wut zu Boden geschleudert; auch der Marie-Antoinette-Spiegel war zerschlagen. Die Platte des Sekretärs war heruntergeklappt, und der Inhalt der Fächer lag kreuz und quer auf der Schreibfläche verstreut. Auch die Türen des Intarsien-Schränkchens standen offen, und im Inneren herrschte das gleiche Durcheinander wie im Sekretär. Die Lampe aus Bronze und Porzellan, die am Ende des Tisches gestanden hatte, lag auf der Seite, der Schirm aus Satin von der scharfen Kante einer silbernen Bonbonniere aufgerissen.

Zwei Dinge erregten in diesem allgemeinen Durcheinander meine besondere Aufmerksamkeit – eine schwarze Metallkassette, wie man sie in Schreibwarenläden zum Aufbewahren von Dokumenten kaufen kann, und ein großer, massiver Schmuckkasten aus Stahl mit einem Zylinderschloß. Dies letztere Behältnis sollte bei den folgenden Ermittlungen eine kuriose und sinistre Rolle spielen.

Die Dokumentenkassette hatten die Täter leer auf dem Tisch neben der umgeworfenen Lampe zurückgelassen. Der Deckel stand offen, und der Schlüssel steckte noch im Schloß. In all dem Durcheinander, das der Täter in der Wohnung angerichtet hatte, war diese Kassette das einzige Anzeichen, daß er auch ruhig und systematisch sein konnte.

Der Schmuckkasten hingegen war gewaltsam aufgebrochen. Er stand auf dem Frisiertisch im Schlafzimmer, zerbeult und verbogen von der ungeheuren Gewalt, mit der der Täter ihn aufgestemmt hatte, und daneben lag ein gußeiserner Schürhaken mit Messinggriff, den er offenbar aus dem Wohnzimmer geholt hatte, um ihn als Stemmeisen zu benutzen.

Vance hatte all diese Dinge bei unserer Runde nur oberflächlich betrachtet, doch als er beim Frisiertisch anlangte, blieb er abrupt stehen. Er holte sein Monokel hervor, klemmte es sorgfältig vors Auge und beugte sich über den zerbeulten Kasten.

»Sehr außergewöhnlich«, murmelte er und tippte mit seinem Goldbleistift auf die Kante des Deckels. »Was halten Sie davon, Sergeant?«

Heath hatte Vance, als dieser sich über den Frisiertisch beugte, mit zusammengekniffenen Augen beobachtet.

»Was geht Ihnen durch den Kopf?« fragte der Sergeant zurück.

»Oh, mehr als Sie sich jemals ausmalen könnten«, antwortete Vance leichthin. »Doch eben im Augenblick spielte ich mit dem Gedanken, daß diese stählerne Schatulle nie und nimmer mit jenem durch und durch unzureichenden Eisenhaken aufgestemmt wurde, meinen Sie nicht auch?«

Heath nickte anerkennend. »Das ist Ihnen also auch aufgefallen ... Und Sie haben vollkommen recht. Mit dem Schüreisen hätten sie den Kasten verbiegen können, aber nie im Leben hätte er das Schloß geknackt.«

Er wandte sich an Inspektor Moran.

»Das ist die Sache, wegen der ich ›Prof.‹ Brenner angefordert habe. Soll der mal sehen, ob er dahinterkommt – *wenn* er dahinterkommt. Für meine Begriffe waren das Profis, erstklassige Profis, die den Kasten da aufgebrochen haben. Das war kein Lehrer aus der Sonntagsschule.«

Vance studierte die Schatulle noch eine Weile, doch am Ende wandte er sich mit ratlos gerunzelter Stirn davon ab.

»Ich muß schon sagen!« kommentierte er. »Verdammt seltsam, was sich hier letzte Nacht abgespielt hat.«

»Na, so seltsam auch wieder nicht«, wandte Heath ein. »Zugegeben, das war gründliche Arbeit, aber es ist doch nichts Geheimnisvolles dran.«

Vance putzte sein Monokel und steckte es ein.

»Wenn das Ihre Einstellung ist, Sergeant«, erwiderte er unbewegt, »dann fürchte ich sehr, daß Sie auf ein Riff laufen werden. Und möge ein gütiger Himmel Sie dann wieder heil an die Küste bringen!«

Kapitel IV

Der Abdruck einer Hand

(Dienstag, 11. September, 9.30 Uhr morgens)

Ein paar Minuten nachdem wir ins Wohnzimmer zurückgekehrt waren, traf beschwingt und energisch Doktor Doremus ein, der leitende Polizeiarzt. Im Gefolge hatte er drei weitere Männer, von denen einer eine Kamera und ein Klappstativ trug. Es handelte sich um Captain Dubois und Detective Bellamy, die Fingerabdruck-Experten, und den Polizeifotografen Peter Quackenbush.

»Alle Achtung«, rief Doktor Doremus, »alle Achtung! Das ist ja eine richtige Prominentenversammlung. Neuer Ärger, was? ... Ich wünschte, Inspektor, Ihre Freunde würden sich eine andere Tageszeit für ihre Meinungsverschiedenheiten aussuchen. Das frühe Aufstehen ist nicht gut für meine Leber.«

Auf eine rasche, geschäftige Art reichte er uns allen die Hand.

»Wo ist die Leiche?« fragte er knapp und sah sich im Zimmer um. Dann sah er das Mädchen auf dem Sofa. »Ah! Eine Dame.«

Er ging mit raschen Schritten hinüber und nahm eine erste Untersuchung der Toten vor; er musterte Hals und Finger, bewegte Arme und Kopf, um zu sehen, wieweit die Leichenstarre schon fortgeschritten war, und am Ende streckte er ihre steifen Glieder und legte die Tote zur eingehenderen Leichenschau auf die breiten Kissen des Sofas.

Wir anderen gingen zum Schlafzimmer hinüber, und Heath gab den Fingerabdruck-Experten Zeichen, ihm zu folgen.

»Sehen Sie sich gründlich um«, wies er sie an, »und besonders interessieren uns der Schmuckkasten und das Schüreisen hier und die Dokumentenkassette im anderen Zimmer.«

»Gut«, antwortete Captain Dubois. »Wir fangen hier an, damit wir den Doktor nicht stören.« Und damit machten er und Bellamy sich ans Werk.

Wir verfolgten ihre Arbeit natürlich mit Spannung. Volle fünf Minuten lang inspizierte der Captain die verbogenen Wände der

Schatulle und den polierten Messinggriff. Er hielt die Sachen vorsichtig mit spitzen Fingern, klemmte sich eine Optikerlupe ins Auge, ließ seine Taschenlampe über jeden Quadratzentimeter gleiten. Am Ende legte er alles mit finsterer Miene ab.

»Da ist nichts drauf«, verkündete er. »Abgewischt.«

»Hätte ich mir denken können«, brummte Heath. »Das waren Profis, keine Frage.« Er wandte sich an den anderen Experten. »Haben Sie was, Bellamy?«

»Nichts Brauchbares«, kam die grimmige Antwort. »Ein paar alte Spuren, aber da liegt schon Staub drauf.«

»Das wär's dann wohl«, knurrte Heath ärgerlich; »aber vielleicht finden wir ja drüben noch was.«

Im selben Augenblick kam Doktor Doremus ins Zimmer, holte sich ein Bettuch und kehrte zurück zum Sofa, wo er den Leichnam der Ermordeten damit bedeckte. Dann schloß er energisch seine Tasche, setzte den Hut in verwegenem Winkel auf und kam auf uns zu mit dem Gebaren eines vielbeschäftigten Mannes, der dringend weiter muß.

»Eindeutiger Fall«, sagte er und verschluckte die Worte halb. »Von hinten stranguliert. Fingerspuren vorne am Hals, Druckmale der Daumen unterhalb des Hinterhaupts. Angriff muß unerwartet gekommen sein. Kurze, professionelle Sache, obwohl das Opfer sich offenbar ein wenig gewehrt hat.«

»Was meinen Sie, wie der Riß in ihrem Kleid entstanden ist, Doktor?« fragte Vance.

»Der Riß? Keine Ahnung. Denkbar, daß sie es selber getan hat – instinktiv, um Luft zu bekommen.«

»Aber nicht allzu wahrscheinlich, oder?«

»Wieso nicht? Das Kleid war zerrissen und das Sträußchen abgestreift, und der Täter hatte ja beide Hände am Hals. Wer soll es sonst gewesen sein?«

Vance zuckte die Schultern und zündete sich eine Zigarette an.

Heath, ärgerlich, weil Vance ihn mit solchen Belanglosigkeiten aufhielt, stellte die nächste Frage.

»Die Schürfwunden an den Fingern, sind das Zeichen, daß jemand ihr die Ringe abgerissen hat?«

»Gut möglich. Die Wunden sind frisch. Außerdem hat sie ein paar Schrammen am linken Handgelenk und leichte Prellungen am Daumenballen – vielleicht Anzeichen, daß ein Armreif unsanft abgestreift wurde.«

»Das paßt bestens«, quittierte Heath zufrieden. »Und außerdem haben sie ihr, wie's scheint, eine Kette oder sowas vom Hals gerissen.«

»Wahrscheinlich«, stimmte Doktor Doremus mit teilnahmsloser Miene zu. »Hinter der rechten Schulter sieht man, wie sie ihr ins Fleisch geschnitten hat.«

»Und die Zeit?«

»Vor neun oder zehn Stunden. Sagen wir, gegen elf Uhr dreißig gestern abend, vielleicht schon ein wenig vorher. Auf keinen Fall später als Mitternacht.« Er wiegte sich unruhig auf den Zehenspitzen. »Sonst noch etwas?«

Heath überlegte.

»Ich glaube, das ist alles, Doc«, beschloß er dann. »Ich werde den Leichnam gleich zum Schauhaus fahren lassen. Machen Sie die Obduktion, sobald Sie können.«

»Morgen früh haben Sie den Bericht.« Und obwohl er es so eilig hatte fortzukommen, ging Doktor Doremus doch noch einmal ins Schlafzimmer und schüttelte Heath und Markham und Inspektor Moran die Hand, bevor er davoneilte.

Heath folgte ihm, und ich hörte, wie er dem Beamten, der vor der Tür Wache hielt, den Auftrag gab, sofort einen Wagen für die Leiche des Mädchens anzufordern.

»Ein prachtvoller Archiater, den Sie da haben«, richtete Vance das Wort an Markham. »Welch innere Ruhe! Hier stehen Sie, gramgebeugt, weil das blonde Gift sein Leben ausgehaucht hat, und das einzige, was den wackeren Medicus aus der Fassung bringen kann, ist seine flaue Leber, weil er zu früh aus den Federn mußte.«

»Worum soll der sich schon Gedanken machen?« jammerte Markham. »Dem sitzen die Zeitungen ja nicht im Nacken … Das erinnert mich – worauf wollten Sie eigentlich mit Ihrer Frage nach dem zerrissenen Kleid hinaus?«

Vance musterte träge die Spitze seiner Zigarette.

»Malen Sie es sich doch nur aus«, sagte er. »Die junge Dame wurde offensichtlich von ihrem Mörder überrascht; denn wäre es vorher zum Kampf gekommen, dann wäre sie nicht von hinten im Sitzen erdrosselt worden. Wir dürfen also davon ausgehen, daß Kleid und Sträußchen unversehrt waren, als der Täter zufaßte. Doch – und hierin widerspreche ich Ihrem trefflichen Paracelsus – die Schäden an ihrer Toilette lassen nicht darauf schließen, daß sie sie selbst herbeiführte, als sie nach Atem rang. Wenn ihr das Kleid an der Brust zu eng geworden wäre, dann hätte sie das Mieder zu lockern versucht, indem sie direkt hineingegriffen hätte. Doch wie Sie selbst gesehen haben, war das Mieder intakt; das einzige, was beschädigt war, war der breite Spitzenvolant an der Außenseite, und der war eingerissen, oder besser gesagt aufgerissen, durch eine kräftige Querbewegung; wohingegen jede Bewegung, die unter diesen Umständen von ihr selbst ausgegangen wäre, nach unten oder diagonal verlaufen wäre.«

Inspektor Moran hörte aufmerksam zu, doch Heath schien unruhig und ungeduldig; für ihn war das zerrissene Kleid bei den Ermittlungen Nebensache.

»Und dann«, fuhr Vance fort, »wäre da noch das Sträußchen. Wenn sie es abgerissen hätte, als sie erwürgt wurde, wäre es zweifellos zu Boden gefallen; denn vergessen Sie nicht, sie hat sich nach Kräften gewehrt. Ihr Körper war zur Seite gedreht, das Knie angezogen, und einen Schuh hatte sie verloren. So, wie die junge Dame gestrampelt hat, wäre niemals ein Seidensträußchen in ihrem Schoß liegengeblieben. Schließlich fallen den Damen doch, selbst wenn sie stillsitzen, stets ihre Handschuhe und Handtaschen und Taschentücher und Servietten und Konzertprogramme zu Boden.«

»Aber wenn Ihre Annahme stimmt«, wandte Markham ein, »dann wäre sie schon tot gewesen, als jemand ihr das Kleid zerriß und das Sträußchen abrupfte. Und warum hätte jemand so sinnlos brutal sein sollen?«

»Das frage ich mich auch«, seufzte Vance. »Verdammt seltsam, die ganze Sache.«

Heath blickte ihn mit zusammengekniffenen Augen an. »Das ist schon das zweite Mal, daß Sie das sagen. Also, für mich gibt's an der ganzen Geschichte überhaupt nichts Seltsames. Die Tatsachen liegen doch auf der Hand.« Er sagte das mit großem Nachdruck, wie jemand, der sich selbst von einer Meinung überzeugen muß, in der er unsicher ist. »Es gibt wer weiß wie viele Möglichkeiten, wie das Kleid zerrissen sein könnte«, fuhr er verbissen fort. »Und die Blume hatte sich vielleicht in der Spitze verfangen, deswegen ist sie nicht runtergefallen.«

»Und wie erklären Sie den Schmuckkasten, Sergeant?« fragte Vance.

»Na, der Bursche hat es vielleicht zuerst mit dem Schürhaken versucht, und als er merkte, daß es nicht geht, hat er dann doch sein Brecheisen genommen.«

»Wenn er ein gutes Brecheisen hatte«, konterte Vance, »warum hat er dann den albernen Haken überhaupt aus dem Wohnzimmer mitgebracht?«

Der Sergeant schüttelte ratlos den Kopf.

»Das kann man doch nie sagen, warum diese Ganoven nun gerade das und nicht was anderes tun.«

»Also wirklich!« tadelte Vance ihn. »Ein Wort wie ›nie‹ sollte es im aktiven Wortschatz eines Ermittlungsbeamten überhaupt nicht geben.«

Heath sah ihn scharf an. »Ist Ihnen vielleicht noch etwas aufgefallen, was Sie seltsam fanden?« Wieder waren ihm seine unterschwelligen Zweifel anzumerken.

»Nun, da wäre noch die Tischlampe drüben im anderen Zimmer.«

Wir standen am Durchgang zwischen den beiden Räumen, und Heath drehte sich sogleich um und blickte verständnislos die umgestoßene Lampe an.

»Da kann ich nichts Seltsames dran erkennen.«

»Ist doch umgestoßen worden – meinen Sie nicht auch?« fragte Vance.

»Und was soll das zu bedeuten haben?« Heath konnte sich keinen Reim darauf machen. »Hier in der Wohnung ist doch so ziemlich alles durcheinandergeworfen.«

»Ah! Aber bei fast allen anderen Dingen gibt es einen Grund dafür, daß sie beschädigt wurden – bei den Schubladen und Schreibtischfächern und Schränken und Vasen. Sie alle deuten darauf hin, daß etwas gesucht wurde; es sind durchweg Indizien, die auf einen Raubmord schließen lassen. Aber die Lampe dort, verstehen Sie, die paßt nicht in dieses Bild. Sie bringt eine falsche Note hinein. Der Mord wurde am einen Ende des Tisches verübt, und sie stand am anderen, gut anderthalb Meter fort – undenkbar, daß sie beim Kampf umgestoßen wurde ... Nein, die Lampe paßt nicht. Es gibt keinen Grund, warum sie umgestoßen sein sollte, genauso wie es keinen Grund gibt, daß der hübsche Spiegel dort über dem Klapptisch zerbrochen ist. Deswegen finde ich das seltsam.«

»Und die Stühle hier und das Tischchen?« fragte Heath und wies auf die beiden kleinen vergoldeten Stühle, die auf der Seite lagen, und einen umgeworfenen Beistelltisch neben dem Flügel.

»Oh, die passen schon ins Bild«, erwiderte Vance. »Alles leichte Möbelstücke, die der Gentleman, der die Zimmer durchwühlte, in seiner Hast leicht umwerfen oder beiseite stoßen konnte.«

»Genau so könnte doch auch die Lampe umgefallen sein«, beharrte Heath.

Vance schüttelte den Kopf. »Damit kommen Sie nicht durch, Sergeant. Die Lampe hat einen Fuß aus massiver Bronze und ist nicht im mindesten kopflastig. Und sie stand weit hinten auf dem Tisch und war niemandem im Wege ... Diese Lampe hat jemand mit Absicht umgeworfen.«

Der Sergeant schwieg eine Weile. Die Erfahrung hatte ihn gelehrt, Vance' Beobachtungen nicht zu unterschätzen; und ich muß zugeben, als ich die Lampe betrachtete, wie sie am Ende des Tisches weit entfernt von allen anderen Dingen lag, die der Täter in Unordnung gebracht hatte, schien mir Vance' Argument ausgesprochen schlüssig. Ich versuchte, mir vor meinem inneren Auge den Ablauf des Verbrechens zu vergegenwärtigen, doch es wollte mir nicht gelingen.

»Sonst noch etwas, das nicht ins Bild paßt?« fragte Heath nach einer Weile.

Vance wies mit seiner Zigarette auf den Wandschrank im Wohnzimmer. Dieser Schrank schloß an den Vorraum an, und die Tür befand sich in der Ecke neben dem Intarsien-Schränkchen, direkt gegenüber der Stirnseite des Sofas.

»Sie könnten sich ein paar Augenblicke lang mit dem Zustand jenes Wäscheschrankes beschäftigen«, sagte Vance leichthin. »Ihnen wird auffallen, daß zwar die Tür nur angelehnt ist, das Innere jedoch unberührt. Und es ist mehr oder weniger der einzige Teil der Wohnung, der nicht verwüstet wurde.«

Heath ging hinüber und warf einen Blick in den Schrank.

»Das ist schon wirklich seltsam«, sagte er am Ende, »das gebe ich zu.«

Vance war ihm langsam gefolgt und blickte ihm nun über die Schulter.

»Und was haben wir denn da!« rief er plötzlich. »Der Schlüssel steckt auf der Innenseite. Hat man so etwas schon gesehen! So einen Schrank kann man ja nicht verschließen, wenn der Schlüssel innen steckt – oder etwa doch, Sergeant?«

»Der Schlüssel hat vielleicht überhaupt nichts zu bedeuten«, meinte Heath hoffnungsvoll. »Vielleicht hat sie die Tür nie verschlossen. Ich habe das Dienstmädchen draußen, und wir werden sie uns vorknöpfen, sobald der Captain hier mit seiner Arbeit fertig ist.«

Er wandte sich Dubois zu, der, nachdem er seine Ermittlungen im Schlafzimmer abgeschlossen hatte, nun den Flügel auf Fingerabdrücke untersuchte.

»Schon was gefunden?«

Der Captain schüttelte den Kopf.

»Handschuhe«, antwortete er knapp.

»Das gleiche hier«, knurrte Bellamy, der vor dem Schreibschrank kniete.

Mit einem spöttischen Lächeln ging Vance zum Fenster, rauchte friedlich seine Zigarette und blickte hinaus, so, als ob er plötzlich alles Interesse an dem Kriminalfall verloren hätte.

Im selben Moment öffnete sich die Tür zum Flur, und ein kleiner schmächtiger Mann mit grauem Haar und graumeliertem Bart trat ein und blinzelte im hellen Sonnenlicht.

»Guten Morgen, Professor«, begrüßte Heath den Neuankömmling. »Schön, daß Sie da sind. Ich habe etwas Feines hier, genau das Richtige für Sie.«

Deputy-Inspector Conrad Brenner war einer in jener kleinen Armee von obskuren, doch hochtalentierten Sachverständigen, deren großes Wissen in den entlegensten technischen Bereichen immer wieder von der New Yorker Polizei herangezogen wird, deren Namen und Leistungen jedoch nur in den seltensten Fällen in den Zeitungen Erwähnung finden. Sein Spezialgebiet waren Schlösser und Einbruchswerkzeuge, und ich würde bezweifeln, daß selbst unter den hochberühmten Kriminologen der Universität Lausanne jemand zu finden wäre, der die Spuren, die Einbrecher mit ihren Werkzeugen hinterlassen, besser zu lesen verstünde. In seinem Äußeren und seinem Benehmen war er ganz das, was man sich unter einem ergrauten kleinen College-Professor vorstellte.[1] Sein schwarzer, altmodischer Anzug war ungebügelt, und er trug dazu einen hohen steifen Kragen wie ein Geistlicher der Jahrhundertwende, mit einer schmalen schwarzen Schleife. Die Gläser seiner goldgefaßten Brille waren so dick, daß die Pupillen nach einer akuten Atropinvergiftung aussahen.

Als Heath ihn ansprach, stand er nur mit geistesabwesend-erwartungsvoller Miene da; er schien gar nicht zu bemerken, daß noch andere im Raum waren. Der Sergeant, der mit der eigentümlichen Art

---

[1] Es ist eine kuriose Tatsache, daß in all den neunzehn Jahren, die er damals schon für die New Yorker Polizei tätig war, Vorgesetzte wie Untergebene ihn durchweg niemals anders als »den Professor« genannt hatten.

des Mannes offenbar vertraut war, wartete nicht auf eine Antwort, sondern begab sich sogleich zum Schlafzimmer.

»Hier entlang bitte, Professor«, geleitete er ihn, ging zum Frisiertisch und griff zum Schmuckkasten. »Werfen Sie da mal einen Blick drauf und sagen Sie mir dann, was Sie sehen.«

Inspektor Brenner war Heath gefolgt, ohne nach rechts oder links zu blicken, und nun nahm er die Schatulle, ging schweigend damit zum Fenster und begann seine Untersuchung. Vance, dessen Interesse plötzlich wiedererwacht schien, kam herüber und sah ihm zu.

Volle fünf Minuten lang musterte der kleine Sachverständige die Schatulle und hielt sie dabei dicht vor die kurzsichtigen Augen. Dann blickte er Heath an, wobei er mehrfach in rascher Folge blinzelte.

»Dieser Kasten ist mit zwei verschiedenen Werkzeugen geöffnet worden.« Er sprach leise und mit hoher Stimme, aber es war doch eine Stimme, die unverkennbar mit Autorität sprach. »Eines hat den Deckel verbogen und mehrere Risse im Email hinterlassen. Das andere war, würde ich vermuten, ein Stahlmeißel, und damit wurde das Schloß aufgebrochen. Das erste Instrument, ein stumpfes Werkzeug, wurde amateurhaft gehandhabt – falsch angesetzt, so daß keine Hebelwirkung entstand –, und der Täter erreichte nicht mehr damit, als das äußere Ende des Deckels aufzubiegen. Der Stahlmeißel hingegen war genau am richtigen Hebelpunkt angesetzt, wo ein Minimum an Druck den notwendigen Gegendruck erzeugt, der die Stifte aus der Führung hebt.«

»Profiarbeit also?« fragte Heath.

»Mit Sicherheit«, antwortete der Inspektor und zwinkerte wieder dazu. »Natürlich nur die Art, wie das Schloß aufgebrochen wurde. Ich würde sogar so weit gehen und behaupten, daß es mit einem Werkzeug geschah, daß speziell für solche Straftaten hergestellt wurde.«

»Könnte es das hier gewesen sein?« Heath streckte ihm den Schürhaken hin.

Der Experte betrachtete ihn eingehend und drehte ihn dabei in der Hand.

»Das könnte das Werkzeug gewesen sein, mit dem der Deckel verbogen wurde, aber nicht dasjenige, mit dem der Täter das Schloß aufgesprengt hat. Der Haken ist aus Gußeisen, und bei großem Druck wäre er zerbrochen; die Kiste, das ist kaltgewalzter 18er Flachstahl mit versenktem Sicherheits-Zylinderschloß. Die Kraft, die notwendig war, um die Führung soweit herauszuhebeln, daß der Deckel sich öffnete, hält nur ein Stahlmeißel aus.«

»Tja, da hätten wir's.« Heath schien sehr zufrieden mit Inspektor Brenners Erkenntnissen. »Ich schicke Ihnen den Kasten, Professor, und dann können Sie mich wissen lassen, wenn Sie noch Näheres herausfinden.«

»Ich nehme ihn gleich mit, wenn Sie nichts dagegen haben.« Und ohne ein weiteres Wort klemmte der kleine Mann ihn unter den Arm und schlurfte davon.

Heath grinste Markham an. »Komischer Vogel. Der ist nur glücklich, wenn er Brecheisenspuren an Türen und Fenstern und was weiß ich wo vermessen darf. Er konnte's nicht abwarten, bis er den Kasten von mir bekam. Auf der ganzen U-Bahnfahrt in die Stadt wird er ihn liebevoll im Schoß halten wie eine Mutter ihr Kind.«

Vance stand noch immer am Frisiertisch und blickte verwundert in die Ferne.

»Markham«, sagte er, »was mit der Schatulle vorgegangen ist, ist einfach unglaublich. Es ist unvernünftig, unlogisch – verrückt. Es kompliziert die Situation ganz außerordentlich. Die Art und Weise, wie dieser stählerne Kasten aufgebrochen war, konnte einfach nicht die Arbeit eines professionellen Einbrechers sein, aber siehe da ... sie war es doch.«

Noch bevor Markham etwas darauf antworten konnte, zog ein Triumphlaut von Captain Dubois unsere Aufmerksamkeit auf sich.

»Ich hab' was für Sie, Sergeant«, verkündete er.

Erwartungsvoll begaben wir uns ins Wohnzimmer. Dubois stand über den Tisch gebeugt, fast direkt hinter der Stelle, an der Margaret Odells Leiche gelegen hatte. Er zog einen Einblasapparat hervor, ein Gerät, das an einen kleinen handbetriebenen Blasebalg erinnerte, und blies gleichmäßig über eine Fläche von etwa dreißig mal dreißig Zentimetern einen feinen hellgelben Puder auf die polierte Rosenholzplatte. Anschließend blies er den überschüssigen Puder wieder fort, und deutlich erschien nun in Safrangelb der Abdruck einer Menschenhand. Der Daumenballen und die fleischigen Erhebungen der Fingerglieder und der Partien rund um die Handfläche stachen hervor wie kleine runde Inseln. Alle Handlinien waren deutlich zu erkennen. Der Fotograf setzte seine Kamera auf ein merkwürdiges verstellbares Stativ, stellte sorgfältig scharf und machte dann zwei Blitzlichtaufnahmen von dem Handabdruck.

»Das sollte reichen.« Dubois war zufrieden mit seinem Fund. »Die rechte Hand – ein klarer Abdruck – und der Bursche, von dem er stammt, stand direkt hinter der Lady ... Und von allen Abdrücken hier in der Wohnung ist er der neueste.«

»Was ist mit der Kassette hier?« Heath wies auf die schwarze Dokumentenkassette, die nicht weit von der umgeworfenen Lampe auf dem Tisch stand.

»Keine Spur – alles abgewischt.«

Dubois begann, seine Ausrüstung zu verstauen.

»Warten Sie noch einen Augenblick, Captain Dubois«, schaltete Vance sich ein. »Haben Sie sich den inneren Türgriff des Wäscheschrankes dort genauer angesehen?«

Der Mann wandte sich abrupt um und starrte Vance finster an.

»Leute benutzen die inneren Türgriffe von Wandschränken nicht. Sie öffnen und schließen sie von draußen.«

Vance hob die Augenbrauen und spielte den Verblüfften.

»Was Sie nicht sagen! Darauf wäre ich nie gekommen! ... Und doch, stellen Sie sich vor, vom Inneren des Schrankes, da könnte man den äußeren Griff ja gar nicht erreichen.«

»Die Leute, die *ich* so kenne, die stecken nur sehr selten in Wäscheschränken.« Dubois bemühte sich um einen sarkastischen Tonfall.

»Das finde ich ja einfach verblüffend!« erwiderte Vance. »In meiner Bekanntschaft ist es eine regelrechte Manie. Viele tun es täglich, wissen Sie.«

Markham griff vermittelnd ein.

»Haben Sie eine Vermutung bei dem Schrank, Vance?«

»Ach! Ich wünschte, ich hätte sie«, entgegnete er kummervoll. »Aber ich kann mir beim besten Willen nicht erklären, warum ausgerechnet dieser Schrank so fein und ordentlich geblieben ist; deswegen interessiere ich mich so sehr dafür. Man hätte doch erwarten sollen, daß er ebenfalls nach allen Regeln der Kunst geplündert wäre.«

Ganz frei von dem unguten Gefühl, das Vance plagte, war auch Heath nicht, denn er wandte sich an Dubois mit den Worten:

»Sie könnten sich den Griff ja mal ansehen, Dubois. Wie der Herr hier ganz richtig sagt, der Zustand des Schrankes hat etwas Verdächtiges.«

Schweigend und grimmig begab Dubois sich zur Schranktür und besprühte den Griff mit seinem gelben Puder. Nachdem er die losen Partikel fortgeblasen hatte, beugte er sich mit dem Vergrößerungsglas darüber. Nach einer Weile richtete er sich auf und warf Vance einen ärgerlichen, doch anerkennenden Blick zu.

»Sie haben schon recht, da sind frische Abdrücke drauf«, gab er widerstrebend zu; »und anscheinend von derselben Hand wie der Abdruck auf dem Tisch. Die Daumenabdrücke sind in beiden Fällen zur Elle orientiert und die Zeigefinger jeweils spiralig ... Hier, Pete«, wies er den Fotografen an, »mach mal noch ein paar Aufnahmen von dem Griff.«

Als das erledigt war, verließen Dubois, Bellamy und der Fotograf uns.

Mit dem Austausch der üblichen Höflichkeiten verabschiedete sich gleich darauf auch Inspektor Moran. An der Tür begegnete er zwei Männern in weißen Uniformen, die gekommen waren, um die Leiche des Mädchens abzuholen.

Kapitel V

Die verschlossene Tür
(Dienstag, 11. September, 10.30 Uhr vormittags)

Markham, Heath, Vance und ich waren nun allein in der Wohnung. Die Sonne war hinter finsteren, tiefhängenden Wolken verschwunden, und das gespenstische graue Licht verstärkte die bedrückende Stimmung der beiden Zimmer noch. Markham hatte sich eine Zigarre angezündet, stand an den Flügel gelehnt und blickte mit unglücklicher, doch fest entschlossener Miene in die Runde. Vance war hinüber zu einem der Bilder an den seitlichen Wänden gegangen – Bouchers »La bergère endormie« war es, glaube ich – und musterte es spöttisch.

»Nackedeis mit Grübchen, drollige Putten und Schäfchenwolken für die königlichen Kokotten«, kommentierte er. Für die dekadente französische Malerei unter Ludwig XV. hatte er nichts als Verachtung übrig. »Man fragt sich, welche Bilder Kurtisanen in ihren Boudoirs hängen hatten, bevor diese amourösen Eklogen mit ihrem bläulichen Grünzeug und den Schafen mit Bändern aufkamen.«

»Ich frage mich eher, was sich in diesem speziellen Boudoir gestern abend zugetragen hat«, erwiderte Markham ungeduldig.

»Das ist ja kein großes Geheimnis, Sir«, versuchte Heath ihm Hoffnung zu machen. »Und ich denke mir, wenn Dubois erst einmal die Fingerabdrücke mit denen in unseren Akten verglichen hat, dann werden wir mehr oder weniger wissen, wer der Täter war.«

Vance wandte sich mit einem wehmütigen Lächeln zu ihm um.

»Ihre Zuversicht hat etwas Rührendes, Sergeant. Ich für meinen Teil habe so eine Ahnung, daß Sie, noch lange bevor dieser rührende Fall zu einer Aufklärung kommen wird, sich wünschen werden, daß unser aufbrausender Captain mit seinem Ameisenpulver die Fingerabdrücke nie gefunden hätte.« Mit einer übermütigen Geste betonte er seine nächsten Worte noch. »Lassen Sie es sich ins Ohr flüstern, Sergeant, daß die Person, die ihre Visitenkarte auf jenem Rosenholztisch und auf dem kristallenen Türknauf hinterlassen hat, nicht das geringste mit dem überstürzten Ableben der bezaubernden Mademoiselle Odell zu tun hat.«

»Was vermuten Sie?« fragte Markham gespannt.

»Absolut gar nichts, mein Alter«, erklärte Vance rundheraus. »Mein Verstand wandelt in einer Wüste, in welcher die Wegweiser, deren er bedürfte, so zahlreich sind wie zwischen den Sonnensystemen. Der Schlund der Finsternis verschlingt mich; von tiefster Nacht bin ich umfangen. Die Finsternis meines Verstandes ist ägyptisch, stygisch, kimmerisch – ein wahrer Erebos der Dunkelheit.«

Markham kniff überdrüssig die Lippen zusammen; er kannte diese Art von Redseligkeit bei Vance nur zu gut. Er verfolgte das Thema nicht weiter und wandte sich statt dessen Heath zu.

»Haben Sie schon angefangen, die Leute hier im Haus zu vernehmen?«

»Ich habe mit dem Dienstmädchen, dem Hausmeister und den Telefonisten gesprochen, aber ich bin noch nicht in die Details gegangen – das wollte ich erst mit Ihnen absprechen. Aber eins kann ich Ihnen sagen: Allein was ich bis jetzt schon zu hören bekommen habe, davon wurde mir schwarz vor Augen. Wenn die nicht wenigstens ein paar von den Sachen wieder zurücknehmen, dann sitzen wir ganz schön in der Klemme.«

»Dann sollten wir sie uns jetzt anhören«, schlug Markham vor; »zuerst das Dienstmädchen.« Er setzte sich auf den Klavierhocker, mit dem Rücken zur Klaviatur.

Heath erhob sich, doch statt zur Tür ging er zum Erkerfenster.

»Auf eines möchte ich noch Ihre Aufmerksamkeit lenken, Sir, bevor wir die Leute befragen, und das ist die Frage der Zugänge zu und Fluchtwege aus dieser Wohnung.« Er zog den golddurchwirkten Store beiseite. »Sehen Sie sich das Eisengitter an. Alle Fenster hier, auch das Badezimmerfenster, sind mit solchen Eisenstäben vergittert. Es sind ja nur ungefähr zwei Meter bis zum Erdboden, und der Erbauer des Hauses hat gute Vorsorge getroffen, daß keine Einbrecher einsteigen können.«

Er ließ den Vorhang zurückgleiten und ging zum Vorraum.

»Es gibt nur einen einzigen Zugang zu dieser Wohnung, und das ist die Tür hier zum Hausflur. Es gibt kein Oberlicht, keinen Luftschacht, keine Durchreiche, und das heißt: Nur durch diese Tür – *nur* durch diese Tür – kann jemand herein- und wieder hinausgekommen sein. Das sollten Sie im Hinterkopf behalten, Sir, wenn Sie sich anhören, was die Leute zu sagen haben ... So, dann lasse ich jetzt das Dienstmädchen holen.«

Heath gab die notwendige Order, und daraufhin führte ein Beamter die Frau hinein, eine Mulattin von etwa dreißig Jahren. Sie war penibel gekleidet und machte einen tüchtigen Eindruck. Sie sprach mit einer ruhigen, klaren Stimme, die von höherer Bildung zeugte, als man gewöhnlich bei den Vertretern ihrer Klasse findet.

Sie hieß, wie wir erfuhren, Amy Gibson, und die Fakten, die sie uns auf Markhams erste Befragung mitteilen konnte, lassen sich wie folgt zusammenfassen:

> Sie war am Morgen kurz nach sieben Uhr eingetroffen und hatte die Wohnungstür mit ihrem eigenen Schlüssel aufgesperrt; das war üblich so, denn ihre Herrin schlief meistens lange.
>
> Ein- oder zweimal die Woche kam sie so früh, um Näh- und Ausbesserungsarbeiten an Miss Odells Kleidern zu verrichten. An diesem Morgen hatte sie an einem Abendkleid etwas ändern wollen. Sofort als sie die Tür öffnete, hatte sie die Unordnung in der Wohnung bemerkt, denn die Buntglastüren hatten weit offen gestanden; und beinahe im selben Augenblick hatte sie ihre ermordete Herrin auf dem Sofa liegen sehen. Sie hatte sofort Jessup herbeigerufen, den Telefonisten der Nachtschicht, und dieser hatte nur einen einzigen Blick in den Raum geworfen und dann sogleich die Polizei verständigt. Sie selbst hatte sich dann in den Warteraum gesetzt und auf die Polizei gewartet.

Ihre Aussage war einfach und direkt, und sie brachte sie in vernünftigen Worten vor. Wenn sie nervös oder erregt war, dann hatte sie ihre Gefühle gut unter Kontrolle.

»Und nun«, fuhr Markham nach einer kurzen Pause fort, »möchte ich noch einmal auf gestern abend zu sprechen kommen. – Wann sind Sie von hier fortgegangen?«

»Kurz vor sieben, Sir«, antwortete die Frau in jenem gleichmütigen, emotionslosen Ton, der typisch für sie zu sein schien.

»Ist das Ihr üblicher Feierabend?«

»Nein; in der Regel gehe ich gegen sechs. Aber gestern abend hatte Miss Odell mich gebeten, noch zu bleiben und ihr beim Ankleiden zu helfen; sie wollte ausgehen.«

»Normalerweise helfen Sie ihr nicht beim Ankleiden, wenn sie ausgeht?«

»Nein, Sir. Aber gestern abend hatte ein Gentleman sie zum Abendessen und ins Theater eingeladen, und sie wollte besonders hübsch aussehen.«

»Ah!« Markham lehnte sich vor. »Und wer war der Herr?«

»Das weiß ich nicht, Sir – das hat Miss Odell nicht gesagt.«

»Und Sie haben auch keine Ahnung, wer es gewesen sein könnte?«

»Ich wüßte niemanden, Sir.«

»Und wann hatte Miss Odell Ihnen gesagt, daß Sie heute früher kommen sollten?«

»Gestern abend, als ich ging.«

»Also fühlte sie sich in keinerlei Gefahr und fürchtete sich auch nicht vor dem Herrn, mit dem sie ausgehen sollte.«

»Anscheinend nicht.« Sie hielt inne, als ließe sie es sich durch den Kopf gehen. »Nein, mit Sicherheit nicht. Sie war guter Dinge.«

Markham wandte sich an Heath.

»Haben Sie noch Fragen, Sergeant?«

Heath nahm die kalte Zigarre aus dem Mund und beugte sich vor, die Hände auf die Knie gestützt.

»Was hat die Odell gestern abend an Schmuck angehabt?« fragte er schroff.

Das Dienstmädchen antwortete kühl und ein wenig von oben herab.

»Miss Odell« – sie betonte das ›Miss‹, um dadurch die Unhöflichkeit in der Wendung des Sergeants zu tadeln – »trug alle ihre Ringe, fünf oder sechs waren es, und drei Armbänder – eines mit quadratisch gefaßten Diamanten, ein Rubinarmband und eines mit Diamanten und Smaragden. Außerdem trug sie eine Rosette aus tränenförmigen Diamanten an einer Kette um den Hals, dazu eine mit Perlen und Diamanten besetzte Platinlorgnette.«

»Besaß sie noch anderen Schmuck?«

»Ein paar kleine Stücke vielleicht noch, aber ich bin mir nicht sicher.«

»Und hatte sie die in einem stählernen Schmuckkasten im Schlafzimmer?«

»Ja – wenn sie sie nicht gerade trug.« Es lag mehr als nur ein Anflug von Sarkasmus in dieser Antwort.

»Ah, ich dachte schon, sie hat sich vielleicht den Kasten um den Hals gehängt.« Heath war verärgert über das Benehmen des Dienstmädchens; es konnte ihm nicht entgangen sein, daß in ihren Antworten durchweg das respektvolle »Sir« unterblieben war. Nun erhob er sich und zeigte mit finsterer Miene auf die schwarze Dokumentenkassette, die nach wie vor auf der Tischplatte aus Rosenholz stand.

»Die schon mal gesehen?«
Die Frau nickte unbeeindruckt. »Schon oft.«
»Wo stand sie normalerweise?«
»In dem Ding da.« Sie wies auf das Intarsien-Schränkchen.
»Was war in der Kassette?«
»Woher soll ich das wissen?«
»So – das wissen Sie nicht?« Heath reckte das Kinn vor, doch sein Einschüchterungsversuch prallte von dem stoischen Dienstmädchen ab.

»Keine Ahnung«, antwortete sie ruhig. »Sie war immer verschlossen, und ich habe nie gesehen, daß Miss Odell sie geöffnet hat.«

Der Sergeant ging hinüber zur Tür des Wäscheschrankes.

»Sehen Sie den Schlüssel da?« fragte er wütend.

Wiederum nickte die Frau; doch diesmal entdeckte ich einen Anflug von Überraschung in ihrem Blick.

»Hat der Schlüssel schon immer auf der Innenseite der Tür gesteckt?«

»Nein; er steckte immer außen.«

Heath blickte zu Vance hinüber und schnitt eine Grimasse. Dann, nachdem er noch einen Moment lang mit gerunzelter Stirn den Türknauf betrachtet hatte, gab er dem Beamten, der das Mädchen hereingebracht hatte, ein Zeichen.

»Bringen Sie sie wieder in den Empfangsraum, Snitkin, und nehmen Sie eine genaue Beschreibung auf, was für Juwelen die Odell hatte ... Und behalten Sie sie noch da; ich werde sie nochmal brauchen.«

Als Snitkin und das Dienstmädchen gegangen waren, streckte Vance sich träge auf dem Sofa aus, wo er sich während der Befragung niedergelassen hatte, und blies Rauchringe zur Decke.

»Recht aufschlußreich, nicht wahr?« meinte er. »Die dunkelhäutige Demoiselle hat uns ein gutes Stück vorangebracht. Jetzt wissen wir, daß der Schlüssel auf der falschen Seite der Schranktür steckt und daß unsere *fille de joie* mit einem besonders begünstigten *inamorato* ins Theater ging, und wir dürfen vermuten, daß dieser Herr sie hierher zurückbegleitete, kurz bevor sie von dieser bösen Welt ihren Abschied nahm.«

»So, und Sie glauben, das hilft uns weiter?« Heath' Ton hatte etwas Verächtliches und zugleich Triumphierendes. »Warten Sie, bis Sie die verrückte Geschichte hören, die der Telefonist zu erzählen hat.«

»Schon gut, Sergeant«, schaltete sich Markham ein. »Lassen Sie uns sehen, daß wir mit der Litanei weiterkommen.«

»Ich würde vorschlagen, Mr. Markham, daß wir als nächstes den Hausmeister vernehmen. Und ich zeige Ihnen auch warum.« Heath ging zur Wohnungstür und öffnete sie. »Schauen Sie mal einen Augenblick lang hier herüber, Sir.«

Er trat hinaus auf den Flur und wies auf den kleinen Durchgang zur Linken. Er erstreckte sich etwa drei Meter weit zwischen der Wand der Odellschen Wohnung und der glatten Seitenwand des Empfangszimmers. Am Ende des Ganges befand sich eine massive Eichentür, die auf den Hof an der Seite des Hauses führte.

»Diese Tür«, erklärte Heath, »ist der einzige Seiten- oder Hintereingang zu diesem Gebäude; wenn diese Tür verschlossen ist, kann jeder, der ins Haus kommt, nur durch die Vordertür kommen. Nicht einmal durch die anderen Wohnungen könnte man hereinkommen, denn sämtliche Fenster auf diesem Stockwerk sind vergittert. Davon habe ich mich gleich zu Anfang überzeugt.«

Er führte uns zurück in die Wohnung.

»Als ich mir heute morgen einen ersten Eindruck verschaffte«, fuhr er fort, »da ging ich zunächst davon aus, daß unser Mann durch diese Seitentür am Ende des Ganges gekommen war und sich in die Wohnung geschlichen hatte, ohne daß der Telefonist etwas davon bemerkt hatte. Also sah ich nach, ob die Tür offen war. Doch ich fand den Riegel auf der Innenseite vorgeschoben – einen Riegel, wohlgemerkt, kein Schloß. Und kein läppischer Haken, den man von außen hätte aufbrechen oder zurückschieben können, sondern ein kräftiger altmodischer Drehriegel aus massivem Messing ... Und nun möchte ich Ihnen vorführen, was der Hausmeister dazu zu sagen hat.«

Markham nickte zustimmend, und Heath rief einem der Beamten auf dem Flur ein Kommando zu. Kurz darauf stand ein Mann mittleren Alters, ein stämmiger Deutscher mit hohen Backenknochen und mürrischen Zügen, vor uns. Mit vorgeschobenem Kinn musterte er uns einen nach dem anderen mißtrauisch.

Heath übernahm diesmal sofort die Rolle des Inquisitors.

»Um wieviel Uhr machen Sie hier Feierabend?« Er schien einen schroffen Tonfall für angemessen zu halten.

»Sechs Uhr – manchmal früher, manchmal später«, antwortete der Mann mit verdrießlicher, monotoner Stimme. Offenbar war er ärgerlich, daß ihm seine gewohnte Routine so unerwartet durcheinandergeraten war.

»Und um welche Zeit kommen Sie morgens her?«
»Pünktlich acht Uhr.«
»Wie spät war es, als Sie gestern abend nach Hause gingen?«
»Um sechs – viertel nach vielleicht.«
Heath hielt inne und zündete sich nun endlich die Zigarre an, an der er schon während der ganzen letzten Stunde gekaut hatte.
»Jetzt sagen Sie mir, wie das mit der Seitentür ist«, fuhr er, weiter in grimmigem Tonfall, fort. »Sie haben ausgesagt, daß Sie die Tür jeden Abend verschließen, bevor Sie nach Hause gehen – ist das richtig?«
»Ja, das ist richtig.« Der Mann nickte mehrmals bestätigend mit dem Kopf. »Nur daß ich sie nicht verschließe – ich verriegle sie.«
»Gut, Sie verriegeln sie also.« Bei jedem Wort, das Heath sprach, hüpfte die Zigarre zwischen seinen Lippen auf und ab, und mit den Worten quoll ihm gleichzeitig Rauch aus dem Mund. »Und gestern abend verriegelten sie die Tür wie gewöhnlich, gegen sechs Uhr?«
»Es kann viertel nach gewesen sein«, gab der Hausmeister mit germanischer Präzision zu bedenken.
»Sie sind sicher, daß Sie es gestern abend nicht vergessen haben?« Heath brüllte ihn beinahe an.
»Ja, das bin ich. Jeden Abend verriegle ich die Tür. Ich habe es noch nie vergessen.«
Der Mann beteuerte das derart ernsthaft, daß kein Zweifel bestehen konnte, daß am Vorabend gegen sechs Uhr die Seitentür durch den Riegel von innen verschlossen worden war. Heath fragte ihn jedoch noch minutenlang immer wieder und bekam vom Hausmeister nur immer wieder dieselbe Antwort, daß er den Riegel umgelegt habe. Am Ende ließ er ihn gehen.
»Also wissen Sie, Heath«, meinte Vance mit einem amüsierten Lächeln, »ich glaube tatsächlich, dieser wackere Rheinländer hat die Tür verriegelt.«
»Sicher hat er das«, knurrte Heath; »und als ich heute morgen um viertel vor acht nachgesehen habe, da war sie immer noch verriegelt. Das ist ja der Schlamassel an der ganzen Geschichte. Wenn die Tür da von sechs Uhr abends bis acht Uhr morgens verschlossen war, dann möchte ich jetzt gern, daß jemand vom Himmel herabgeschwebt kommt und mir erzählt, wie der Verehrer unseres Canary gestern abend hier hereingekommen sein soll. Und wie er wieder rausgekommen ist, wüßte ich auch gern.«

»Und warum nicht durch die Vordertür?« fragte Markham. »Das scheint doch, Ihren eigenen Ermittlungen nach zu urteilen, die einzige logische Antwort, die noch bleibt.«

»So habe ich mir das auch gedacht, Sir«, erwiderte Heath. »Aber warten Sie mal, bis Sie hören, was der Telefonist zu sagen hat.«

»Und der Telefonist«, sagte Vance nachdenklich, »hat seinen Platz auf dem Hausflur auf halbem Wege zwischen der Eingangstür und dieser Wohnung. Der Gentleman, der uns all den Kummer bereitet, müßte also, als er kam, und dann noch ein zweites Mal, als er ging, direkt vor der Nase des Telefonisten vorbeispaziert sein – nicht wahr, Sergeant?«

»Das ist der springende Punkt!« schnaubte Heath. »Und nach Aussage des Telefonisten ist niemand, der dafür in Frage kommt, gekommen oder gegangen.«

Markham schien mittlerweile von Heath' grimmiger Art angesteckt.

»Holen Sie den Burschen her«, kommandierte er. »Den knöpfe ich mir vor.«

Der Elan, mit dem Heath dieses Kommando ausführte, hatte schon beinahe etwas Boshaftes.

Kapitel VI

Ein Hilferuf

(Dienstag, 11. September, 11 Uhr vormittags)

Jessup machte vom ersten Augenblick an einen guten Eindruck. Er war ein ernsthafter, verläßlich wirkender Mann Anfang dreißig, kräftig und wohlproportioniert; und er hielt sich so aufrecht, daß man sogleich an eine militärische Ausbildung dachte. Er hinkte deutlich – er zog den rechten Fuß nach –, und mir fiel auf, daß er den linken Arm permanent gekrümmt hielt, wie nach einem falsch verheilten Bruch. Er war ruhig und zurückhaltend, mit einem festen, intelligenten Blick. Markham wies ihm sogleich einen Korbsessel neben der Schranktür an, doch er zog es vor, in respektvoller Habachtstellung vor dem Bezirksstaatsanwalt stehenzubleiben. Markham begann die Vernehmung mit einigen persönlichen Fragen. Wir erfuhren, daß Jessup als Sergeant im Weltkrieg gedient hatte,[1] zweimal schwer verwundet worden war und kurz vor Kriegsende als Invalide heimgekehrt war. Seine gegenwärtige Stelle als Telefonist hatte er schon seit über einem Jahr inne.

»Also, Jessup«, fuhr Markham fort, »es gibt Dinge, die Sie uns zu den tragischen Ereignissen des gestrigen Abends mitteilen können.«

»Jawohl, Sir.« Es stand außer Zweifel, daß dieser ehemalige Soldat uns akkurat beschreiben würde, was er wußte, und es offen sagen würde, wenn er sich bei einer dieser Mitteilungen unsicher war. Er hatte alles, was ein gewissenhafter und aufmerksamer Zeuge brauchte.

»Zunächst einmal – wann haben Sie gestern abend Ihren Dienst angetreten?«

»Zehn Uhr, Sir.« Bei dieser Antwort gab es kein ›ungefähr‹; man konnte sicher sein, daß Jessup, wann immer sein Dienst begann, pünktlich zur Stelle sein würde. »Es war meine kurze Schicht. Der

---

1 Sein voller Name war William Elmer Jessup, und er hatte zum 308. Infanterieregiment, 77. Division der Transatlantiktruppen gehört.

Tages-Telefonist und ich machen abwechselnd lange und kurze Schichten.«

»Und haben Sie Miss Odell gestern abend nach ihrem Theaterbesuch zurückkehren sehen?«

»Jawohl, Sir. Jeder, der ins Haus kommt, kommt an der Loge vorbei.«

»Wann traf sie hier ein?«

»Es kann höchstens ein paar Minuten nach elf gewesen sein.«

»War sie allein?«

»Nein, Sir. Sie war in Begleitung eines Herrn.«

»Wissen Sie, wer es war?«

»Ich weiß nicht, wie er heißt, Sir. Aber er war mehrfach bei Miss Odell zu Besuch.«

»Dann könnten Sie ihn also beschreiben?«

»Jawohl, Sir. Er ist groß, glattrasiert mit Ausnahme eines sehr kurzen grauen Schnurrbarts, etwa fünfundvierzig, würde ich schätzen. Er sieht – wenn Sie verstehen, was ich meine, Sir – nach einem Mann von Wohlstand und Stellung aus.«

Markham nickte. »Und nun sagen Sie mir folgendes: Ging er mit Miss Odell in die Wohnung, oder verabschiedete er sich an der Tür?«

»Er ging mit Miss Odell hinein und blieb etwa eine halbe Stunde.«

Markham bekam leuchtende Augen und konnte nur mit Mühe seinen Eifer im Zaum halten.

»Er kam also gegen elf und war bis gegen halb zwölf mit Miss Odell allein in deren Wohnung. Sind Sie sich dessen sicher?«

»Jawohl, Sir, so war es«, bestätigte der Mann.

Markham hielt inne, dann lehnte er sich vor.

»Bei der nächsten Frage, Jessup, denken Sie sorgfältig nach, bevor Sie mir antworten: Ist sonst noch jemand, ganz gleich zu welchem Zeitpunkt, gestern abend bei Miss Odell gewesen?«

»Niemand, Sir«, kam die Antwort ohne Zögern.

»Wie können Sie da so sicher sein?«

»Ich hätte den Besucher sehen müssen, Sir. Er hätte an der Loge vorbeikommen müssen, um zu dieser Wohnung zu gelangen.«

»Und Sie verlassen Ihre Loge keine Minute?« fragte Markham.

»Niemals, Sir«, versicherte der Mann ihm heftig, so als müsse er sich gegen den Vorwurf verteidigen, daß er seinen Wachposten verließe. »Wenn ich einen Schluck Wasser will oder austreten muß, benutze ich den kleinen Waschraum im Empfangszimmer; aber dabei lasse ich immer die Tür offen und behalte die Schalttafel im Blick, für den Fall, daß die Lampe leuchtet und jemand eine Verbindung will. Selbst wenn ich im Waschraum gewesen wäre, hätte niemand über diesen Flur kommen können, ohne daß ich ihn gesehen hätte.«

Dem gewissenhaften Jessup war es durchaus abzunehmen, daß er nie den Blick von der Schalttafel abwandte, um ja keinen Anrufer warten zu lassen. Die Aufrichtigkeit und Verläßlichkeit des Mannes standen außer Frage, und ich glaube keiner von uns hatte die leisesten Zweifel, daß, wenn Miss Odell an jenem Abend noch einen anderen Besucher gehabt hätte, Jessup es gewußt hätte.

Trotzdem erhob sich Heath, gründlich wie er nun einmal war, und ging hinaus auf den Flur. Gleich darauf war er zurück, mit besorgter und doch zufriedener Miene.

»In Ordnung!« sagte er mit einem Nicken zu Markham. »Die Schalttafel ist vom Waschraum ohne weiteres einzusehen.«

Jessup nahm diese Überprüfung seiner Aussage hin, ohne eine Miene zu verziehen; sein Blick blieb in Erwartung weiterer Fragen auf den Bezirksstaatsanwalt geheftet. Seine unbeirrte Haltung hatte etwas Bewundernswertes, Vertraueneinflößendes.

»Wie war das gestern abend?« nahm Markham die Befragung wieder auf. »Haben Sie da Ihre Loge häufiger verlassen, oder für länger?«

»Nur ein einziges Mal, Sir; und auch da war ich nur für ein oder zwei Minuten austreten. Und ich habe alles im Blick behalten.«

»Wären Sie bereit zu beschwören, daß nach zehn Uhr niemand mehr zu Miss Odell in die Wohnung kam und daß auch niemand außer ihrem Begleiter die Wohnung nach jenem Zeitpunkt verließ?«

»Jawohl, Sir, das wäre ich.«

Was er sagte, war ohne Zweifel die Wahrheit, und Markham dachte eine Weile lang nach, bevor er die nächste Frage stellte.

»Was ist mit der Seitentür?«

»Die ist nachts immer verschlossen, Sir. Der Hausmeister legt den Riegel um, wenn er Feierabend macht, und dreht ihn morgens wieder zurück. Ich rühre die Tür nicht an.«

Markham lehnte sich zurück und wandte sich an Heath.

»Das, was der Hausmeister aussagt, und die Auskünfte von Jessup hier«, sagte er, »lenken den Verdacht recht eindeutig auf Miss Odells Begleiter. Wenn – wovon man ja wohl ausgehen muß – der Seiteneingang die ganze Nacht über verschlossen war und wenn kein anderer Besucher durch die Haustüre kam oder ging, dann scheint es doch, daß der Mann, nach dem wir suchen, der Mann sein muß, der sie nach Hause begleitet hat.«

Heath quittierte das mit einem grimmigen Lachen.

»So wäre das, Sir, wenn es nicht noch etwas anderes gäbe, was sich gestern abend hier zugetragen hat.« Und zu Jessup: »Erzählen Sie dem Bezirksstaatsanwalt, was Sie sonst noch über den Mann wissen.«

Markham blickte den Telefonisten erwartungsvoll an, und Vance hatte sich, um besser zu hören, mit dem Ellenbogen aufgestützt.

Jessup sprach mit ruhiger Stimme, ganz wie ein aufmerksamer, gewissenhafter Soldat, der seinem Vorgesetzten Meldung macht.

»Es trug sich wie folgt zu, Sir. Als der Gentleman gegen halb zwölf aus Miss Odells Wohnung kam, hielt er an meiner Loge inne und bat mich, ihm ein Taxi zu rufen. Ich gab die Bestellung durch, und während er auf den Wagen wartete, hörten wir einen Aufschrei von Miss Odell und dann einen Hilferuf. Der Gentleman lief sofort zur Wohnungstür, und ich folgte ihm sogleich. Er klopfte, doch zunächst kam keine Antwort. Er klopfte ein zweites Mal und rief diesmal nach Miss Odell und fragte, was geschehen sei. Diesmal antwortete sie. Sie sagte, es sei alles in Ordnung, er könne beruhigt nach Hause gehen. Auf dem Weg zurück zu meiner Loge meinte er zu mir, Miss Odell müsse wohl eingeschlafen sein und einen Alptraum gehabt haben. Wir plauderten ein paar Minuten über Kriegserlebnisse, dann kam das Taxi. Er wünschte mir eine gute Nacht, ging hinaus, und ich hörte, wie der Wagen abfuhr.«

Es lag auf der Hand, daß dieser Epilog über den Aufbruch von Miss Odells unbekanntem Begleiter die Ansichten, die Markham sich zu dem Fall gebildet hatte, über den Haufen warf. Er blickte mit verdutzter Miene zu Boden und sog ein paarmal heftig an seiner Zigarre. Am Ende sagte er:

»Wieviel Zeit verging zwischen dem Augenblick, als dieser Mann aus der Wohnung kam, und dem Augenblick, wo Sie Miss Odell schreien hörten?«

»Fünf Minuten vielleicht. Ich hatte meinen Anruf beim Taxiunternehmen gemacht, und etwa eine Minute darauf hörten wir den Schrei.«

»Hielt der Mann sich da in der Nähe Ihrer Loge auf?«

»Jawohl, Sir. Genauer gesagt lehnte er sogar mit dem Ellenbogen auf der Theke.«

»Wie oft hat Miss Odell geschrieen? Und können Sie mir genau sagen, was Sie anschließend sagte?«

»Sie schrie zweimal auf, dann rief sie: ›Hilfe! Hilfe!‹«

»Und als der Mann das zweite Mal an die Tür klopfte, was sagte er da?«

»Soweit ich mich erinnern kann, Sir, waren seine Worte: ›Mach auf, Margaret! Was ist passiert?‹«

»Und wissen Sie auch noch die genauen Worte, mit denen sie ihm antwortete?«

Jessup zögerte und runzelte nachdenklich die Stirn.

»Wenn ich mich recht entsinne, sagte sie: ›Es war nichts. Bitte verzeih, daß ich geschrieen habe. Es ist alles in Ordnung. Du kannst beruhigt nach Hause fahren. Mach dir keine Sorgen.‹ ... Das ist vielleicht nicht ganz genau der Wortlaut, aber doch ziemlich genau.«

»Sie konnten sie also deutlich durch die Türe hören?«

»O ja. Die Türen sind nicht besonders dick.«

Markham erhob sich und ging im Zimmer auf und ab, in seine Gedanken versunken. Nach einer Weile blieb er vor dem Telefonisten stehen und stellte ihm noch eine Frage:

»Haben Sie noch weitere verdächtige Geräusche aus der Wohnung gehört, nachdem der Mann gegangen war?«

»Keinen Ton mehr«, erklärte Jessup. »Allerdings hat etwa zehn Minuten später jemand von draußen Miss Odell angerufen, und an ihrem Apparat meldete sich eine Männerstimme.«

»Was!« Markham fuhr herum, und Heath schoß in die Höhe, die Augen weit aufgerissen. »Erzählen Sie mir alles über diesen Anruf.«

Jessup kam der Aufforderung mit unbewegter Miene nach.

»Gegen zwanzig vor zwölf leuchtete eine der Lampen auf, die anzeigen, daß ein Gespräch von draußen kommt. Ich nahm es an, und ein Mann sagte, er wolle Miss Odell sprechen. Ich stöpselte die Verbindung ein, und nach kurzem Klingeln wurde bei ihr der Hörer abgenommen – man kann das sehen, weil dann die zugehörige Lampe ausgeht –, und eine Männerstimme meldete sich mit ›Hallo‹. Als die Verbindung hergestellt war, habe ich natürlich meine Mithörvorrichtung ausgeschaltet und von dem Gespräch nichts mehr gehört.«

Minutenlang herrschte Schweigen in der Wohnung. Dann ergriff Vance, der während der Befragung Jessup genau beobachtet hatte, das Wort.

»Übrigens, Mr. Jessup«, fragte er ganz nebenbei, »waren Sie selbst nicht vielleicht auch ein wenig – nun, sagen wir – fasziniert von der bezaubernden Miss Odell?«

Zum ersten Mal, seit er das Zimmer betreten hatte, schien etwas den Mann in Verlegenheit zu bringen. Ein Schimmer von Rot trat ihm auf die Wangen.

»Ich fand, sie war eine große Schönheit«, antwortete er beherzt.

Markham warf Vance einen mißbilligenden Blick zu und sagte dann ganz unvermittelt zu dem Telefonisten:

»Für den Augenblick wäre das alles, Jessup.«

Der Mann verbeugte sich steif und hinkte davon.

»Das wird ja immer faszinierender«, murmelte Vance und streckte sich wieder auf dem Sofa aus.

»Es freut mich zu hören, daß es wenigstens einen unter uns gibt, der die Sache genießt.« Markham war gereizt. »Und was, wenn ich fragen darf, wollten Sie mit Ihrer Erkundigung nach Jessups Gefühlen gegenüber der Toten bezwecken?«

»Oh, nur so ein Gedanke, der durch meine Hirnzellen irrte«, erwiderte Vance. »Und so ein wenig *boudoir racontage* macht die Sache doch immer gleich viel spannender, finden Sie nicht auch?«

Heath erwachte aus seiner Trance.

»Wir haben immer noch die Fingerabdrücke, Mr. Markham. Und ich denke mir, die werden uns schon helfen, unseren Mann zu finden.«

»Aber selbst wenn Dubois sie identifizieren kann«, erwiderte Markham, »müßten wir immer noch beweisen, daß ihr Besitzer gestern abend hier war. Er wird natürlich behaupten, daß er sie schon vor dem Verbrechen hinterlassen hat.«

»Na jedenfalls«, beharrte Heath, »ist es eine Tatsache, daß gestern abend, als die Odell aus dem Theater zurückkam, ein Mann hier in der Wohnung war und daß er noch da war, als der andere Mann sich um halb zwölf verabschiedete. Die Schreie der Frau und die Männerstimme am Telefon um zwanzig vor zwölf beweisen das. Und da wir von Doc Doremus wissen, daß der Mord vor Mitternacht geschah, war doch mit Sicherheit der Bursche, der hier drin war, auch der Mörder.«

»Das klingt überzeugend«, pflichtete Markham ihm bei. »Und ich würde annehmen, daß es jemand war, den sie kannte. Wahrscheinlich schrie sie auf, als sie ihn entdeckte, doch als sie erst einmal sah, wer er war, beruhigte sie sich wieder und antwortete dem zweiten Mann, der draußen auf dem Flur stand, daß alles in Ordnung sei ... Später erdrosselte der Mann in der Wohnung sie dann.«

»Und darf ich noch anmerken«, fügte Vance hinzu, »daß er sich in jenem Wäscheschrank versteckte.«

»Sicher«, stimmte der Sergeant ihm zu. »Aber was mich immer noch quält, ist die Frage, wie er da reingekommen ist. Der Telefonist von der Tagschicht, der gestern abend bis zehn Dienst hatte, sagt aus, daß der Mann, der die Odell zum Abendessen abgeholt hat, der einzige Besucher war.«

Markham stieß einen erschöpften Seufzer aus.

»Bringen Sie den Mann her«, sagte er. »Wir müssen dieser Sache auf den Grund gehen. *Irgend jemand* ist gestern abend hier hereingekommen, und ich gehe nicht eher von hier fort, bis ich dahintergekommen bin, wie er das angestellt hat.«

Vance betrachtete ihn mit mitleidig-amüsierter Miene.

»Wissen Sie, Markham«, sagte er, »ich mag nicht gerade mit den Gaben eines Sehers ausgestattet sein, aber ich habe doch so ein merkwürdiges Gefühl – ein unbeschreibliches Gefühl, wie die schwächeren unter den Dichtern sagen –, daß Sie, wenn Sie allen Ernstes in diesem verwüsteten Boudoir verweilen wollen, bis Sie dahintergekommen sind, wie sich der geheimnisvolle Besucher am gestrigen Abend Zugang verschaffte, sich ihr Rasierzeug und ein paar frische Hemden kommen lassen sollten – vom Schlafanzug ganz zu schweigen. Der Bursche, der diese kleine Soiree hier arrangiert hat, der hat auch seinen Auftritt und seinen Abgang sehr sorgfältig geplant, das können Sie mir glauben.«

Markham warf Vance einen fragenden Blick zu, entgegnete jedoch nichts.

Kapitel VII

Ein unbekannter Besucher

(Dienstag, 11. September, 11.15 Uhr vormittags)

Heath war hinausgegangen und kehrte nun mit dem zweiten Telefonisten zurück, einem bleichen, mageren jungen Mann, der, wie wir erfuhren, Spively hieß. Das fast schwarze Haar, das mit Pomade zurückgekämmt war, betonte die Blässe seines Gesichtes noch, und er trug einen dünnen Schnurrbart, der kaum bis über die Nasenflügel hinausreichte. Er war übertrieben modisch gekleidet, mit einem auffälligen, sehr eng geschnittenen schokoladenbraunen Anzug und stoffbezogenen Schuhen mit Knopflaschen sowie einem rosafarbenen Hemd mit passendem umgeschlagenen Kragen. Er machte einen nervösen Eindruck und nahm sofort auf dem Korbstuhl an der Tür Platz; er ließ die Finger an seinen messerscharfen Bügelfalten auf- und abgleiten und fuhr sich mit der Zungenspitze über die Lippen.

Markham kam sofort zur Sache.

»Wenn ich es recht verstehe, hatten Sie gestern nachmittag und gestern abend bis zehn Uhr in der Telefonistenloge Dienst. Ist das korrekt?«

Spively schluckte schwer, dann nickte er. »Ja, Sir.«

»Um wieviel Uhr brach Miss Odell zum Abendessen auf?«

»Gegen sieben. Ich hatte mir gerade aus dem Restaurant nebenan ein paar Sandwiches kommen lassen –«

»War sie allein?« unterbrach Markham seine Ausführungen.

»Nein. Ein Kerl kam und holte sie ab.«

»Kannten Sie diesen ›Kerl‹?«

»Er war schon ein paarmal bei Miss Odell gewesen, aber wie er heißt, weiß ich nicht.«

»Wie sah er aus?« Markham stieß die Frage ungeduldig hervor.

Spivelys Beschreibung des Begleiters deckte sich mit derjenigen Jessups, auch wenn sie weitschweifiger und weniger präzise als dessen Angaben war. Allem Anschein nach war Miss Odell um sieben

Uhr mit demselben Mann ausgegangen, mit dem sie um elf zurückgekehrt war.

»Also«, fuhr Markham fort und legte besonderen Nachdruck auf jedes Wort, »ich will wissen, wer sonst noch zu Miss Odell kam, zwischen dem Zeitpunkt, zu dem sie ausging, und Ihrem Dienstschluß um zehn Uhr.«

Spively fand die Frage verwirrend, und seine schmalen, geschwungenen Augenbrauen hoben und kräuselten sich.

»Ich – ich verstehe nicht«, stotterte er. »Wie kann denn jemand zu Miss Odell gekommen sein, wenn sie gar nicht da war?«

»Genau das hat aber jemand getan«, erwiderte Markham. »Er ging in ihre Wohnung, und er war noch dort, als sie um elf Uhr zurückkam.«

Der junge Mann machte große Augen, und der Mund stand ihm offen.

»Lieber Himmel, Sir!« rief er. »*So* ist der Mord also geschehen! – Jemand hat ihr aufgelauert! ...« Er hielt schlagartig inne, als ihm aufging, welche Rolle er selbst bei dieser geheimnisvollen Kette von Ereignissen spielte, die zu dem Verbrechen geführt hatte. »Aber zu der Zeit, zu der ich hier Dienst hatte, ist niemand in die Wohnung gegangen!« rief er, die Stimme vor Schrecken schrill. »Kein Mensch! Ich war keine Minute lang von der Loge fort, zwischen der Zeit, zu der sie das Haus verließ, und meinem Dienstschluß.«

»Könnte nicht jemand durch die Seitentür hereingekommen sein?«

»Was! War die etwa nicht verschlossen?« Spively war entsetzt. »Aber die ist doch immer nachts verschlossen! Der Hausmeister legt um sechs, bevor er nach Hause geht, den Riegel um.«

»Und Sie haben sie nicht aus irgend einem Grunde gestern abend geöffnet? Denken Sie genau nach!«

»Nein, Sir, das habe ich nicht!« beteuerte er und schüttelte den Kopf.

»Und Sie sind ganz sicher, daß niemand, der durch die Haustür kam, in die Wohnung gelangte, nachdem Miss Odell gegangen war?«

»Absolut sicher! Glauben Sie mir, ich bin nicht ein einziges Mal aus der Loge fortgewesen, und niemand hätte an mir vorbeikommen können, ohne daß ich es bemerkt hätte. Nur einmal kam jemand und wollte zu ihr –«

»Es war also doch jemand da!« fuhr Markham ihn an. »Wann war das? Wie war das genau? – Strengen Sie Ihren Verstand an, bevor Sie antworten.«

»Es war nichts von Bedeutung«, versicherte der junge Mann ihm, nun wirklich eingeschüchtert. »Nur einfach ein Kerl, der kam und an ihrer Tür geklingelt hat und wieder ging.«

»Das lassen Sie meine Sorge sein, ob es von Bedeutung ist oder nicht«, erwiderte Markham mit kalter, schneidender Stimme. »Um wieviel Uhr war das?«

»Gegen halb zehn.«

»Und wer war der Mann?«

»Ein junger Bursche, der schon öfter hier bei Miss Odell gewesen war. Wie er heißt, weiß ich nicht.«

»Beschreiben Sie mir genau, wie es sich abspielte«, drängte Markham.

Wiederum schluckte Spively schwer und befeuchtete sich die Lippen.

»Also, es war so«, begann er unter Mühen. »Der Bursche kam herein und ging den Flur hinunter, und ich sagte zu ihm: ›Miss Odell ist nicht da‹. Aber er ging weiter und sagte: ›Na, ich klingle trotzdem mal‹. In dem Augenblick hatte ich ein Telefonat durchzustellen, und ich habe ihn gehen lassen. Er klingelte und klopfte an die Tür, aber natürlich bekam er keine Antwort; kurz darauf kam er zurück und sagte zu mir: ›Tja, Sie hatten wohl doch recht‹. Er warf mir einen halben Dollar zu und ging wieder.«

»Sie haben gesehen, wie er das Haus verließ?« Ein Unterton von Enttäuschung schwang in Markhams Stimme mit.

»Sicher habe ich das gesehen. Er blieb vor der Haustür noch einmal stehen und zündete sich eine Zigarette an. Dann öffnete er die Tür, ging hinaus und ging in Richtung Broadway davon.«

»›Und es fällt im Winde Blatt um rosig' Blatt‹«, ließ Vance sich schläfrig vernehmen. »Eine höchst amüsante Situation!«

Markham wollte die Hoffnung noch nicht aufgeben, daß dieser eine Besucher, der um halb zehn gekommen und sogleich wieder gegangen war, vielleicht doch etwas mit dem Verbrechen zu tun haben könnte.

»Was war das für ein Mann?« fragte er. »Können Sie ihn beschreiben?«

Spively setzte sich gerade und antwortete mit einem Enthusiasmus, der bewies, wie sehr der Besucher ihn beeindruckt hatte.

»Er sah sehr gut aus, nicht allzu alt – dreißig vielleicht. Er war im eleganten Abendanzug mit Lacklederschuhen, dazu trug er ein plissiertes Seidenhemd –«

»Was!« rief Vance mit gespieltem Unglauben und tauchte über der Sofalehne auf. »Was! Ein Seidenhemd zum Abendanzug! Ist das denn die Möglichkeit!«

»Oh, die bestangezogensten Leute tragen sowas heutzutage«, erklärte Spively ihm stolz. »Wenn man tanzen geht, ist das der letzte Schrei.«

»Was Sie nicht sagen – tatsächlich!« Vance schien fassungslos. »Ich muß mich sachkundig machen … Und, übrigens, als dieser Beau Brummell im Seidenhemd an der Haustür noch einmal verweilte – nahm er seine Zigarette da aus einem langen flachen Silberetui, das er in der unteren Westentasche hatte?«

Der junge Mann blickte Vance verblüfft und bewundernd an.

»Woher wissen Sie das?« rief er.

»Simple Deduktion«, erwiderte Vance und ließ sich wieder auf die Kissen sinken. »Irgendwie passen große Metall-Zigarettenetuis in der Westentasche gut zum Abendanzug mit Seidenhemd.«

Markham, von der Unterbrechung sichtlich aus der Fassung gebracht, schnauzte den Telefonisten an, er solle sehen, daß er mit seiner Beschreibung weiterkomme.

»Das Haar trug er glattgekämmt, und man sah, daß es relativ lang war«, fuhr Spively fort, »aber geschnitten nach der neuesten Mode. Er hatte einen kleinen gewachsten Schnurrbart; im Aufschlag hatte er eine große Nelke, und er trug cremefarbene Handschuhe …«

»Alle Wetter!« murmelte Vance. »Ein Gigolo!«

Markham, den nun wieder die Furie des Nachtclubmilieus hetzte, runzelte die Stirn und holte tief Luft. Es war nicht zu übersehen, daß Vance' Kommentar seine Gedanken in unerfreuliche Bahnen gelenkt hatte.

»War der Mann groß oder eher klein?« fragte er nun.

»Allzugroß war er nicht – ungefähr meine Größe«, erklärte Spively. »Und ziemlich dünn.«

Seine ganze Beschreibung des Mannes hatte etwas unverkennbar Bewunderndes, und mir ging auf, daß dieser jugendliche Telefonist in Miss Odells Besucher sein Männlichkeitsideal verkörpert sah. Diese offensichtliche Bewunderung, dazu die ein wenig schreienden Kleider des jungen Mannes, ließen uns zwischen den Zeilen seiner Ausführungen eine recht genaue Beschreibung des Besuchers herauslesen, der am Vorabend um halb zehn vergeblich an die Tür der Ermordeten geklopft hatte.

Als Spively entlassen war, stand Markham auf und ging, umhüllt von einer Wolke aus Zigarrenrauch, im Zimmer auf und ab, und Heath saß reglos mit gerunzelter Stirn dabei und sah ihm zu.

Vance erhob sich und streckte sich.

»Die Hauptfrage, die uns beschäftigt«, verkündete er kategorisch, »bleibt *in statu quo*. Wie, ach wie, gelangte der Henker der schönen Margaret hier herein?«

»Ich frage mich, Mr. Markham«, setzte Heath bedeutungsvoll an, »ob dieser Bursche nicht vielleicht schon früher am Nachmittag hereingekommen ist – sagen wir, bevor die Seitentür verschlossen wurde. Die Odell hat ihn womöglich selbst hereingelassen und dann versteckt, als der andere kam, um sie zum Essen abzuholen.«

»Das wäre eine Erklärung«, gab Markham zu. »Holen Sie noch einmal das Dienstmädchen; vielleicht kann die uns etwas dazu sagen.«

Als die Frau wieder im Zimmer war, ließ Markham sich von ihr beschreiben, was sie den Nachmittag über alles getan hatte, und erfuhr, daß sie gegen vier Uhr einkaufen gegangen und erst gegen halb sechs zurückgekehrt war.

»Als Sie wieder hier eintrafen, hatte Miss Odell da einen Besucher in der Wohnung?«

»Nein, Sir«, antwortete sie unverzüglich. »Sie war allein.«

»Sprach sie davon, daß jemand dagewesen war?«

»Nein, Sir.«

»Als Sie um sieben Uhr nach Hause gingen«, fuhr Markham fort, »hätte da jemand hier in der Wohnung versteckt sein können?«

Das Dienstmädchen nahm diese Frage mit Verblüffung, sogar mit ein wenig Furcht auf.

»Wo sollte sich denn hier jemand versteckt haben?« fragte sie und blickte sich in der Wohnung um.

»Da gibt es eine ganze Reihe von Möglichkeiten«, gab Markham zu bedenken: »im Badezimmer zum Beispiel, in einem der beiden Kleiderschränke, unter dem Bett, hinter den Gardinen …«

Die Frau schüttelte entschieden den Kopf. »Hier kann keiner versteckt gewesen sein«, sagte sie mit Nachdruck. »Im Bad war ich ein halbes Dutzend Male, und aus dem Schrank im Schlafzimmer habe ich Miss Odells Kleid geholt. Die Vorhänge habe ich alle selbst vorgezogen, als es dunkel wurde. Und das Bett reicht bis fast auf den Boden; da hätte niemand druntergepaßt.« (Ich sah mir das Bett genauer an und stellte fest, daß sie ohne Zweifel recht hatte.)

»Und der Schrank in diesem Zimmer?« fragte Markham hoffnungsvoll, doch wiederum schüttelte das Dienstmädchen den Kopf.

»Da war keiner drin. Ich hänge meinen eigenen Hut und Mantel da hinein, und ich habe sie selbst herausgeholt, als ich ging. Ich weiß es genau, weil ich vorher noch eins von Miss Odells alten Kleidern dort verstaut habe.«

»Sie sind also vollkommen sicher«, vergewisserte sich Markham noch einmal, »daß zu dem Zeitpunkt, zu dem Sie nach Hause gingen, niemand hier in der Wohnung versteckt gewesen sein kann?«

»Vollkommen, Sir.«

»Wissen Sie vielleicht zufällig noch, auf welcher Seite der Tür der Schlüssel zu diesem Wäscheschrank steckte, als Sie Ihren Hut herausholten?«

Die Frau zögerte und betrachtete nachdenklich die Schranktür.

»Er war außen, genau wie immer«, sagte sie nach einigen Augenblicken. »Ich weiß es, weil ich mit dem Chiffonkleid, das ich hineinsteckte, daran hängengeblieben bin.«

Mit gerunzelter Stirn fuhr Markham in seiner Befragung fort.

»Sie sagen, Sie wissen nicht, wer Miss Odell gestern abend zum Essen ausführte. Kennen Sie andere Männer, mit denen sie häufiger ausging?«

»Miss Odell hat mir die Namen nie gesagt«, antwortete sie. »Darin war sie sehr eigen – geheimnistuerisch, könnte man fast sagen. Ich bin ja auch nur tagsüber hier, und die Herren, die sie kannte, kamen meist am Abend.«

»Und sie hat Ihnen gegenüber nie einen Mann erwähnt, vor dem sie sich vielleicht gefürchtet hat – jemand, der sie womöglich bedrohte?«

»Nein, Sir – allerdings gab es einen bestimmten Mann, den sie gerne los sein wollte. Ein übler Bursche – ich hätte dem keine zehn Meter über den Weg getraut, und ich habe Miss Odell auch gesagt, vor dem soll sie sich lieber in acht nehmen. Aber sie kannte ihn wohl schon lange und hatte früher mal für ihn geschwärmt.«

»Woher wissen Sie das alles?«

»Einmal, vor ungefähr einer Woche«, erklärte das Dienstmädchen, »kam ich nach dem Mittagessen zurück, und die beiden waren im anderen Zimmer. Die Portiere war vorgezogen, und sie hatten nicht gehört, daß ich zurück war. Er forderte Geld, und als sie ihm nichts geben wollte, bedrohte er sie. Aus ihrer Antwort konnte man schließen, daß sie ihm schon früher Geld gegeben hatte. Ich räusperte mich, und der Streit brach ab; kurz darauf ging er dann.«

»Wie sah dieser Mann aus?« Markhams Interesse erwachte von neuem.

»Er war ziemlich dünn – nicht besonders groß – um die dreißig, würde ich sagen. Ein kantiges Gesicht – viele würden es gutaussehend finden – und blaßblaue Augen, die einem Angst einjagen konnten. Die Haare hatte er immer mit Pomade nach hinten gekämmt, und dazu ein blondes Bärtchen mit gezwirbelten Spitzen.«

»Ah!« sagte Vance. »Unser Gigolo!«

»Ist der Mann seitdem noch einmal hier gewesen?« fragte Markham.

»Das weiß ich nicht, Sir – so lange ich hier war, nicht.«

»Das wäre alles«, sagte Markham, und die Frau verließ uns wieder.

»Eine große Hilfe war sie nicht«, klagte Heath.

»Was!« rief Vance. »Ich fand, sie hat ausgesprochen nützliche Antworten gegeben. Sie hat mehrere unklare Punkte aufgeklärt.«

»Und was im einzelnen fanden Sie an ihren Auskünften so außerordentlich aufschlußreich?« erkundigte sich Markham, gereizter denn je.

»Na, wir wissen zum Beispiel nun«, erwiderte Vance munter, »daß niemand hier verborgen in der Wohnung lauerte, als die Perle sich gestern abend verabschiedete.«

»Das ist doch nichts Nützliches!« protestierte Markham. »Im Gegenteil, es verstärkt die Schwierigkeiten, in denen wir ohnehin schon stecken, noch entschieden.«

»Im Augenblick hat es ganz den Anschein, nicht wahr? Aber wer weiß, vielleicht entpuppt es sich am Ende noch als das eine Indiz, das zur glorreichen Aufklärung des Falles führt ... Außerdem wissen wir nun mit Sicherheit, daß jemand sich in dem Wäscheschrank versteckte, denn der Seitenwechsel des Schlüssels verrät es uns, und wir wissen darüber hinaus, daß dieser Jemand nicht hineinschlüpfte, bevor unsere Abigail das Haus verließ, oder mit anderen Worten, nicht vor sieben Uhr abends.«

»Sicher«, spottete Heath grimmig, »als die Seitentür verschlossen war und ein Telefonist auf dem Flur saß, der schwört, daß niemand an ihm vorbeigekommen ist.«

»Es ist ein wenig rätselhaft«, gab Vance mit trauriger Miene zu.

»Rätselhaft?« brummte Markham. »Es ist schlicht und einfach unmöglich!«

Heath, der nun mit einem herausfordernden Blick in den Schrank hineinstarrte, schüttelte ratlos den Kopf.

»Was ich einfach nicht verstehe«, sagte er versonnen, »das ist, warum der Bursche, wenn er sich in dem Schrank versteckt hatte, ihn hinterher nicht genauso verwüstet hat wie den Rest der Wohnung.«

»Sergeant«, sagte Vance, »da haben Sie Ihren Finger auf die Crux der ganzen Geschichte gelegt ... Daß dieser Schrank so hübsch und ordentlich geblieben ist, legt nämlich die Vermutung nahe, daß jener Polterjan, der diese bezaubernde Wohnung in einen solch beklagenswerten Zustand versetzte, ihm deswegen seine Aufmerksamkeit nicht angedeihen ließ, weil der Schrank von innen verschlossen war und er ihn nicht aufbekam.«

»Also kommen Sie!« protestierte Markham. »Das hieße ja, daß gestern abend *zwei* unbekannte Personen unabhängig voneinander hier in der Wohnung waren.«

Vance seufzte. »Dem Himmel sei's geklagt. Ich weiß. Und mit dem, was wir wissen, bekommen wir nicht einmal *einen* hier hinein ... Herzzerreißend, nicht wahr?«

Heath suchte Trost in einem neuen Ansatz.

»Na jedenfalls«, sagte er, »wissen wir, daß dieser Geck mit den Lackschuhen, der gestern abend um halb zehn hier war, wahrscheinlich der Geliebte von der Odell war und sie ausnehmen wollte.«

»Und auf welch entlegene Weise hilft diese unbestreitbare Tatsache uns nun, die finsteren Wolken zu vertreiben?« erkundigte sich Vance. »Fast jede Delila hat doch heutzutage ihren geldgierigen Galan. Da wäre es doch eher auffällig gewesen, wenn nicht irgendwo in den Kulissen ein solcher Bursche gesteckt hätte, oder?«

»Da haben Sie schon recht«, erwiderte Heath. »Aber eins will ich Ihnen sagen, Mr. Vance, etwas, was Sie vielleicht nicht wissen. Die Männer, auf die solche Mädchen reinfallen, sind fast immer Ganoven – professionelle Gauner, verstehen Sie. Deshalb läßt mich das, wo ich ja weiß, daß die Sache hier auf das Konto von einem Profi geht, nicht kalt, wenn ich höre, daß der Kerl, der die Odell bedroht hat und sie erpressen wollte, derselbe war, der sich gestern abend hier herumgetrieben hat ... Und noch eins: Die Beschreibung von dem Kerl klingt doch genau nach der Sorte von Edelganoven, die sich in diesen feinen Nachtlokalen herumtreiben.«

»Sie sind also überzeugt«, erkundigte Vance sich nachsichtig, »daß die, wie Sie sich ausdrücken, Sache hier das Werk eines Berufsverbrechers ist?«

Heath' Antwort war beinahe schon verächtlich. »Hat er etwa keine Handschuhe getragen und kein Stemmeisen bei sich gehabt? Das war ein Profi, da können Sie Gift drauf nehmen.«

Kapitel VIII

Der unsichtbare Mörder

(Dienstag, 11. September, 11.45 Uhr vormittags)

Markham ging zum Fenster und blickte, die Hände hinter dem Rücken verschränkt, hinunter in den kleinen Garten. Mehrere Minuten vergingen, bis er sich bedächtig wieder umwandte.

»Die Situation ist, soweit ich sie überblicke, folgende«, sagte er: »Die junge Odell hat mit einem vornehmen Herrn eine Verabredung zum Abendessen mit anschließendem Theaterbesuch. Kurz nach sieben Uhr kommt er sie abholen, und sie verlassen gemeinsam das Haus. Um elf Uhr kehren sie zurück. Er geht mit ihr in die Wohnung und bleibt eine halbe Stunde lang dort. Um halb zwölf geht er und bittet den Telefonisten, ihm ein Taxi zu rufen. Während er auf das Taxi wartet, schreit das Mädchen und ruft um Hilfe; auf seine Frage antwortet sie ihm, es sei alles in Ordnung und er solle nach Hause gehen. Das Taxi trifft ein, und er fährt ab. Zehn Minuten darauf ruft jemand bei ihr an, und eine Männerstimme nimmt den Anruf entgegen. Heute morgen findet man sie ermordet und die Wohnung verwüstet.«

Er nahm einen tiefen Zug aus seiner Zigarre.

»Es liegt auf der Hand, daß, als sie gestern abend mit ihrem Begleiter zurückkehrte, ein weiterer Mann irgendwo hier versteckt gewesen sein muß; und ebenso steht außer Frage, daß das Mädchen noch lebte, als der Begleiter es verließ. Wir müssen also davon ausgehen, daß der Mann, der sich bereits hier versteckte, der Mörder war. Diese Folgerung wird noch durch Doktor Doremus' Befund erhärtet, daß das Verbrechen zwischen elf und zwölf Uhr geschah. Da ihr Begleiter sie erst um halb zwölf verließ und noch danach durch die Tür mit ihr sprach, können wir die Tatzeit auf die halbe Stunde zwischen halb zwölf und Mitternacht eingrenzen … All das sind unbestreitbare Tatsachen, die sich aus den bisherigen Ermittlungen ergeben.«

»Da kann's keine Zweifel geben«, bestätigte Heath.

»Interessant sind sie auf alle Fälle«, murmelte Vance.

Markham nahm seine Wanderung durch das Zimmer wieder auf und fuhr fort:

»Die Einzelheiten der Situation, die sich aus diesen eindeutigen Tatsachen ergeben, sind folgende: Um sieben Uhr – dem Zeitpunkt, zu dem das Dienstmädchen sie verließ – war niemand in der Wohnung versteckt. Der Mörder kam also später herein. Lassen Sie uns als erstes die Seitentür bedenken. Um sechs Uhr – eine Stunde bevor das Dienstmädchen ging – legte der Hausmeister auf der Innenseite den Riegel um, und beide Telefonisten beteuern, daß sie nicht einmal in die Nähe der Tür gegangen seien. Außerdem fanden Sie, Sergeant, sie heute morgen verschlossen. Wir dürfen also davon ausgehen, daß die Tür die ganze Nacht über auf der Innenseite verriegelt blieb und daß niemand auf diesem Wege hereingekommen sein kann. Es drängt sich also die einzige Alternative auf, nämlich daß der Mörder durch die Vordertür hereinkam. Lassen Sie uns nun diese zweite Möglichkeit bedenken. Der Telefonist, der bis zehn Uhr gestern abend Dienst hatte, versichert uns nachdrücklich, daß der einzige, der zur Vordertür hereinkam und über den Flur zur hiesigen Wohnungstüre ging, ein Mann war, der hier klingelte, keine Antwort bekam und gleich darauf das Haus wieder verließ. Der zweite Telefonist, der von zehn Uhr gestern abend bis zum heutigen Morgen Dienst hatte, versichert uns ebenso nachdrücklich, daß niemand zur Haustür herein und an seiner Loge vorbei zu dieser Wohnung gekommen sei. Nehmen Sie dazu noch den Umstand, daß sämtliche Fenster auf dieser Etage vergittert sind und daß niemand aus den oberen Stockwerken herabkommen kann, ohne daß er genau vor der Nase des Telefonisten ankommt, dann werden Sie einsehen, daß wir hier mit etwas konfrontiert sind, was schlicht und einfach unmöglich ist.«

Heath kratzte sich am Kopf und lachte ratlos.

»Einfach nicht zu glauben, was, Sir?«

»Was ist mit der Nachbarwohnung?« fragte Vance. »Nummer 2, glaube ich – die, deren Eingang der Seitentür gegenüberliegt?«

Heath warf ihm einen verächtlichen Blick zu. »Darum habe ich mich gleich als erstes gekümmert. In Nummer 2 wohnt eine alleinstehende Frau, und ich habe sie um acht Uhr heute morgen aus dem Bett geworfen und ihre Wohnung durchsucht. Nichts zu finden. Außerdem muß man, um dorthin zu kommen, genauso an der Telefonistenloge vorbei wie bei der Wohnung hier; und niemand ist gestern abend zu ihr gekommen oder von dort fortgegangen. Und Jessup, der ja ein gewitzter und vernünftiger Bursche ist, hat mir gesagt, die

Frau in der anderen Wohnung sei eine Dame, sehr zurückhaltend, und habe die Odell überhaupt nicht gekannt.«

»Was sind Sie für ein gründlicher Mensch, Sergeant!« murmelte Vance.

»Natürlich wäre es denkbar«, fügte Markham noch klärend hinzu, »daß jemand, ohne daß der Telefonist es bemerkte, zwischen sieben und elf von der Nachbarwohnung hier herüberschlüpfte und auf demselben Wege nach der Tat zurückkehrte. Doch da Sergeant Heath bei seiner Durchsuchung heute morgen niemanden dort entdeckte, können wir die Möglichkeit, daß der Mörder von der Nachbarwohnung aus operierte, ausschließen.«

»Das können wir wohl«, gestand Vance ihm gleichgültig zu. »Aber wenn ich es recht sehe, mein Alter, schließt doch Ihre rührende Rekapitulation der bisherigen Ermittlungen ebenso aus, daß er von irgendwo anders operierte ... Und doch gelangte er hier herein, würgte die arme Jungfer, und dann verschwand er auch wieder – nicht wahr? ... Ein bezauberndes kleines Problem. Ich bin so glücklich, daß ich dabeisein darf.«

»Einfach unheimlich«, sagte Markham mit finsterer Miene.

»Regelrecht spiritistisch«, führte Vance den Gedanken fort. »Der umschmeichelnde Duft der Séance. Glauben Sie mir, allmählich kommt es mir wirklich vor, als ob hier in der Nachbarschaft letzte Nacht ein Medium vorübergeschwebt sein müsse, das sich nach allen Regeln der Kunst materialisierte ... Könnte man eigentlich gegen Ektoplasma einen Haftbefehl erwirken?«

»Jedenfalls war das, was die Fingerabdrücke da hinterlassen hat, kein Gespenst«, knurrte Heath mürrisch.

Markham hielt in seinen nervösen Schritten inne und blickte Vance ärgerlich an.

»Verdammt nochmal! Das ist doch alles Unsinn. Der Mann ist irgendwie hier hereingekommen, und er ist auch wieder hinausgekommen. Entweder hat das Dienstmädchen nicht aufgepaßt und es war doch jemand hier drin, als sie ging, oder einer von den beiden Telefonisten hat geschlafen und will es nicht zugeben.«

»Oder einer von ihnen lügt«, fügte Heath noch hinzu.

Vance schüttelte den Kopf. »Unsere kaffeebraune *fille de chambre* ist, würde ich sagen, durch und durch vertrauenswürdig. Und wenn es Zweifel gäbe, ob nicht doch jemand durch die Haustür hereingekommen ist, dann würden die Ritter der Schalttafel das doch, so wie die Dinge für sie stehen, mit Freuden zugeben ... Nein, Markham, sehen

Sie es ein, dieser Sache können Sie nur, wenn ich so sagen darf, von der Astralebene beikommen.«

Markham gab ihm mit einem Schnauben zu verstehen, was er von seinem Übermut hielt.

»Diesen Ansatz überlasse ich gern Ihnen mit Ihren Hirngespinsten und geistigen Höhenflügen.«

»Aber überlegen Sie doch«, stichelte Vance weiter. »Sie haben schlüssig bewiesen – oder besser gesagt: nach den vor Gericht beweiskräftigen Methoden ermittelt –, daß niemand gestern abend diese Wohnung betreten oder verlassen haben kann; und schließlich versichern Sie mir immer wieder, daß ein Gericht sein Urteil nicht nach den bekannten oder vermuteten Tatsachen fällen darf, sondern sich an das Beweismaterial halten muß – und jedem materiellen Wesen verschafft die derzeitige Beweislage ein solides Alibi. Andererseits ist es ja auch nicht allzu wahrscheinlich, daß die junge Dame sich selbst erwürgte. Wenn es doch nur Gift gewesen wäre – die Indizien für einen Selbstmord wären unwiderleglich! … Ausgesprochen rücksichtslos von dem Mörder, es mit seinen eigenen Händen zu tun und nicht mit Arsen!«

»Aber er hat sie nun einmal erdrosselt«, sagte Heath. »Und ich würde jede Wette eingehen, daß es der Bursche war, der um halb zehn hier war und zu ihr wollte. Mit dem würde ich gern mal ein paar Takte reden.«

»Tatsächlich?« Vance steckte sich eine neue Zigarette an. »Nach der Beschreibung, die wir von ihm haben, kann ich mir nicht vorstellen, daß er viel Geistreiches zu sagen hätte.«

Ein unheiliges Leuchten kam in Heath' Augen.

»Wir haben da Mittel«, sagte er mit zusammengebissenen Zähnen, »mit denen wir auch dem größten Langweiler noch die interessanteste Unterhaltung entlocken.«

Vance seufzte. »Sie sind eine Säule der Polizei, mein lieber Sergeant.«

Markham warf einen Blick auf seine Uhr.

»Ich habe noch dringend im Büro zu tun«, sagte er, »und das Gerede hier bringt uns ohnehin nicht weiter.« Er legte Heath die Hand auf die Schulter. »Ich überlasse Ihnen zunächst das Feld. Heute nachmittag lasse ich all diese Leute zu weiteren Befragungen in mein Büro kommen – vielleicht kann ich ihrem Gedächtnis noch ein wenig nachhelfen … Haben Sie schon überlegt, wie Sie die Ermittlungen angehen wollen?«

»Die übliche Routine«, erwiderte Heath überdrüssig. »Ich werde die Papiere der Odell durchsehen, und ich werd' drei oder vier Leute losschicken, die sehen, was über sie rauszubekommen ist.«

»Bei der Taxigesellschaft klemmen Sie sich am besten jetzt gleich dahinter«, riet Markham. »Finden Sie, wenn möglich, heraus, wer der Mann war, der gestern abend um halb zwölf von ihr fortging, und wohin er fuhr.«

»Glauben Sie denn wirklich«, fragte Vance, »daß dieser Mann, wenn er etwas mit dem Mord zu tun hätte, auf den Flur spazieren würde und den Telefonisten bitten, ihm ein Taxi zu rufen?«

»Oh, ich weiß schon, daß in dieser Richtung nicht viel zu erwarten ist.« Markhams Ton war beinahe niedergeschlagen. »Aber vielleicht hat das Mädchen etwas zu ihm gesagt, was uns weiterhilft.«

Vance schüttelte spöttisch den Kopf. »Willkommen sei des Glaubens reiner Blick, der Hoffnung Hand so weiß wie Schnee, ein Engel, der auf gold'nen Flügeln schwebt.«

Markham war nicht in der Stimmung für Scherze. Er wandte sich wieder an Heath, doch sein munterer Ton hatte etwas Aufgesetztes.

»Rufen Sie mich später am Nachmittag an. Wer weiß, ob ich aus dem hiesigen Quartett nicht doch noch etwas herausbekomme ... Und«, fügte er noch hinzu, »denken Sie daran, hier eine Wache aufzustellen. Ich will nicht, daß jemand etwas an dieser Wohnung anrührt, bevor wir klarer sehen.«

»Wird gemacht«, versicherte Heath.

Markham, Vance und ich verließen die Wohnung und stiegen wieder in den Wagen. Ein paar Minuten darauf ging es in rascher Fahrt zurück durch den Central Park.

»Erinnern Sie sich noch an unsere kleine Unterhaltung über die Fußspuren im Schnee?« fragte Vance, als wir in die Fifth Avenue einbogen und uns nach Süden wandten.

Markham nickte geistesabwesend.

»Wenn ich es recht im Gedächtnis habe«, fuhr Vance nachdenklich fort, »gab es in dem hypothetischen Fall, den Sie anführten, nicht nur die Fußspuren, sondern dazu ein gutes Dutzend Zeugen – von einem Wunderkind ganz zu schweigen –, die eine schemenhafte Gestalt über die winterliche Landschaft huschen sahen ... *Grau, teurer Freund, ist alle Theorie!* Und hier stecken sie nun in rabenschwarzer Tinte, denn zu unserem allergrößten Leidwesen fanden sich nicht nur keine Fußspuren im Schnee, sondern auch nicht ein einziger Zeuge, der eine fliehende Gestalt gesehen hätte. Kurz, Sie haben weder direkte Aussagen noch Indizienbeweise ... Traurig, traurig.«

Er schüttelte kummervoll den Kopf.

»Nun, mein lieber Markham, es sieht doch ganz so aus, als ob die Zeugenaussagen in diesem Falle juristisch eindeutig belegen, daß in der Stunde ihres Ablebens niemand bei der Verstorbenen in der Wohnung gewesen sein kann und daß sie folglich noch am Leben sein muß. Der Leichnam der jungen Dame mit den Würgemalen ist, wenn ich es recht verstehe, für die Urteilsfindung Ihres Gerichtes kein aussagekräftiges Indiz. Ich weiß, daß die Rechtsgelehrten keinen Mord zugestehen, wenn keine Leiche vorzeigbar ist; aber was in Gottes Namen machen Sie mit einem *corpus delicti* ohne Mord?«

»Was reden Sie denn da für einen Unsinn!« brummte Markham.

»Gewiß ist es Unsinn«, stimmte Vance ihm zu. »Aber so ein Jurist hat schon seinen Kummer, was, mein Alter, wenn denn nun wirklich überhaupt keine Fußspuren zu finden sind? Da hängt man doch peinlich in der Luft, nicht wahr?«

Markham wandte sich abrupt zu ihm um. »*Sie* brauchen natürlich keine Fußspuren oder sonst überhaupt Indizien«, sagte er bitter. »*Sie* haben ja hellseherische Kräfte, die gewöhnlichen Sterblichen versagt bleiben. Wenn ich mich recht entsinne, haben Sie mir ja in Ihrer großsprecherischen Art versichert, daß Sie, wenn Sie Art und Umstände eines Verbrechens erst einmal kennen, mich unweigerlich zum Täter führen können, ganz gleich ob er nun Spuren hinterlassen hat oder nicht. Wissen Sie noch, wie Sie geprahlt haben? ... Nun, hier haben wir ein Verbrechen, bei dem der Täter kam und ging, ohne eine einzige Spur zu hinterlassen. Seien Sie doch so gut, spannen Sie mich nicht mehr länger auf die Folter – sagen Sie mir: Wer hat die junge Odell umgebracht?«

Vance' gute Laune überstand auch diesen sarkastischen Angriff. Minutenlang saß er ruhig da, rauchte gelassen vor sich hin; dann lehnte er sich vor und schnippte die Asche aus dem Fenster.

»Um ehrlich zu sein, Markham«, antwortete er gleichmütig, »ich spiele tatsächlich mit dem Gedanken, mich dieses albernen Mordes anzunehmen. Aber ich denke, ich warte noch, wen unser unermüdlicher Heath bei seinen Ermittlungen zutage fördert.«

Markham schnaubte wütend und ließ sich in die Polster sinken.

»Ich verneige mich vor soviel Großmut«, sagte er.

Kapitel IX

Die Meute auf der Jagd

(Dienstag, 11. September, nachmittags)

Auf unserem Rückweg hielt uns ein Verkehrsstau nördlich des Madison Square eine ganze Weile lang auf, und Markham warf einen besorgten Blick auf die Uhr.

»Schon Mittag vorbei«, sagte er. »Ich glaube, ich werde im Club anhalten und eine Kleinigkeit essen ... Ich nehme an, ein Mittagessen zu so früher Stunde hätte etwas unaussprechlich Plebejisches für ein so exotisches Gewächs wie Sie.«

Vance erwog die Einladung.

»Da Sie mich ja um mein Frühstück gebracht haben«, entschied er, »dürfen Sie mir Eier *Bénédictine* spendieren.«

Wenige Minuten darauf betraten wir den beinahe noch leeren Grillroom des Stuyvesant-Clubs und nahmen einen Tisch an einem der Fenster, von wo wir über die Baumwipfel des Madison Square nach Süden blicken konnten.

Kurz nachdem wir bestellt hatten, trat ein livrierter Diener ein, verneigte sich höflich vor dem Bezirksstaatsanwalt und überreichte ihm einen Umschlag. Es war das Briefpapier des Clubs, und eine Adresse stand nicht darauf. Markham las den Brief mit zunehmender Aufmerksamkeit, und am Ende studierte er mit einem fast schon verwunderten Gesichtsausdruck die Unterschrift. Er blickte auf und nickte dem wartenden Diener zu. Dann entschuldigte er sich und verließ uns ohne ein weiteres Wort. Es dauerte zwanzig Minuten, bis er zurückkam.

»Eine merkwürdige Geschichte«, sagte er. »Der Brief stammt von dem Mann, der die junge Odell gestern zum Abendessen und zum Theater ausgeführt hat ... Wie klein doch die Welt ist«, sagte er nachdenklich. »Er wohnt hier im Club – ein auswärtiges Mitglied; der Club dient ihm als Hauptquartier, wenn er in der Stadt ist.«

»Sind Sie mit ihm bekannt?« fragte Vance wie beiläufig.

»Ich habe ein paar Male mit ihm gesprochen – ein Bursche namens Spotswoode.« Markham schien perplex. »Ein Mann mit Familie, lebt in einem Landhaus auf Long Island, gilt als Stütze der Gesellschaft – jemand, bei dem ich nie im Leben auf die Idee gekommen wäre, daß er sich mit einem Mädchen wie der jungen Odell einläßt. Aber wie er mir gerade selbst gestanden hat, ist er oft mit ihr ausgegangen, wenn er in New York war – ›sich etwas verspätet die Hörner abstoßen‹, wie er das nannte –, und gestern abend war er mit ihr bei Francelle zum Abendessen und anschließend im Winter Garden.«

»Nicht gerade das, was ich einen intellektuellen Abend nennen würde, oder auch nur einen erbaulichen«, kommentierte Vance. »Und einen verdammt schlechten Tag hat er sich dafür ausgesucht ... Wenn man sich das vorstellt, er schlägt die Morgenzeitung auf, und das erste, was er sieht, ist, daß seine *petite dame* noch am selbigen Abend ermordet wurde! Herzzerreißend, nicht wahr?«

»Seinem Herzen geht es jedenfalls nicht besonders«, sagte Markham. »Die ersten Nachmittagsblätter sind vor etwa einer Stunde erschienen, und seither hat er alle zehn Minuten in meinem Büro angerufen; da sah er mich plötzlich hier hereinkommen. Er hat Angst, daß seine Beziehung zu dem Mädchen bekannt wird und ihn in Verruf bringt.«

»Und wird sie das denn nicht?«

»Ich wüßte nicht, warum. Niemand weiß, wer sie an ihrem letzten Abend ausgeführt hat; und da er offensichtlich nichts mit dem Verbrechen zu tun hat, was ist da schon gewonnen, wenn wir ihn hineinziehen? Er hat mir alles gebeichtet und hat angeboten, in der Stadt zu bleiben, solange ich ihn brauche.«

»Aus der Wolke von Enttäuschung, die Ihr Haupt bei Ihrer Rückkehr umhüllte, schließe ich, daß seine Beichte nichts enthielt, was uns weiterhelfen könnte.«

»Das ist leider wahr«, bestätigte Markham. »Offenbar hat sie mit ihm nie über Herzensdinge gesprochen, und er wußte nicht das mindeste, was mir hätte helfen können. Sein Bericht über den gestrigen Abend deckt sich genau mit dem, was wir von Jessup wissen. Er holte das Mädchen um sieben ab, brachte sie gegen elf zurück, leistete ihr noch etwa eine halbe Stunde lang Gesellschaft und verabschiedete sich dann. Er war erschrocken, als er sie um Hilfe rufen hörte, doch als sie ihm versicherte, es sei alles in Ordnung, schloß er, daß sie eingenickt sein müsse und einen Alptraum gehabt habe, und machte sich weiter keine Gedanken mehr darum. Er ließ sich hierher zum

Club fahren und traf um zehn vor zwölf ein. Richter Redfern sah ihn aus dem Taxi steigen und bestand darauf, daß er mitkommen und mit ihm und einigen Gästen, die im Zimmer des Richters auf dessen Rückkehr warteten, Poker spielen solle. Sie spielten bis drei Uhr heute morgen.«

»Da hat Ihnen Ihr Don Juan von Long Island wirklich keine Fußstapfen im Schnee hinterlassen.«

»Immerhin erspart uns sein frühes Geständnis Ermittlungen, mit denen wir sonst vielleicht beträchtliche Zeit verloren hätten.«

»Wenn Ihnen weiter so drastisch die Ermittlungen erspart werden«, meinte Vance trocken, »dann werden Sie bald gar nicht mehr wissen, was Sie noch tun sollen.«

»Es bleibt schon noch genug zu tun, keine Sorge«, sagte Markham, schob seinen Teller beiseite und verlangte die Rechnung. Er erhob sich; dann hielt er inne und betrachtete Vance nachdenklich. »Interessiert die Sache Sie genug, daß Sie heute nachmittag dabeibleiben wollen?«

»Ähm, was? Also ich muß schon sagen! ... Es wird mir ein Vergnügen sein. Aber bleiben Sie noch einen Moment lang sitzen – seien Sie ein braver Junge –, damit ich meinen Kaffee austrinken kann.«

Ich war sehr erstaunt, daß Vance so ohne weiteres angenommen hatte, auch wenn es halb im Scherz gewesen sein mochte; denn er hatte am Nachmittag eine Ausstellung altchinesischer Drucke in den Montross Galleries besuchen wollen. Ein Riokai und ein Moyeki aus der Sung-Dynastie waren zu sehen, beides dem Vernehmen nach hervorragende Stücke, und Vance hatte Ambitionen gehabt, sie für seine Sammlung zu erwerben.

Wir fuhren mit Markham zum Gerichtsgebäude und betraten es durch den Eingang in der Franklin Street, von wo wir den Privataufzug zum großen, wenn auch häßlichen Büro des Bezirksstaatsanwaltes nahmen, aus dessen Fenstern man auf die grauen Steinmauern des Tombs-Gefängnisses hinunterblickte. Vance nahm in einem der Ledersessel Platz, die rechts vom Schreibtisch um einen mit Schnitzereien verzierten Eichenholztisch standen, und zündete sich mit zynischer, doch heiterer Geste eine Zigarette an.

»Ich kann es gar nicht erwarten, die Mahlsteine des Gesetzes in Aktion zu sehen«, verkündete er und lehnte sich träge zurück.

»Ihr Schicksal will es, daß Sie nicht zu hören bekommen, wie das Räderwerk in Gang kommt«, schlug Markham zurück. »Die ersten

Umdrehungen finden anderswo statt.« Dann verschwand er durch die Schwingtür, die zu den Amtsräumen der Richter führte.

Fünf Minuten später war er zurück und nahm auf dem Drehstuhl an seinem Schreibtisch Platz, mit dem Rücken zu den vier schmalen hohen Fenstern auf der Südseite des Büros.

»Ich war bei Richter Redfern«, erklärte er, »– es ist ja gerade Mittagspause am Gericht –, und er bestätigt Spotswoodes Aussage, was das Pokerspiel betrifft. Der Richter traf ihn draußen vor dem Club, zehn Minuten vor Mitternacht, und war bis drei Uhr morgens mit ihm zusammen. Er konnte sich genau an die Zeit erinnern, weil er seinen Gästen versprochen hatte, um halb zwölf zurück zu sein, und schon zwanzig Minuten zu spät war.«

»Warum ist es Ihnen so wichtig, ein Faktum bestätigt zu bekommen, das offensichtlich keine Bedeutung hat?« fragte Vance.

»Das ist eben Routine«, erwiderte Markham ein wenig ungeduldig. »Bei einem Fall wie diesem muß jede Einzelheit, so wenig sie auch allem Anschein nach mit der Tat zu tun hat, überprüft werden.«

»Also wissen Sie, Markham« – Vance legte den Kopf in den Nacken und blickte verträumt zur Decke –, »man sollte denken, daß diese ewige Routine, die Juristen wie Sie ja geradezu religiös verehren, manchmal auch zu etwas nütze sein sollte; doch in Wirklichkeit führt sie nie zu etwas. Denken Sie an die Rote Königin in ›Alice hinter den Spiegeln‹ –«

»Ich habe zuviel zu tun, um mir eine Dissertation über die relativen Meriten von Routine und Inspiration anzuhören«, antwortete Markham schroff und drückte einen Knopf an seiner Schreibtischplatte.

Swacker, sein junger und tüchtiger Sekretär, erschien in der Tür, die zu einem kleinen Vorraum zwischen Büro und Wartezimmer führte.

»Ja, Chef?« Die Augen des jungen Mannes funkelten erwartungsvoll hinter seiner dicken Hornbrille.

»Sagen Sie Ben, er soll mir einen von seinen Leuten schicken, jetzt gleich.«[1]

Swacker ging durch die andere Tür hinaus auf den Gang, und ein oder zwei Minuten darauf erschien ein verbindlich wirkender, makellos gekleideter rundlicher Mann mit einem Zwicker auf der Nase und nahm vor Markham mit gespanntem Lächeln Aufstellung.

---

[1] »Ben« war Colonel Benjamin Hanlon, der leitende Beamte jener Abteilung der Kriminalpolizei, die unmittelbar der Bezirksstaatsanwaltschaft unterstellt war.

»Morgen, Tracey.« Markhams Ton war freundlich, doch knapp. »Hier habe ich die Namen von vier Zeugen im Fall Odell, und ich möchte, daß sie umgehend hier erscheinen – die beiden Telefonisten, das Dienstmädchen und der Hausmeister. Sie finden sie in der 71. Straße, Nummer 184: Sergeant Heath hält sie für mich dort fest.«

»Geht in Ordnung, Sir.« Tracey nahm den Zettel, verbeugte sich förmlich, doch nicht unelegant, und machte sich auf den Weg.

Die nächste Stunde widmete Markham sich den anderen Arbeiten, die im Laufe des Vormittages zusammengekommen waren, und ich konnte nur staunen über die ungeheure Tatkraft und Energie dieses Mannes. Was er an wichtigen Dingen in dieser einen Stunde erledigte, hätte einen gewöhnlichen Geschäftsmann einen ganzen Tag lang beschäftigt. Swacker hüpfte herein und wieder hinaus wie elektrisch geladen, und diverse Angestellte erschienen, je nachdem, welchen Knopf Markham an seinem Schreibtisch drückte, erhielten ihre Aufträge und waren wieder verschwunden, bevor man noch Atem geschöpft hatte. Vance, der sich zu seiner Zerstreuung einen Band über berühmte Brandstifterprozesse vorgenommen hatte, warf von Zeit zu Zeit einen bewundernden Blick hinüber und schüttelte den Kopf in mildem Tadel über solch hektische Aktivität.

Es war gerade erst halb drei, als Swacker verkündete, Tracey sei mit den vier Zeugen zurück; und die nächsten beiden Stunden lang nahm Markham sie mit einer Gründlichkeit und einem Scharfsinn ins Kreuzverhör, wie ich, der ich schließlich selbst Jurist bin, sie kaum je erlebt habe. Das Verhör der beiden Telefonisten verlief nun in einem ganz anderen Tonfall als die ungezwungene Befragung am Vormittag. Und wenn auch nur eine einzige nennenswerte Einzelheit bei jenem ersten Verhör übersehen worden wäre, hätte Markham sie mit seiner unerbittlichen Hartnäckigkeit nun zweifellos ans Tageslicht gebracht. Doch als er sie endlich gehen ließ, hatte er keinerlei neue Indizien bekommen. Alle waren eisern bei ihren früheren Aussagen geblieben: Niemand – mit Ausnahme des Mädchens selbst und ihres Begleiters sowie jenes vergeblichen Besuchers um halb zehn – war nach sieben Uhr durch die Haustür gekommen und zur Odellschen Wohnung gegangen, und niemand hatte auf diesem Wege das Haus verlassen. Der Hausmeister blieb unbeirrbar dabei, daß er um kurz nach sechs den Riegel der Seitentür umgelegt habe, und weder Drohungen noch gute Worte konnten seine Beharrlichkeit in diesem Punkt erschüttern. Amy Gibson, das Dienstmädchen, hatte ihrer früheren Aussage nichts hinzuzufügen, und selbst auf noch so bohrende Nachfrage bekam Markham nur die Antworten, die sie ihm schon zu Anfang gegeben hatte.

Nicht eine einzige neue Möglichkeit – von einer Spur, die man hätte verfolgen können, ganz zu schweigen – kam ans Licht. Das einzige, was die zwei Stunden Kreuzverhör bezweckten, war, daß auch die letzten Schlupflöcher in einer ohnehin schon aussichtslosen Situation gestopft wurden. Als Markham sich um halb fünf mit einem matten Seufzer in seinem Stuhl zurücksinken ließ, da waren wir von der Hoffnung, einen Punkt zu finden, an dem wir bei dieser unglaublichen Angelegenheit den Hebel ansetzen konnten, weiter entfernt denn je.

Vance schlug die Abhandlung über die großen Brandstifter zu und drückte seine Zigarette aus.

»Glauben Sie mir, Markham, alter Junge«, grinste er, »dieser Fall braucht Nabelschau, keine Routine. Warum ziehen Sie nicht eine Zigeunerwahrsagerin hinzu, die sich auf Kristallkugeln versteht?«

»Wenn das noch lange so weitergeht«, erwiderte Markham mutlos, »komme ich vielleicht auf Ihren Vorschlag zurück.«

Im selben Augenblick steckte Swacker den Kopf zur Tür herein, um zu sagen, daß Inspektor Brenner am Telefon sei. Markham hob ab und machte sich beim Zuhören einige Notizen. Dann legte er auf und wandte sich wieder Vance zu.

»Sie hatten sich doch Ihre Gedanken um den stählernen Schmuckkasten gemacht, den wir im Schlafzimmer gefunden haben. Das war der Experte für Einbruchswerkzeuge, mit dem ich gerade gesprochen habe; er bekräftigt die Ansicht, die er schon heute morgen hatte. Der Kasten wurde mit einem speziellen Kaltmeißel aufgebrochen, wie nur ein berufsmäßiger Einbrecher ihn bei sich hätte und mit dem auch niemand sonst umgehen könnte. Er hatte eine abgeschrägte Klinge von vier Zentimetern, und der flache Griff war zweieinhalb Zentimeter breit. Das Werkzeug war nicht neu – die Klinge hatte eine charakteristische Scharte –, und mit demselben Instrument gelang Anfang letzten Sommers ein Einbruch an der oberen Park Avenue ... Nimmt diese hochinteressante Information Ihnen nicht wenigstens Ihre schlimmsten Ängste?«

»Aber ganz und gar nicht.« Vance war wieder ernst geworden und saß mit ratloser Miene da. »Dadurch wird das Ganze ja noch viel unwahrscheinlicher ... Ich könnte vielleicht einen winzigen Hoffnungsschimmer in all dieser Düsternis erblicken – nur ein unirdisch glimmender Funken vielleicht, aber doch unverkennbar eine Erleuchtung –, wenn nicht dieser Schmuckkasten und der stählerne Meißel wären.«

Markham wollte etwas erwidern, doch Swacker blickte von neuem herein und verkündete, Sergeant Heath sei eingetroffen und wünsche ihn zu sprechen.

Heath kam in weitaus weniger bedrückter Stimmung, als er am Vormittag in der Wohnung gewesen war. Er nahm die Zigarre, die Markham ihm anbot, setzte sich an den Konferenztisch neben dessen Schreibtisch und zog ein eselsohriges Notizbuch hervor.

»Wir haben ein wenig Glück gehabt«, hob er an. »Burke und Emery – zwei von den Männern, die ich für den Fall abgestellt habe – haben gleich an der ersten Adresse, an der sie sich nach der Odell erkundigten, etwas herausbekommen. Anscheinend hat sie sich nicht mit allzu vielen Männern rumgetrieben – sich auf ein paar heiße Kandidaten beschränkt und das Spiel mit Finesse gespielt, sozusagen ... Der wichtigste davon – der Mann, mit dem man sie am häufigsten gesehen hat – ist Charles Cleaver.«

Markham spitze die Ohren.

»Ich kenne Cleaver – falls es derselbe Cleaver ist.«

»O ja, das ist er«, verkündete Heath. »Früher bei der Brooklyner Steuerbehörde; seither widmet er sich ganz seinem Spielsalon mit Wettbüro drüben in Jersey City. Treibt sich viel im Stuyvesant-Club rum, weil er da seine Schwätzchen mit den alten Parteifreunden halten kann.«

»Das ist er«, nickte Markham. »So eine Art professioneller Lebemann – seine Kumpane nennen ihn Paps, soviel ich weiß.«

Vance saß mit verträumten Augen da.

»Was sagt man dazu«, murmelte er. »Der alte Paps Cleaver hat sich also auch von unserer lieblichen und listigen Dolores umgarnen lassen. Man kann sich nicht vorstellen, daß sie ihn um seiner schönen Augen willen geliebt hat.«

»Ich dachte mir, Sir«, fuhr Heath fort, »da dieser Cleaver ja im Stuyvesant-Club ein- und ausgeht, könnten Sie ihm vielleicht ein paar Fragen wegen der Odell stellen. Irgendwas muß er doch wissen.«

»Mit Freuden, Sergeant.« Markham schrieb es auf seinen Notizblock. »Ich sehe zu, daß ich ihn heute abend zu fassen bekomme ... Sonst noch jemand auf Ihrer Liste?«

»Da ist noch jemand namens Mannix – Louis Mannix –, der zu Zeiten der ›Follies‹ viel mit ihr ausgegangen ist, aber sie hat ihm vor über einem Jahr den Laufpaß gegeben, und seither hat man sie nicht mehr zusammen gesehen. Er hat jetzt ein anderes Mädchen. Er ist Chef von Mannix & Levine, Pelzimport, und einer von Ihren Nachtclub-Freunden – gibt Unsummen da aus. Aber ich glaube, die Fährte ist kalt – der hat schon lange nichts mehr mit der Odell zu tun.«

»Ja«, stimmte Markham zu. »Ich glaube, den können wir von der Liste streichen.«

»Wenn Sie nicht bald mit Ihrer Streicherei aufhören«, ließ Vance sich vernehmen, »dann haben Sie nichts mehr übrig außer der toten Lady.«

»Und dann ist da noch der Mann, der sie gestern abend ausgeführt hat«, fuhr Heath unbeirrt fort. »Offenbar weiß keiner, wie er heißt – einer von diesen diskreten Burschen, die sich gut vorsehen. Ich dachte zuerst, es ist vielleicht Cleaver, aber die Beschreibungen passen nicht ... Und übrigens, Sir, was das Komische daran ist: Als er gestern abend die Odell verlassen hatte, ließ er sich vom Taxi zum Stuyvesant-Club fahren, und dort ist er ausgestiegen.«

Markham nickte. »Darüber weiß ich Bescheid, Sergeant. Und ich weiß auch, wer der Mann war; es war nicht Cleaver.«

Vance kicherte.

»Der Stuyvesant-Club scheint ja in diesem Fall eine bedeutende Rolle zu spielen«, meinte er. »Ich will nur hoffen, daß ihn nicht das gleiche traurige Schicksal ereilt wie den Knickerbocker Athletic.«[2]

Heath ließ sich nicht vom Thema abbringen.

»Wer war es, Mr. Markham?«

Markham zögerte, so als ob er überlegte, ob es ratsam sei, den Sergeant ins Vertrauen zu ziehen. Dann antwortete er: »Ich will Ihnen sagen, wer es ist, aber es bleibt streng vertraulich. Der Mann heißt Kenneth Spotswoode.«

Anschließend erzählte er die Geschichte, wie man ihn vom Mittagessen fortgerufen und wie er mit Spotswoode gesprochen, doch keinerlei nützliche Hinweise bekommen hatte. Er berichtete auch, daß Richter Redfern die Auskünfte des Mannes in allen Punkten bestätigt hatte.

---

2 Vance spielt hier auf den berühmten Mordfall Molineaux an, der im Jahr 1898 das Ende des alten Knickerbocker Athletic Club an der Ecke Madison Avenue und 45. Straße besiegelte. Als jedoch einige Jahre darauf das letzte Stündlein des Stuyvesant schlug, da geschah es aus kommerziellen Motiven. Der Club, der an der Nordseite des Madison Square stand, mußte einem Wolkenkratzer weichen.

»Und da außer Frage steht, daß das Mädchen noch am Leben war, als er ging«, schloß Markham seinen Bericht, »besteht kein Grund, ihn hineinzuziehen. Ich habe ihm mein Wort gegeben, daß ich Stillschweigen bewahre, um seiner Familie willen.«

»Wenn Sie damit zufrieden sind, Sir, dann bin ich es auch«, sagte Heath und klappte sein Notizbuch zu. »Eine Kleinigkeit habe ich noch. Die Odell hat früher in der 110. Straße gewohnt, und Emery hat ihrer alten Vermieterin einen Besuch abgestattet und erfahren, daß dieser Lackaffe, von dem das Dienstmädchen uns erzählt hat, früher häufig bei ihr war.«

»Bevor ich's vergesse, Sergeant –«, Markham griff zu den Notizen, die er sich beim Telefonat mit Inspektor Brenner gemacht hatte. »Hier sind noch ein paar Einzelheiten über den aufgebrochenen Schmuckkasten, vom Professor.«

Heath studierte eifrig den Zettel. »Genau wie ich mir's gedacht habe!« Er nickte zufrieden. »Saubere Profiarbeit – jemand, der sich mit solchen Sachen auskannte.«

Vance reckte sich.

»Aber wenn das so ist«, fragte er, »warum hat dieser erfahrene Einbrecher dann zu dem gänzlich unbrauchbaren Schüreisen gegriffen? Und warum hat er den Wäscheschrank im Wohnzimmer übersehen?«

»Das finde ich alles noch heraus, wenn ich ihn zu fassen kriege, Mr. Vance«, versicherte Heath ihm mit grimmigem Blick. »Und zwar den Burschen mit dem Rüschenhemd und den Glacéhandschuhen. Mit dem möchte ich mich mal in einer hübschen ruhigen Ecke unterhalten.«

»*Chacun à son goût*«, seufzte Vance. »Ich für meinen Teil habe nicht das geringste Bedürfnis, mit dem Mann ins Gespräch zu kommen. Ich kann mir einfach keinen Profi-Einbrecher vorstellen, der eine Stahlkassette mit einem gußeisernen Schürhaken aufstemmen will.«

»Jetzt lassen Sie doch mal Ihren Schürhaken«, brummte Heath. »Er hat den Kasten mit einem Stahlmeißel aufgebrochen; und derselbe Meißel wurde letzten Sommer bei einem Einbruch in der Park Avenue verwendet. Was sagen Sie denn *dazu?*«

»Ah! Das ist es ja gerade, was mich so quält, Sergeant. Denn sehen Sie, wenn es diesen irritierenden Umstand nicht gäbe, dann wäre ich heute nachmittag der fröhlichste Mensch, *sans souci,* und würde mich jetzt am Tee im Claremont laben.«

Der Sekretär kündigte Detective Bellamy an, und Heath sprang von seinem Stuhl auf.

»Bestimmt bringt er Neuigkeiten von den Fingerabdrücken«, prophezeite er hoffnungsvoll.

Bellamy trat ein, mit unbewegter Miene, und ging unmittelbar zum Schreibtisch des Bezirksstaatsanwalts.

»Captain Dubois schickt mich«, sagte er. »Er dachte, Sie wollen sicher den Bericht über die Fingerabdrücke im Fall Odell.« Er holte aus seiner Tasche einen kleinen Umschlag, den er auf ein Zeichen von Markham Heath übergab. »Wir haben sie identifiziert. Beide von derselben Hand, wie Captain Dubois schon vermutet hatte, und zwar der Hand von Tony Skeel.«

»So, so, Tony Skeel, genannt der Dandy, was?« Die Stimme des Sergeants zitterte vor unterdrückter Erregung. »Das hilft uns wirklich weiter, Mr. Markham. Skeel ist einschlägig vorbestraft, ein Künstler auf seinem Gebiet.«

Er öffnete den Umschlag und zog eine längliche Karte und einen blauen Bogen heraus, auf dem acht oder zehn Zeilen mit Schreibmaschine getippt standen. Er studierte die Karte, brummte zufrieden und reichte sie Markham. Vance und ich traten hinzu und sahen sie uns an. Oben auf der Karte befand sich eine Fotografie nach dem üblichen Muster der Verbrecherkarteien, eine Frontal- und eine Profilansicht eines jungen Mannes mit gleichmäßigen Zügen, kräftigem Haar und kantigem Kinn. Die hellen Augen standen weit auseinander, und er trug einen kleinen, gepflegten Schnurrbart mit nadelfein gezwirbelten Enden. Unter den beiden Fotografien folgte in Stichworten eine Beschreibung des Porträtierten, mit Namen, Falschnamen, Adresse, unveränderlichen Kennzeichen und Hinweisen auf die Verbrechenssparten, in denen er zu arbeiten pflegte. Dann folgten zwei Reihen zu je fünf quadratischen Flächen mit den Fingerabdrücken in schwarzer Stempelfarbe – die Abdrücke der rechten Hand in der oberen Reihe, die der linken in der unteren.

»Das ist also der *arbiter elegantiarum,* der das Seidenhemd zum Abendanzug in die Welt brachte! Ich muß schon sagen!« Vance betrachtete die Karteikarte mit spöttischer Miene. »Ich wünschte, er würde auch die Gamasche zum Smoking einführen – im Winter ist die Zugluft in den New Yorker Theatern wirklich unerträglich.«

Heath steckte die Karte wieder in den Umschlag und überflog das zugehörige maschinengeschriebene Blatt.

»Das ist er, Mr. Markham, keine Frage. Hören Sie sich das an: ›Tony Skeel, genannt der Dandy. Zwei Jahre Jugendstrafanstalt Elmira, 1902 bis 1904. Ein Jahr Baltimore County Jail für einfachen Diebstahl, 1906. Drei Jahre San Quentin für tätlichen Angriff und Raub, 1908 bis 1911. In Chicago verhaftet wegen Einbruch, 1912; keine Anklage erhoben. Einbruchdiebstahl in Albany 1913, Freispruch aus Mangel an Beweisen. Zwei Jahre und acht Monate Sing-Sing wegen Einbruchdiebstahl, 1914 bis 1916.«‹ Er faltete das Blatt wieder zusammen und steckte es mit der Karte in seine Brusttasche. »Ganz schöne Liste.«

»Ist das der Knabe, den Sie wollten?« fragte Bellamy, den nichts aus der Ruhe bringen konnte.

»Das will ich meinen!« Heath war geradezu jovial.

Bellamy stand erwartungsvoll da, den Blick ein wenig in Richtung Bezirksstaatsanwalt gewandt; und Markham, als ob ihm plötzlich etwas einfiele, holte eine Zigarrenkiste hervor und bot ihm davon an.

»Herzlichen Dank, Sir«, sagte Bellamy und nahm sich zwei *Mi Favoritas;* und nachdem er sie behutsam in seiner Westentasche verstaut hatte, verabschiedete er sich.

»Ich werde gleich von hier aus anrufen«, sagte Heath, »wenn Sie gestatten, Sir.«

Heath ließ sich die Mordkommission geben.

»Klemmen Sie sich hinter Tony Skeel«, wies er Snitkin an, »– genau, der Dandy –, und zwar *pronto,* und bringen Sie ihn aufs Revier, sobald Sie ihn haben. Holen Sie sich seine Adresse aus den Akten und nehmen Sie Burke und Emery mit. Wenn er sich verdrückt hat, geben Sie Großalarm und halten ihn fest – irgendeiner wird schon was gegen ihn vorliegen haben. Nein, kein Haftbefehl, aber Sie halten ihn fest, verstanden? ... Und noch was. Suchen Sie seine Wohnung nach Einbruchswerkzeugen ab – wahrscheinlich hat er sie irgendwo versteckt –, und besonders brauche ich einen Meißel, vier Zentimeter, mit einer Scharte in der Klinge ... In einer halben Stunde bin ich wieder auf dem Revier.«

Er legte auf und rieb sich die Hände.

»Jetzt läuft die Sache«, freute er sich.

Vance war ans Fenster getreten und blickte hinunter auf die ›Seufzerbrücke‹, die Hände tief in den Taschen vergraben. Nun drehte er sich langsam wieder um und betrachtete Heath mit nachdenklichem Blick.

»Sie werden sehen, das führt zu nichts«, versicherte er ihm noch einmal. »Mag sein, daß Ihr Freund, der Dandy, diese alberne Kiste aufgebrochen hat, aber für den Rest der gestrigen Vorstellung ist sein Kopf einfach nicht gut genug.«

Heath schnaubte verächtlich.

»Ich bin ja zum Glück kein Phrenologe; ich halte mich lieber an die Fingerabdrücke.«

»Ein beklagenswerter Irrtum in Ihrer kriminalistischen Methodik, *sergénte mio*«, säuselte Vance. »Der Übeltäter in diesem Falle wird nicht so leicht zu finden sein, wie Sie sich das ausmalen. Er wird sogar verdammt schwer zu finden sein. Und jener Adonis, der Held der Modewelt, dessen Bild Sie da an Ihrem Herzen tragen, ist nur ein weiterer Stolperstein auf dem Weg dorthin.«

Kapitel X

Eine erzwungene Unterredung
(Dienstag, 11. September, 8 Uhr abends)

Markham aß, wie es seine Gewohnheit war, im Stuyvesant-Club zu Abend und lud Vance und mich ein, ihm weiter Gesellschaft zu leisten – wahrscheinlich mit dem Hintergedanken, daß er, wenn er mit uns zusammen zu Tisch saß, besser vor flüchtigen Bekannten geschützt war – denn er war ganz und gar nicht in der Stimmung, deren Neugier zu befriedigen. Am Spätnachmittag hatte es zu regnen begonnen, und bis wir mit dem Essen fertig waren, war ein gleichmäßiger Landregen daraus geworden, der sich noch gut bis in die Nacht hineinziehen konnte. Als wir uns gestärkt hatten, suchten wir drei uns ein Plätzchen im Salon, wo wir in Ruhe rauchen konnten.

Doch wir saßen noch keine Viertelstunde dort, als ein stämmiger Mann mit fleischigem, rotem Gesicht und schütterem grauem Haar mit gleichmäßigen, selbstsicheren Schritten auf uns zukam und Markham munter einen guten Abend wünschte. Ich hatte den Neuankömmling noch nie gesehen, doch konnte es niemand anderes als Charles Cleaver sein.

»An der Rezeption hat man mir gesagt, Sie wollten mich sprechen.« Die Stimme war merkwürdig sanft für einen Mann seiner Statur; doch unverkennbar schwang etwas Kaltes, Berechnendes darin mit.

Markham erhob sich und stellte ihn, nachdem er ihm die Hand geschüttelt hatte, Vance und mir vor – obwohl er Vance offenbar kein ganz Unbekannter war. Er nahm in dem Sessel Platz, den Markham ihm anbot, holte eine *Corona Corona* hervor und beschnitt sie sorgfältig mit einem goldenen Clipper, den er an der schweren Uhrkette hatte, rollte die Zigarre zwischen den Lippen, um sie anzufeuchten, und schirmte sie dann zum Anzünden dicht mit den Händen ab.

»Ich bitte um Verzeihung, daß ich Ihnen zur Last fallen muß, Mr. Cleaver«, hob Markham an, »aber wie Sie wahrscheinlich gelesen haben, ist letzte Nacht eine junge Frau namens Margaret Odell in ihrer Wohnung in der 71. Straße einem Mord zum Opfer gefallen ...«

Er hielt inne. Er schien unschlüssig, wie er das so offensichtlich heikle Thema am besten angehen sollte, und vielleicht hoffte er, daß Cleaver von sich aus eingestehen würde, daß er das Mädchen gekannt hatte. Doch nicht ein Muskel im Gesicht des Mannes regte sich, und so fuhr Markham denn fort.

»Bei den Erkundigungen, die ich über das Leben der jungen Frau eingezogen habe, erfuhr ich, daß unter anderem auch Sie recht gut mit ihr bekannt waren.«

Wiederum hielt er inne. Cleaver hob die Augenbrauen kaum merklich, erwiderte jedoch nichts.

»Genauer gesagt«, fuhr Markham fort, nun schon ein wenig ärgerlich über die Art, wie sein Gegenüber sich stur stellte, »besagen meine Informationen, daß Sie über einen Zeitraum von fast zwei Jahren häufig mit ihr zusammen gesehen wurden. Der einzige Schluß, den ich aus meinen Berichten ziehen kann, ist, daß Sie mehr als nur ein oberflächliches Interesse an Miss Odell hatten.«

»Ja?« Die Frage kam ebenso unbestimmt wie sanft.

»Ja«, wiederholte Markham. »Und ich darf hinzufügen, Mr. Cleaver, daß dies nicht der Zeitpunkt ist, sich zu verstellen oder etwas zu verbergen. Ich unterhalte mich heute abend mit Ihnen weitgehend *ex officio,* weil ich hoffe, daß ich von Ihnen Dinge erfahren kann, die mir helfen, den Fall zu klären. Sie sollen auch wissen, daß wir einen Mann im Auge haben, den wir der Tat dringend verdächtigen, und wir hoffen ihn binnen kurzem zu fassen. Doch in jedem Falle werden wir Hilfe brauchen, und deshalb habe ich Sie um diese kleine Unterredung hier im Club gebeten.«

»Und womit kann ich Ihnen von Nutzen sein?« Cleavers Miene blieb ausdruckslos; nur seine Lippen bewegten sich, als er die Frage stellte.

»Da Sie die junge Dame ja gut kannten«, erklärte Markham ihm geduldig, »werden Sie zweifellos Dinge wissen – gewisse Fakten, sagen wir, etwas, was sie Ihnen anvertraut hat –, die Licht auf den brutalen Mord werfen können – ein Mord, der das Mädchen offenbar unvermutet traf.«

Cleaver schwieg eine ganze Weile. Er blickte nun die gegenüberliegende Wand an, doch ansonsten änderte sich sein Gesichtsausdruck nicht.

»Ich fürchte, da werde ich Ihnen nicht helfen können«, sagte er am Ende.

»Ihre Haltung ist nicht gerade das, was man von jemandem erwarten würde, der ein reines Gewissen hat«, erwiderte Markham mit einem Unterton von Tadel.

Der Mann betrachtete den Bezirksstaatsanwalt mit einem milde fragenden Blick.

»Was hat die Tatsache, daß ich das Mädchen kannte, mit dem Mord an ihr zu tun? Sie hat mir doch nicht den Namen ihres zukünftigen Mörders genannt. Sie hat mir nicht einmal gesagt, daß sie überhaupt jemanden kannte, der die Absicht hatte, sie zu erdrosseln. Wenn sie es vorhergesehen hätte, hätte sie dem Mord ja wahrscheinlich auch entgehen können.«

Vance saß dicht neben mir, ein wenig von den beiden anderen ab, und nun beugte er sich vor und flüsterte mir *sotto voce* ins Ohr:

»Da ist Markham an einen Juristenkollegen geraten – der Ärmste! ... Daran wird er zu beißen haben.«

Doch so harmlos dies kleine Streitgespräch auch begonnen haben mochte, es entwickelte sich rasch zu einem erbitterten Zweikampf, an dessen Ende Cleavers bedingungslose Kapitulation stand. Markham war bei aller Eleganz und Gewandtheit ein unerbittlicher und raffinierter Gegner, und es dauerte nicht lange, bis er Cleaver zur Preisgabe einiger höchst wichtiger Informationen gezwungen hatte.

Auf die ironisch-ausweichende Antwort des Mannes hatte er sich mit einer abrupten Bewegung vorgelehnt.

»Sie sind hier nicht im Zeugenstand zu Ihrer Verteidigung, Mr. Cleaver«, sagte er scharf, »obwohl das ja allem Anschein nach eine Rolle ist, in der Sie sich gut vorstellen können.«

Cleaver starrte ihn an, erwiderte jedoch nichts; Markham musterte ihn mit zusammengekniffenen Augen, fest entschlossen, aus der phlegmatischen Haltung des Mannes alles herauszulesen, was er nur konnte. Doch Cleaver war offenbar ebenso fest entschlossen, seinem *vis-à-vis* nichts von sich preiszugeben, und das Antlitz, das er Markham bot, war leer wie die Wüste. Nach einer Weile ließ Markham sich wieder in seinen Sessel sinken.

»Im Grunde spielt es ja keine Rolle«, sagte er in gleichgültigem Tonfall, »ob Sie die Sache heute abend mit mir im Club besprechen. Wenn Sie es vorziehen, sich morgen früh von einem Gerichtsdiener mit einer Vorladung in mein Büro bringen zu lassen, dann soll mir das recht sein.«

»Das ist Ihre Sache«, erwiderte Cleaver bissig.

»Und die Reporter sollen selbst sehen, was sie darüber zu berichten haben«, schlug Markham zurück. »Ich werde ihnen die Situation erklären und ihnen das Protokoll der Vernehmung überlassen.«

»Aber ich habe doch überhaupt nichts zu sagen.« Der Tonfall des anderen war nun plötzlich versöhnlich; die Vorstellung, ans Licht der Öffentlichkeit zu müssen, war ihm sichtlich unangenehm.

»Das haben Sie mich ja bereits wissen lassen«, entgegnete Markham kalt. »Und deshalb wünsche ich Ihnen nun einen guten Abend.«

Er wandte sich Vance und mir zu, ganz in der Art eines Mannes, der mit einem unangenehmen Zwischenfall fertig ist.

Doch Cleaver machte keinerlei Anstalten zu gehen. Ein oder zwei Minuten lang rauchte er nachdenklich, dann stieß er ein kurzes, hartes Lachen aus, das die Konturen seines Gesichts nicht im mindesten veränderte.

»Ach, was soll's!« brummte er mit aufgesetzt guter Laune. »Sie haben ganz recht, ich bin ja hier nicht im Zeugenstand ... Was wollen Sie wissen?«

»Ich habe Ihnen gesagt, worum es geht.« Markhams Stimme hatte etwas merkwürdig Gereiztes. »Sie wissen genau, was ich wissen will. Wie hat diese Odell gelebt? Was hatte sie für Bekannte? Wer darunter könnte ein Interesse daran gehabt haben, sie aus dem Wege zu räumen? Hatte sie Feinde? – Alles, was uns helfen könnte, den Mord aufzuklären ... Und außerdem«, fügte er noch mit verdrossener Miene hinzu, »alles, was Sie von dem Verdacht befreit, daß Sie direkt oder indirekt mit der Sache zu tun haben.«

Cleaver erstarrte bei diesen letzten Worten und machte Anstalten, etwas einzuwenden. Doch sofort änderte er wieder seine Taktik. Mit verächtlichem Lächeln holte er eine lederne Brieftasche hervor, entnahm ihr einen zusammengefalteten Zettel und reichte ihn Markham.

»Von dem Verdacht bin ich rasch befreit«, verkündete er selbstsicher. »Hier haben wir ein Strafmandat wegen Geschwindigkeitsüberschreitung aus Boonton, New Jersey. Achten Sie auf Datum und Uhrzeit: 10. September – das war gestern –, 11.30 Uhr abends. Ich war unterwegs nach Hopatcong, und da hat mir gleich hinter Boonton, auf der Straße nach Mountain Lakes, ein Motorradpolizist den Strafzettel verpaßt. Morgen früh muß ich dort vor dem Amtsgericht erscheinen. Verdammt lästig, diese Landpolizisten.« Er bedachte Markham mit einem langen, berechnenden Blick. »Sie könnten das nicht für mich einrenken, oder? Es ist eine lange Fahrt nach New Jersey, und ich habe morgen soviel zu tun.«

Markham, der nur einen flüchtigen Blick auf das Mandat geworfen hatte, steckte es in die Tasche.

»Darum kümmere ich mich für Sie«, sagte er mit freundlichem Lächeln. »Aber nun sagen Sie mir, was Sie wissen.«

Cleaver paffte nachdenklich an seiner Zigarre. Dann lehnte er sich zurück, schlug die Beine übereinander und sprach allem Anschein nach offen.

»Ich kann mir nicht vorstellen, daß ich viel weiß, was Ihnen weiterhelfen wird ... Ich habe den Canary, wie die Leute sie immer genannt haben, gern gehabt; eine Zeitlang habe ich sogar für sie geschwärmt. Habe eine Reihe von Dummheiten gemacht – ihr blödsinnige Briefe geschrieben, als ich letztes Jahr in Kuba war. Hab' mich sogar mit ihr fotografieren lassen, unten in Atlantic City.« Mit einer Grimasse gab er uns zu verstehen, was für ein Dummkopf er gewesen war. »Dann wurde sie kühl, ging auf Distanz; ein paarmal hat sie Verabredungen nicht eingehalten. Ich habe ihr die Meinung gesagt, aber die einzige Antwort war, daß sie Geld von mir wollte ...«

Er hielt inne und betrachtete seine Zigarrenasche. Ein abgrundtiefer Haß funkelte in seinen zusammengekniffenen Augen, und man sah die Anspannung in seinen Gesichtsmuskeln.

»Es hat ja keinen Zweck, es zu verschweigen. Sie hatte die Briefe und alles und hat mich um ein hübsches Sümmchen erleichtert, bevor ich die Sachen zurückhatte ...«

»Wann war das?«

Cleaver zögerte einen Moment lang. »Im Juni«, sagte er dann und fuhr sogleich fort. »Mr. Markham«, sagte er mit bitterer Stimme, »ich will nicht das Ansehen einer Toten in den Schmutz ziehen; aber diese Frau war die kaltblütigste, gerissenste Erpresserin, die mir je in meinem Leben begegnet ist. Und noch eins will ich Ihnen sagen: Ich war nicht der einzige Dummkopf, den sie hat bluten lassen. Da waren noch andere ... Ich weiß zum Beispiel, daß sie den alten Louis Mannix eine schöne Stange Geld gekostet hat – er hat es mir selbst gesagt.«

»Könnten Sie mir Namen von anderen Männern nennen?« fragte Markham und versuchte, seine Erregung zu verbergen. »Von Mannix habe ich schon gehört.«

»Leider nein«, antwortete Cleaver mit bedauernder Stimme. »Ich habe den Canary hier und dort mit verschiedenen Männern gesehen, einen davon in letzter Zeit häufiger. Aber ich kannte sie nicht.«

»Die Mannix-Affäre ist tot und begraben, nehme ich an?«

»Prähistorie. Das wird Ihnen mit Sicherheit nicht weiterhelfen. Aber es gibt andere, die nach Mannix kamen, da würde es sich vielleicht lohnen nachzuforschen – wenn Sie ihnen auf die Spur kommen. Ich persönlich lasse mir von solchen Sachen nicht viel anhaben; ich nehme das Leben, wie es kommt. Aber viele Männer würden den Kopf verlieren, wenn sie mit ihnen genauso umgesprungen ist wie mit mir.«

Entgegen dieser Beteuerung schien mir Cleaver ganz und gar nicht die Art von Mann, die das Leben leichtnimmt; für meine Begriffe war er ein kalter, egozentrischer, emotionsloser Mensch, hinter dessen Reglosigkeit sich stets Taktik und Berechnung verbargen.

Markham musterte ihn eingehend.

»Sie meinen also, der Täter war ein enttäuschter Bewunderer, der sie aus Rache umbrachte?«

Cleaver dachte eine Weile nach, bevor er antwortete.

»Das scheint mir die naheliegende Erklärung«, sagte er am Ende. »Das konnte man kommen sehen.«

Einen Augenblick lang herrschte Schweigen, dann fragte Markham:

»Wissen Sie vielleicht etwas von einem jungen Mann, für den sie sich interessierte? Gutaussehend, klein, blonder Schnurrbart, hellblaue Augen – ein gewisser Skeel?«

Cleaver schnaufte verächtlich.

»Das würde aber gar nicht zum Canary passen – die jungen Männer waren vor ihr sicher, soviel ich weiß.«

Ein Page kam heran und verbeugte sich vor Cleaver.

»Verzeihen Sie die Störung, Sir, aber wir haben einen Telefonanruf für Ihren Bruder. Der Anrufer sagt, es sei dringend, und Ihr Bruder ist nicht im Hause; der Telefonist läßt fragen, ob Sie vielleicht wissen, wo er zu finden ist.«

»Woher soll ich das wissen?« schnauzte Cleaver den Jungen an. »Belästigen Sie mich mit so was nicht!«

»Ihr Bruder ist in der Stadt?« erkundigte Markham sich beiläufig. »Ich habe ihn vor Jahren einmal kennengelernt. Er lebt in San Francisco, nicht wahr?«

»Ja – verrückter Kalifornier. Ist für vierzehn Tage hier in New York, damit er weiß, was er an Frisco hat, wenn er wieder zurück ist.«

Ich hatte den Eindruck, daß er diese Antwort nur widerstrebend gab, und mir schien auch, daß es Cleaver, aus welchem Grund auch immer, peinlich war. Doch Markham schien so mit den anstehenden Fragen beschäftigt, daß ihm die Verlegenheit seines Gegenübers gar nicht auffiel, denn er kehrte sogleich zum Thema des Mordes zurück.

»Ich habe durch Zufall erfahren, daß ein bestimmter Mann sich in letzter Zeit für die Odell interessiert hat; vielleicht ist das der Mann, mit dem Sie sie gesehen haben – groß, um die fünfundvierzig, mit einem grauen, kurzgetrimmten Schnurrbart.« (Ich wußte, daß er Spotswoode beschrieb.)

»Das ist er«, bestätigte Cleaver. »Noch letzte Woche habe ich sie zusammen bei Mouquin's gesehen.«

Markham machte ein enttäuschtes Gesicht.

»Den haben wir leider schon von der Liste streichen müssen ... Aber es muß jemanden geben, den das Mädchen ins Vertrauen gezogen hatte. Strengen Sie Ihr Gedächtnis an – sind Sie sicher, daß Sie nicht noch jemanden wissen?«

Allem Anschein nach überlegte Cleaver.

»Wenn es nur um jemanden geht, dem sie vielleicht etwas anvertraut hat«, sagte er, »käme noch Dr. Lindquist in Betracht – Ambroise heißt er, glaube ich, mit Vornamen; wohnt nicht weit von der Lexington Avenue, 40. Straße oder so etwas. Ob Sie etwas mit ihm anfangen können, kann ich nicht sagen, aber es gab einmal eine Zeit, da waren die beiden viel zusammen.«

»Sie meinen, dieser Dr. Lindquist sei mehr als nur ihr Arzt gewesen?«

»Das kann ich nicht beurteilen.« Cleaver rauchte eine Weile schweigend, so als ob er in Gedanken die Situation abwäge. »Ich kann Ihnen jedenfalls die Fakten nennen: Lindquist ist einer dieser exklusiven Gesellschaftsärzte – er bezeichnet sich als Neurologen –, und ich glaube, er steht so einer Art Sanatorium für nervenleidende Frauen vor. Er muß vermögend sein, und sein gesellschaftliches Ansehen ist natürlich entscheidend für seinen Erfolg – genau die Art von Mann, die der Canary sich als sichere Einkommensquelle ausgesucht hätte. Und eins weiß ich: Er hat sie wesentlich häufiger aufgesucht, als man bei einem solchen Arzt normal finden würde. Ich bin ihm einmal in ihrer Wohnung begegnet; sie stellte uns vor, und er hielt es nicht einmal für nötig, höflich zu sein.«

»Zumindest lohnt es sich, der Sache nachzugehen«, erwiderte Markham, doch ohne große Zuversicht. »Sonst fällt Ihnen niemand mehr ein, der noch etwas wissen könnte, was uns weiterhilft?«
Cleaver schüttelte den Kopf.
»Nein – niemand.«
»Und sie hat Ihnen gegenüber nie erwähnt, daß sie in Schwierigkeiten war oder sich vor jemandem fürchtete?«
»Kein Wort. Die Nachricht traf mich völlig unerwartet. Ich lese keine Zeitungen außer der Morgenausgabe des *Herald* – und die Rennzeitung am Abend natürlich. Und da heute morgen noch nichts drinstand, habe ich es erst kurz vor Mittag gehört. Die Jungs im Billardzimmer sprachen davon, und dann bin ich hinausgegangen und habe mir eine Nachmittagszeitung angesehen. Sonst hätte ich es womöglich erst morgen früh erfahren.«
Markham diskutierte noch bis halb neun mit ihm über den Fall, konnte ihm jedoch keine weiteren brauchbaren Informationen mehr entlocken. Schließlich erhob Cleaver sich, um sich zu verabschieden.
»Tut mir leid, daß ich Ihnen keine große Hilfe war«, sagte er. Sein rosiges Gesicht strahlte nun, und er schüttelte Markham die Hand, als sei er sein bester Freund.
»Sie haben den schmierigen alten Gauner recht ordentlich ins Gebet genommen«, meinte Vance, als Cleaver fort war. »Aber irgend etwas stimmt mit dem Burschen nicht. Im einen Augenblick ganz Pokerface, im nächsten regelrecht vertrauensselig – der Wechsel kam zu plötzlich. Verdächtig plötzlich, könnte man sagen. Vielleicht bin ich voreingenommen, aber wie ein Fels der Wahrheit kam er mir nicht vor. Kann sein, daß es einfach nur seine kalten Fischaugen sind, die mir nicht gefallen – jedenfalls paßten sie nicht zu all der Offenherzigkeit, die er uns vorgaukeln wollte.«
»Ein wenig Nachsicht müssen wir haben«, meinte Markham milde. »Bedenken Sie, wie peinlich seine Lage ist. Es ist ja nicht gerade angenehm, wenn man gestehen muß, wie ein leichtes Mädchen einen hereingelegt und ausgenommen hat.«
»Aber wenn er im Juni seine Briefe zurückbekommen hat, warum hat er der jungen Dame dann weiter seine Besuche abgestattet? Nach Heath' Berichten war er ja auf diesem Felde aktiv bis zuletzt.«
»Vielleicht ist er einfach der perfekte Liebhaber«, schlug Markham mit einem Lächeln vor.
»So in der Art von Abra, was? –

›Abra war bereit, eh' ihr Name noch fiel;
Und rief ich auch andre, Abra kam stets.‹«

»Immerhin hat er uns Dr. Lindquist genannt. Vielleicht werden wir von dem etwas Neues erfahren.«

»Ganz recht«, stimmte Vance zu. »Und das ist so ziemlich das einzige an all seinen Herzensoffenbarungen, auf das ich auch nur das mindeste geben würde, denn es war der einzige Punkt, bei dem er eine angemessene Zurückhaltung an den Tag legte … Ich würde raten, diesen Äskulap des schönen Geschlechts unverzüglich aufzusuchen.«

»Ich bin hundemüde«, wandte Markham ein. »Lassen Sie uns doch bis morgen warten.«

Vance warf einen Blick auf die große Uhr über dem Kaminsims.

»Ich gebe zu, es ist nicht mehr ganz früh, doch warum sollen wir nicht den Rat des Pitticus befolgen und die flüchtige Zeit bei der Stirnlocke fassen?

›Denn dem entgeht das flücht'ge Glück,
der es nicht packt beim Schopf.
Die Göttin der Gelegenheit ist kahl am Hinterkopf.‹

Obwohl schon der ältere Cato dies Diktum Cowleys vorwegnahm. In seinen ›Disticha de Moribus‹ schrieb er: *Fronte capillata* —«

»Auf!« kommandierte Markham. »Alles ist besser als Ihre Gelehrsamkeit.«

Kapitel XI

Auf der Suche nach Aufschluß
(Dienstag, 11. September, 9 Uhr abends)

Zehn Minuten darauf schellten wir an der Tür eines stattlichen alten Brownstone-Hauses an der 44. Straße.

Ein prachtvoll livrierter Diener öffnete, und Markham überreichte seine Karte.

»Bringen Sie die sogleich dem Doktor, und sagen Sie, es ist dringend.«

»Der Doktor beendet eben sein Abendessen«, erwiderte der herrschaftliche Haushofmeister und führte uns in ein verschwenderisch möbliertes Empfangszimmer mit schweren, bequemen Polstersesseln, Seidenvorhängen und gedämpftem Licht.

»Ganz wie man sich das Serail eines Gynäkologen vorstellt«, meinte Vance, nachdem er sich umgesehen hatte. »Ich bin sicher, die Erscheinung des Paschas wird nicht weniger stattlich und elegant sein.«

Die Voraussage erwies sich als zutreffend. Dr. Lindquist betrat den Raum wenige Augenblicke darauf, die Visitenkarte des Bezirksstaatsanwaltes in der Hand, als sei sie in unverständlichen Hieroglyphen geschrieben. Er war ein großgewachsener Mann Ende vierzig mit wirrem Haar und buschigen Augenbrauen. Das Gesicht, unnatürlich bleich, war länglich, und auch wenn seine Züge nicht ebenmäßig waren, hätte man ihn doch ohne weiteres als gutaussehend bezeichnet. Er war im Abendanzug und bewegte sich mit der bewußten Präzision eines Mannes, der allzusehr von sich eingenommen ist. Er nahm an einem mit Schnitzereien verzierten Schreibtisch aus Mahagoni Platz und warf Markham einen höflich fragenden Blick zu.

»Was verschafft mir die Ehre Ihres Besuches?« fragte er mit geübt melodischer Stimme, wobei er bei jedem einzelnen Wort geradezu zärtlich verweilte. »Sie können von Glück sagen, daß Sie mich hier angetroffen haben«, fuhr er fort, bevor Markham antworten konnte. »Ich stehe für Konsultationen sonst nur nach Vereinbarung zur Verfügung.« Man hatte den Eindruck, daß er ein wenig gekränkt war, weil er uns so formlos hatte empfangen müssen.

Markham, dem jede Umständlichkeit und alles Sich-Zieren verhaßt waren, kam gleich zur Sache.

»Wir sind nicht hier, um Ihren Rat als Arzt einzuholen, Doktor; es handelt sich um eine ehemalige Patientin, über die ich mit Ihnen sprechen möchte – eine Miss Margaret Odell.«

Dr. Lindquist betrachtete mit versonnener Miene den goldenen Briefbeschwerer, der vor ihm stand.

»Ah ja. Miss Odell. Gerade eben habe ich von ihrem gewaltsamen Ende gelesen. Eine außerordentlich unglückliche, tragische Angelegenheit ... Und in welcher Hinsicht kann ich Ihnen behilflich sein? – Sie wissen natürlich, daß zwischen Arzt und Patient ein Vertrauensverhältnis besteht, das zum Stillschweigen verpflichtet –«

»Ich verstehe das durchaus«, versicherte Markham ihm knapp. »Andererseits verpflichtet das Gesetz auch jeden Bürger, die Behörden in ihrer Arbeit zu unterstützen, einen Mörder seiner gerechten Strafe zuzuführen. Und wenn Sie etwas zu sagen haben, was mir dabei helfen kann, dann erwarte ich von Ihnen auch, daß Sie es sagen.«

Der Doktor hob leicht die Hand in höflichem Protest.

»Aber gewiß werde ich alles tun, was in meiner Macht steht, Ihnen zu helfen. Doch zunächst einmal müssen Sie mir sagen, was Sie sich von mir erhoffen.«

»Es hat keinen Sinn, um die Sache herumzureden, Doktor«, erwiderte Markham. »Ich weiß, daß Miss Odell schon seit längerem bei Ihnen in Behandlung war, und ich weiß, daß es sehr gut möglich, ja geradezu wahrscheinlich ist, daß sie mit Ihnen über bestimmte persönliche Dinge gesprochen hat, die unmittelbar mit ihrem Tod zu tun haben.«

»Aber mein lieber Mr. –«, Dr. Lindquist warf demonstrativ einen Blick auf die Visitenkarte, »ähm – Markham, mein Verhältnis zu Miss Odell war rein beruflicher Natur.«

»Mir ist allerdings zu Ohren gekommen«, bohrte Markham weiter, »daß, auch wenn im engeren Sinne sicher wahr ist, was Sie sagen, es doch etwas – nun, sagen wir – Informelles in Ihrer Beziehung gab. Vielleicht könnte man es so formulieren – daß Ihr berufliches Interesse in diesem Falle über das rein Wissenschaftliche hinausging.«

Ich hörte ein leises Glucksen von Vance, und auch ich konnte ein Lächeln über die umständliche und weitschweifige Art, mit der Markham seinen Vorwurf vorbrachte, kaum unterdrücken. Doch Dr. Lindquist ließ sich davon, wie es schien, nicht aus der Ruhe bringen. Er setzte eine freundlich versonnene Miene auf und antwortete:

»Es soll nicht der Eindruck entstehen, daß ich etwas vor Ihnen verberge, und ich will Ihnen eingestehen, daß ich während meiner recht langwierigen Behandlung dieses Falles eine gewisse – sagen wir – väterliche Zuneigung zu der jungen Dame entwickelte. Aber ich möchte bezweifeln, daß sie diese Gefühle meinerseits auch nur bemerkte.«

Vance' Mundwinkel zuckten ein wenig. Er saß mit halbgeschlossenen Augen dabei, beobachtete den Doktor jedoch mit aufmerksamem Amüsement.

»Und sie hat Ihnen wirklich nie von persönlichen oder privaten Dingen erzählt, die ihr Sorgen machten?« bohrte Markham weiter.

Dr. Lindquist legte die Fingerspitzen aneinander und schien die Frage sorgfältig zu überdenken.

»Nein. Soweit ich mich entsinne, hat sie nicht ein einziges Mal über solche Dinge gesprochen.« Er sprach in ruhigem, weltmännischem Ton. »Ich habe natürlich eine gewisse Vorstellung davon, wie sie gelebt hat; aber die Einzelheiten, das werden Sie einsehen, gingen mich als medizinischen Berater nicht das mindeste an. Nach meiner Diagnose waren ihre nervösen Störungen auf Schlafmangel, übergroße Erregung sowie unregelmäßige und zugleich zu üppige Ernährung zurückzuführen – die ganze Art eben, wie sie, wie der Volksmund sagt, ›aus dem Vollen lebte‹. Die moderne Frau in der Hektik unserer heutigen Zeit –«

»Wann, wenn ich fragen darf, haben Sie sie zuletzt gesehen?« unterbrach Markham ungeduldig.

Die Miene des Doktors zeigte die größte Überraschung.

»Wann ich sie zuletzt gesehen habe? ... Lassen Sie mich überlegen.« Offenbar konnte er sich dieser letzten Begegnung nur noch mit größter Anstrengung entsinnen. »Vor vierzehn Tagen vielleicht – es kann auch länger her sein. Ich weiß es wirklich nicht mehr ... Soll ich in meinen Akten nachsehen?«

»Das ist nicht nötig«, sagte Markham. Er hielt einen Moment lang inne, dann sah er den Doktor mit entwaffnend freundlicher Miene an. »Und dies letzte Mal, war das ein väterlicher oder nur ein Besuch beruflicher Natur?«

»Beruflich natürlich.« Dr. Lindquists Augen blickten teilnahmslos, mit nur einem Anflug von Interesse; doch hatte ich den Eindruck, daß sein Gesicht alles andere als der unzensierte Spiegel seiner Gedanken war.

»Fand das Treffen hier statt oder in ihrer Wohnung?«

»Ich glaube, ich habe sie in ihrer Wohnung aufgesucht.«

»Sie haben sie, wie ich höre, häufig aufgesucht, Doktor, und das zu recht ungewöhnlichen Zeiten ... Ist das denn mit Ihrer sonstigen Praxis in Einklang zu bringen, Patienten nur nach vorheriger Vereinbarung zu empfangen?«

Markhams Ton war freundlich, doch die Art der Frage verriet mir, daß die heuchlerisch-nichtssagende Art des Mannes ihn schwer verärgert hatte und daß er überzeugt war, daß der Doktor ihm absichtlich etwas Wichtiges vorenthielt.

Doch bevor Dr. Lindquist antworten konnte, erschien der Butler in der Tür und wies schweigend auf einen Telefonapparat, der auf einem Tischchen neben dem Schreibtisch stand. Mit einer überschwenglichen Entschuldigung wandte der Doktor sich ab und griff zum Hörer.

Vance nutzte die Gelegenheit, kritzelte etwas auf einen Zettel und steckte ihn heimlich Markham zu.

Nachdem er sein Telefonat beendet hatte, richtete Dr. Lindquist sich grimmig in seinem Sessel auf und fixierte Markham mit eiskaltverächtlichem Blick.

»Ist es die Aufgabe eines Bezirksstaatsanwaltes«, fragte er hochmütig, »einen angesehenen Mediziner mit unverschämten Andeutungen zu kränken? Ich wußte nicht, daß es ungesetzlich ist – oder auch nur ungewöhnlich –, daß ein Arzt seine Patienten besucht.«

»Im *Augenblick*« – Markham betonte dies – »spreche ich nicht von Verletzungen des Gesetzes Ihrerseits; doch da Sie selbst auf etwas zu sprechen kommen, auf das ich, das versichere ich Ihnen, nicht hinauswollte – wären Sie da wohl so freundlich, mir, nur der Form halber, zu verraten, wo Sie gestern abend zwischen elf Uhr und Mitternacht waren?«

Die Wirkung dieser Frage war verblüffend. Dr. Lindquist war mit einem Male angespannt wie ein Drahtseil. Er erhob sich, langsam und steif, und funkelte den Bezirksstaatsanwalt mit einem abgrundtiefen Haß an. Seine samtene Maske war von ihm abgefallen, und unter dem mit Mühe im Zaum gehaltenen Zorn entdeckte ich eine andere Regung: Hinter seinem Gesichtsausdruck verbarg sich Furcht und hinter der Wut eine tiefe Unsicherheit.

»Wo ich den gestrigen Abend verbracht habe geht Sie nichts an.« Er brachte die Worte nur unter Mühen hervor und atmete schwer.

Markham wartete ab, allem Anschein nach unbewegt, den Blick fest auf den bebenden Mann geheftet. Diese Ruhe und Sicherheit brachte sein Gegenüber auch noch um die letzte Selbstbeherrschung.

»Wie kommen Sie dazu, in mein Haus einzudringen, und dazu mit Ihren unverschämten Anschuldigungen?« brüllte er. Sein Gesicht, auf dem sich nun rote Flecken zeigten, war gräßlich verzerrt; seine Hände zuckten, und er zitterte am ganzen Leibe. »Hinaus – Sie und Ihre zwei Schergen! Aus dem Haus, bevor ich Sie hinauswerfen lasse!«

Markham, nun selbst in Wut, wollte etwas erwidern, doch Vance faßte ihn am Arm.

»Der Doktor möchte Ihnen sanft zu verstehen geben, daß Sie jetzt besser gehen sollten«, sagte er. Und mit verblüffender Geschwindigkeit drehte er Markham um seine Achse und führte ihn mit fester Hand hinaus.

Im Taxi, das uns zurück in den Club brachte, gluckste Vance vergnügt vor sich hin.

»Das war ja wirklich ein Prachtexemplar. Paranoid. Oder wahrscheinlich eher manisch-depressiv – Typus *folie circulaire,* Anfälle manischer Erregung im Wechsel mit Phasen vollkommen klaren Verstands. Jedenfalls gehören die Störungen des Doktors in die Kategorie der Psychosen – Krankheiten, die mit dem sich entwickelnden oder schwindenden Sexualtrieb zusammenhängen. Genau das Alter, in dem so etwas auftritt. Ein Neurotiker, nichts anderes ist unser aalglatter Hippokrates. Wenn Sie noch einen Augenblick länger geblieben wären, hätte er auf Sie eingeschlagen ... Glauben Sie mir! Sie können von Glück sagen, daß ich Sie da herausgebracht habe. Solche Burschen sind etwa so harmlos wie eine Klapperschlange.«

Er schüttelte übermütig den Kopf.

»Wissen Sie, Markham, mein Alter«, fügte er hinzu, »Sie sollten wirklich mehr Zeit darauf verwenden, die Schädelformen Ihrer Mitmenschen zu studieren – *vultus est index animi.* Ist Ihnen vielleicht die breite, eckige Stirn des Gentleman aufgefallen, die ungleichmäßigen Augenbrauen, die hellen, leuchtenden Augen und die abstehenden Ohren mit den dünnen oberen Rändern, den spitzen Ecken und gefurchten Läppchen? ... Ein schlauer Bursche, unser Ambroise – aber in moralischer Hinsicht ein Kind. Hüten Sie sich vor solchen pseudo-pyriformen Gesichtern, Markham; überlassen Sie ihre apollonisch-griechische Suggestivität den unverstandenen Frauen.«

»Aber ich wüßte ja doch gerne, was er weiß«, brummte Markham.

»Oh, etwas weiß er mit Sicherheit! Ich wünschte, wir wüßten es auch – dann wären wir mit unseren Ermittlungen ein gutes Stück weiter. Immerhin können wir sagen, daß die Information, die er zurückhält, ihn selbst betrifft und daß er nicht in vorteilhaftem Licht dabei steht. Seine Euphorie hat einen leichten Schlag bekommen. Er hat dick aufgetragen, als er uns den Grandseigneur vorspielte; sein zorniger Abschiedsgruß war der wahre Ausdruck seiner Gefühle.«

»Tja«, stimmte Markham zu. »Die Frage nach gestern abend – das war wie eine Sprengladung. Was hat Sie auf die Idee gebracht, daß ich ihn danach fragen soll?«

»Dies und das – die überflüssige und offensichtlich unwahre Behauptung, er habe eben erst von dem Mord erfahren; der durch und durch unaufrichtige Lobgesang auf die Heiligkeit seiner ärztlichen Schweigepflicht; das pinscherhafte Geständnis seiner väterlichen Gefühle für das Mädchen; die Mühen, die er hatte, sich zu entsinnen, wann er sie zuletzt gesehen hatte – ich glaube, dies letztere erregte mein ganz besonderes Mißtrauen; und dann die physiognomischen Züge, die ganz den Psychopathen verrieten.«

»Nun«, konstatierte Markham, »auf alle Fälle hat die Frage ihre Wirkung getan ... Ich habe das sichere Gefühl, daß ich diesen Modedoktor wiedersehen werde.«

»Das werden Sie«, versicherte ihm Vance. »Wir trafen ihn unvorbereitet. Doch wenn er erst einmal Zeit gehabt hat, sich die Sache zu überlegen und eine hübsche Geschichte für uns auszudenken, dann werden Sie sich vor seinem Mitteilungsdrang kaum retten können. Na, wie dem auch sei, für heute haben wir genug getan, und bis morgen früh können Sie Schäfchen zählen.«

Doch der Abend, soweit er die Odell-Affäre betraf, war noch nicht vorüber. Wir hatten uns kaum im Salon des Clubs niedergelassen, als ein Mann an unserer Ecke vorüberkam und sich höflich zu Markham hin verneigte. Zu meiner Überraschung erhob Markham sich, begrüßte ihn und bat ihn, sich zu uns zu setzen.

»Ich wollte Sie gern noch etwas fragen, Mr. Spotswoode«, sagte er, »wenn Sie einen Augenblick Zeit haben.«

Als der Name fiel, betrachtete ich den Mann eingehender, denn ich muß eingestehen, daß ich recht neugierig war, wer denn dieser unbekannte Begleiter war, der am Vorabend das Mädchen zum Essen und ins Theater ausgeführt hatte. Spotswoode war der typische Aristokrat aus Neuengland, steif, langsam in seinen Bewegungen, zurückhaltend, unauffällig und doch elegant gekleidet. Haar und Schnurrbart waren schon leicht ergraut – was zweifellos das Gesicht roter erscheinen ließ, als es in Wirklichkeit war. Er war etwa eins achtzig groß, wohlproportioniert, wenn auch ein wenig kantig.

Markham stellte ihn Vance und mir vor und erklärte ihm, daß wir ihm bei seinen Ermittlungen behilflich seien und daß er es für vernünftig gehalten habe, uns ganz ins Vertrauen zu ziehen.

Spotswoode warf ihm einen gequälten Blick zu, verneigte sich jedoch gleich darauf zum Zeichen, daß er seine Entscheidung akzeptierte.

»Ich habe mich ganz in Ihre Hände gegeben, Mr. Markham«, erwiderte er mit gebildeter, allerdings ein wenig hoher Stimme, »und selbstverständlich bin ich mit allem einverstanden, was Sie für ratsam halten.« Er wandte sich Vance zu und lächelte entschuldigend. »Ich bin in einer recht unangenehmen Lage, und da nimmt man manches schwerer, als man sollte.«

»Was mich angeht, ich neige eher zum Antinomistischen«, antwortete Vance aufmunternd. »Jedenfalls bin ich kein Moralist, und meine Einstellung zu dieser Sache ist rein akademisch.«

Spotswoode lachte leise.

»Ich wünschte, meine Familie hätte einen so aufgeklärten Standpunkt; aber ich glaube nicht, daß dort meine Schwächen so tolerant aufgenommen werden.«

»Es ist nur fair, Mr. Spotswoode«, schaltete Markham sich ein, »wenn ich Sie warne, daß ich Sie eventuell doch als Zeugen vorladen muß.«

Der Mann blickte auf, seine Miene verfinsterte sich, doch sagte er nichts.

»Wir stehen kurz vor einer Verhaftung«, fuhr Markham fort, »und ich brauche vielleicht Ihre Aussage, um den Zeitpunkt zu bestimmen, zu dem Miss Odell in ihre Wohnung zurückkehrte, und außerdem, um den Umstand zu bestätigen, daß sich wahrscheinlich jemand in dieser Wohnung verbarg, als Sie gingen. Ihre Schreie und der Hilferuf, den Sie gehört haben, sind vielleicht das entscheidende Beweismaterial, das eine Verurteilung ermöglicht.«

Spotswoode schien entsetzt bei dem Gedanken, daß seine Beziehung zu dem Mädchen nun doch noch an die Öffentlichkeit kommen könnte, und ein paar Minuten lang saß er nur da, den Blick abgewandt.

»Ihr Argument sehe ich ein«, sagte er schließlich. »Aber es wäre entsetzlich für mich, wenn meine Eskapaden bekannt würden.«

»Vielleicht läßt es sich ja doch noch vermeiden«, machte Markham ihm Mut. »Ich verspreche Ihnen, daß Sie nur vorgeladen werden, wenn es wirklich unvermeidlich ist ... Aber was ich Sie eigentlich fragen wollte, ist folgendes: Kennen Sie einen Dr. Lindquist, der, wie ich höre, Miss Odells Hausarzt war?«

Spotswoode war sichtlich verblüfft. »Den Namen habe ich noch nie gehört«, erwiderte er. »Miss Odell hat überhaupt nie von einem Arzt gesprochen.«

»Und haben Sie jemals bei ihr den Namen Skeel gehört ... oder hat sie einmal von jemandem namens Tony gesprochen?«

»Nie«, sagte er mit Nachdruck.

Markham verfiel in ein enttäuschtes Schweigen. Auch Spotswoode sagte nichts mehr; er saß da und schien in Tagträume versunken.

»Wissen Sie, Mr. Markham«, sagte er nach einer ganzen Weile, »ich sollte mich ja schämen, das zuzugeben, aber die Wahrheit ist – ich habe das Mädchen wirklich gern gehabt. Ich nehme an, die Wohnung ist noch, wie sie war ...« Er zögerte, dann bekam sein Blick etwas beinahe Flehendes. »Ich möchte die Wohnung noch einmal sehen, wenn das möglich ist.«

Markham betrachtete ihn mitfühlend, doch am Ende schüttelte er den Kopf.

»Das geht nicht. Der Telefonist würde Sie mit Sicherheit erkennen – vielleicht wäre auch ein Zeitungsreporter da –, und dann könnte ich Sie nicht mehr aus der Sache heraushalten.«

Der Mann machte ein enttäuschtes Gesicht, protestierte jedoch nicht; wiederum herrschte minutenlang Schweigen. Dann erhob Vance sich ein wenig in seinem Sessel.

»Sagen Sie, Mr. Spotswoode, ist Ihnen vielleicht in der halben Stunde, die Sie gestern nach dem Theater noch bei Miss Odell waren, etwas Ungewöhnliches aufgefallen?«

»Ungewöhnlich?« Spotswoodes Verblüffung war offensichtlich. »Ganz im Gegenteil. Wir plauderten ein wenig, doch sie schien müde, und so verabschiedete ich mich und ging; wir verabredeten uns für heute zum Mittagessen.«

»Und doch deutet alles darauf hin, daß ein weiterer Mann sich in der Wohnung versteckt hielt, als Sie dort waren.«

»Es kann kaum anders gewesen sein«, stimmte Spotswoode ihm zu, und ein leichter Schauder überlief ihn. »Ihre Schreie wären dann das Anzeichen, daß er, schon kurz nachdem ich gegangen war, aus seinem Versteck hervorkam.«

»Und Sie haben nichts dergleichen befürchtet, als Sie Miss Odell um Hilfe rufen hörten?«

»Anfangs schon – das war ja nur natürlich. Doch als sie mir sagte, es sei alles in Ordnung und ich solle nach Hause gehen, habe ich mir gedacht, daß sie wohl einen Alptraum gehabt hatte. Sie war müde gewesen, und als ich ging, saß sie in dem Korbstuhl neben der Tür; und da die Schreie aus dieser Ecke zu kommen schienen, schloß ich natürlich, daß sie eingenickt war und im Schlaf geschrieen hatte … Wenn ich es mir da nur nicht so leicht gemacht hätte!«

»Eine verteufelte Lage.« Vance schwieg eine Weile; dann fragte er: »Ist Ihnen vielleicht zufällig die Wandschranktür im Wohnzimmer aufgefallen? War sie offen oder geschlossen?«

Spotswoode runzelte die Stirn, so als wolle er sich das Bild vor sein inneres Auge rufen; doch die Mühen führten zu nichts.

»Ich glaube, sie war geschlossen. Wenn sie offengestanden hätte, wäre mir das sicher aufgefallen.«

»Dann wissen Sie wohl auch nicht, ob der Schlüssel im Schloß steckte oder nicht?«

»Lieber Himmel, nein! Ich hätte nicht einmal gewußt, ob sie überhaupt ein Schloß hat.«

Der Fall wurde noch eine halbe Stunde lang diskutiert; dann entschuldigte Spotswoode sich und ging.

»Merkwürdig«, sagte Markham nachdenklich, »wie ein so gebildeter Mann sich ausgerechnet zu so einem Schmetterling hingezogen fühlt, der nichts im Kopf hatte.«

»Ich finde das ganz natürlich«, erwiderte Vance … »Markham, Sie sind und bleiben ein unverbesserlicher Moralist.«

Kapitel XII

Ein Indizienbeweis
(Mittwoch, 12. September, 9 Uhr morgens)

Der folgende Tag, der Mittwoch, war nicht nur der Tag, an dem die Ermittlungen im Fall Odell einen großen und allem Anschein nach entscheidenden Schritt vorankamen; es war auch der Tag, mit dem Vance' aktive Teilnahme an diesen Ermittlungen begann. Die psychologischen Aspekte des Falls interessierten ihn so sehr, daß er nicht mehr lockerließ, und auch nach den ersten Erfolgen der Polizei war er überzeugt davon, daß sich eine wirkliche Aufklärung niemals mit deren Routinemethoden erreichen ließe. Er hatte Markham gebeten, ihn kurz vor neun Uhr abzuholen, und wir waren direkt zum Büro der Bezirksstaatsanwaltschaft gefahren.

Heath erwartete uns schon ungeduldig. Sein Eifer und der nur mühsam unterdrückte Triumph kündigten gute Neuigkeiten an.

»Die Sache entwickelt sich prächtig«, verkündete er, als wir Platz genommen hatten. Er selbst war viel zu aufgekratzt, um sich hinzusetzen; er stand vor Markhams Schreibtisch und rollte eine dicke schwarze Zigarre zwischen den Fingern. »Wir haben den Dandy – sechs Uhr gestern abend haben wir ihn geschnappt – und zwar im richtigen Moment. Einer von den Streifenpolizisten, ein Mann namens Reilly, der auf der Sixth Avenue auf Höhe der 30. Straße patrouillierte, sah ihn von der Straßenbahn springen und zu McAnernys Pfandleihe gehen. Reilly gibt sofort dem Verkehrspolizisten an der Ecke ein Zeichen und folgt dann dem Dandy zu McAnerny. Es dauert nicht lange, da kommt der Verkehrspolizist zusammen mit einem zweiten Schutzmann, den er sich noch zur Verstärkung geholt hat, dazu – und zusammen erwischen die drei unseren schicken Freund dabei, wie er gerade diesen Ring hier versetzen will.«

Er warf einen quadratischen Diamant-Solitär in filigraner Platinfassung auf den Tisch des Bezirksstaatsanwalts.

»Ich war auf der Wache, als sie ihn anschleppten, und habe Snitkin gleich mit dem Ring nach Harlem geschickt, um zu sehen, was das

Dienstmädchen dazu sagt, und sie sagt, er hat zum Schmuck der Odell gehört.«

»Aber er gehörte nicht zur *bijouterie* der jungen Dame am fraglichen Abend, nicht wahr, Sergeant?« fragte Vance wie nebenbei.

Heath fuhr herum und beobachtete ihn mißtrauisch.

»Und wenn nicht? Wenn der Ring nicht aus dem aufgebrochenen Schmuckkasten stammt, dann bin ich Ben Hur.«

»Natürlich stammt er aus dem Kasten«, murmelte Vance und verfiel dann in dumpfes Brüten.

»Und das ist eben unser Glück«, verkündete Heath und wandte sich wieder Markham zu. »Es beweist, daß Skeel unmittelbar mit dem Raubmord zu tun hat.«

»Was hat Skeel dazu zu sagen?« Markham lehnte sich gespannt nach vorn. »Sie haben ihn doch sicher verhört.«

»Das will ich meinen«, erwiderte der Sergeant. Aber sein Ton klang doch bedrückt. »Wir haben ihn die ganze Nacht bearbeitet. Und er erzählt uns immer wieder die gleiche Geschichte: Er sagt, das Mädchen habe ihm den Ring vorige Woche geschenkt, und danach habe er sie erst vorgestern nachmittag wiedergesehen. Zwischen vier und fünf sei er bei ihr in der Wohnung gewesen – Sie werden sich erinnern, daß das Dienstmädchen zu dieser Zeit aus dem Haus war –, und er sei durch die Seitentür gekommen und habe das Haus auch durch diese Tür wieder verlassen, die zu jener Zeit ja noch unversperrt war. Er gibt zu, daß er am Abend um halb zehn noch ein zweites Mal dort war, doch er behauptet, daß er, als er erfuhr, daß sie nicht da war, direkt nach Hause gegangen und dort geblieben sei. Als Alibi führt er an, daß er bis Mitternacht mit seiner Zimmerwirtin zusammensaß, Khun-Khan spielte und Bier trank. Ich war gleich heute morgen dort, und das alte Mädchen hat alles bestätigt. Das Haus, in dem er wohnt, ist eine bekannte Ganovenabsteige, und die Zimmerwirtin ist eine alte Säuferin und hat schon ein paarmal wegen Ladendiebstahl eingesessen.«

»Was sagt Skeel über die Fingerabdrücke?«

»Natürlich sagt er, die habe er hinterlassen, als er am Nachmittag da war.«

»Und der Abdruck an der Schranktür?«

Heath schnaubte spöttisch.

»Dafür hatte er auch eine Antwort parat – er sagt, er habe geglaubt, jemand komme in die Wohnung, und sich deswegen in dem Schrank versteckt. Er wollte nicht gesehen werden und der Odell das Spiel verderben, das sie vielleicht spielte.«

»Sehr rücksichtsvoll von ihm, den *belles poires* nicht ins Gehege zu kommen«, lästerte Vance. »Rührende Loyalität, was?«
»Glauben Sie der Ratte etwa nicht, Mr. Vance?« fragte Heath voller Empörung.
»Ich fürchte nein. Immerhin hat unser Antonio eine schlüssige Geschichte vorzuweisen.«
»Zu schlüssig, wenn Sie mich fragen«, knurrte Heath.
»Und sonst haben Sie nichts aus ihm herausbekommen können?« Es war nicht zu übersehen, daß Markham sich von dem verschärften Verhör mehr erhofft hatte.
»Ich fürchte, das ist alles, Sir. Er bleibt eisern bei seiner Geschichte.«
»Meißel haben Sie keinen bei ihm gefunden?«
Heath mußte zugeben, daß die Durchsuchung nichts ergeben hatte.
»Aber damit mußte man rechnen, daß er ihn beseitigt«, fügte er hinzu.
Markham überdachte die Fakten einige Minuten lang.
»Ich fürchte, für eine Anklage ist das ziemlich dünn, auch wenn wir noch so überzeugt sind, daß Skeel der Täter ist. Sein Alibi mag nicht viel wert sein, aber zusammen mit der Aussage des Telefonisten würde er wahrscheinlich vor Gericht damit durchkommen.«
»Und was ist mit dem Ring, Sir?« Heath' Enttäuschung war herzzerreißend. »Und die Drohungen und die Fingerabdrücke und die einschlägigen Vorstrafen?«
»Das sind keine beweiskräftigen Indizien«, erklärte Markham. »Für einen Mordprozeß brauchen wir mehr als *prima-facie*-Beweise. Ein guter Strafverteidiger hätte ihn in zwanzig Minuten frei, wenn ich denn überhaupt mit einer Anklage durchkäme. Es ist ja schließlich nicht undenkbar, daß die Frau ihm den Ring tatsächlich letzte Woche gegeben hat – Sie werden sich erinnern, daß das Dienstmädchen aussagte, zur fraglichen Zeit habe er Geld von ihr gefordert. Und wir können durch nichts beweisen, daß die Fingerabdrücke nicht tatsächlich schon am späten Montagnachmittag entstanden sind. Außerdem können wir keinerlei Verbindung zwischen ihm und dem Meißel herstellen, denn wir wissen ja nicht, wer letzten Sommer den Einbruch in der Park Avenue verübt hat. Seine Geschichte paßt bestens zu den Fakten; und wir haben nichts, was wir dagegenhalten könnten.«
Heath zuckte hilflos die Schultern: Er hatte allen Wind aus den Segeln verloren.

»Was sollen wir denn jetzt mit ihm machen?« fragte er unglücklich.

Markham überlegte; auch er wußte nicht recht weiter.

»Das entscheide ich, wenn ich ihn mir selbst vorgeknöpft habe.«

Er drückte einen Knopf und gab dem Sekretär, der daraufhin erschien, Anweisung, die erforderlichen Papiere vorzubereiten. Nachdem sie in zweifacher Ausfertigung unterzeichnet waren, schickte er Swacker damit zu Ben Hanlon.

»Fragen Sie ihn nach den Seidenhemden«, schlug Vance vor. »Und finden Sie, wenn möglich, heraus, ob seiner Meinung nach eine weiße Weste *de rigeur* zum Smoking ist.«

»Wir sind hier nicht beim Herrenausstatter!« fuhr Markham ihn an.

»Aber Markham, mein Lieber, das ist das einzige, was dieser Petronius Ihnen noch zu sagen hat.«

Zehn Minuten darauf erschien ein Hilfssheriff aus dem Tombs-Gefängnis mit einem Gefangenen in Handschellen.

Skeels Erscheinung an jenem Morgen strafte seinen Spitznamen lügen. Er war abgespannt und bleich: Die Qualen der vergangenen Nacht hatten ihre Spuren hinterlassen. Er war unrasiert, das Haar wirr, die Schnurrbartspitzen hingen herunter, und die Krawatte war verrutscht. Doch trotz seines angeschlagenen Zustandes war sein Auftreten hochmütig und verächtlich. Er begrüßte Heath mit einem spöttischen Grinsen, und gegenüber dem Bezirksstaatsanwalt gab er sich betont gleichgültig.

Auf Markhams Fragen wiederholte er beharrlich dieselbe Geschichte, die er auch Heath schon erzählt hatte. Er blieb bei jedem einzelnen Detail mit der Präzision eines Mannes, der eine Lektion gründlich gelernt hat und sie in- und auswendig kennt. Markham redete ihm gut zu, drohte ihm, versuchte ihn einzuschüchtern. Von seiner sonstigen liebenswürdigen Art war nichts mehr zu spüren; er war unerbittlich wie eine Maschine. Doch Skeel hatte offenbar Nerven wie Drahtseile; und ich muß gestehen, daß ich seinen Widerstandsgeist bewundernswert fand, so ekelerregend mir auch seine Person und alles, wofür er stand, waren.

Nach etwa einer halben Stunde gab Markham auf; sein Versuch, aus dem Mann etwas Belastendes herauszubekommen, war auf ganzer Linie gescheitert. Er machte Anstalten, ihn zurückzuschicken, doch nun erhob Vance sich träge und schlenderte zum Platz des Bezirksstaatsanwalts hinüber. Er setzte sich auf die Schreibtischkante und betrachtete Skeel neugierig, doch ruhig.

»Sie sind also begeisterter Khun-Khan-Spieler, wie ich höre«, sagte er mit gleichgültiger Stimme. »Albernes Spiel, was? Aber immerhin interessanter als Rommé oder Canasta. Früher wurde es in den Londoner Clubs gespielt. Ostindischen Ursprungs, soviel ich weiß ... Ich nehme an, man spielt es auch heute noch mit zwei Sätzen Karten, damit auch Eckfolgen möglich sind?«

Skeel runzelte unwillkürlich die Stirn. Wütende Staatsanwälte kannte er, und mit den unfeinen Methoden der Polizei war er vertraut, doch hier hatte er es nun mit einem Typus von Inquisitor zu tun, der vollkommen neu für ihn war, und man spürte, daß er verunsichert war und nicht wußte, wie er sich verhalten sollte. Er entschloß sich, dieser neuen Art von Gegner mit einem überheblichen Lächeln gegenüberzutreten.

»Und was ich noch fragen wollte«, fuhr Vance fort, ohne den Tonfall zu wechseln, »kann man eigentlich durchs Schlüsselloch des Kleiderschranks in Miss Odells Wohnzimmer das Sofa sehen?«

Schlagartig war jede Spur von Lächeln aus dem Gesicht des Mannes verschwunden.

»Und wieso«, fuhr Vance unverzüglich fort, sein Gegenüber fest im Blick, »wieso haben Sie nicht Alarm geschlagen?«

Ich beobachtete Skeel genau; sein Gesicht blieb unbewegt, doch ich sah, wie die Pupillen sich weiteten; auch Markham fiel es, glaube ich, auf.

»Sparen Sie sich Ihre Antwort«, fuhr Vance fort, als der Mann die Lippen zum Sprechen öffnete. »Aber verraten Sie mir: War das nicht ein Anblick, der Ihnen ganz schön an die Nieren gegangen ist?«

»Ich weiß überhaupt nicht, wovon Sie reden«, erwiderte Skeel störrisch. Doch man spürte bei aller Kaltblütigkeit nun etwas Angespanntes in seinem Betragen. Es kostete ihn sichtlich Mühe, den Gleichgültigen zu spielen, und so wirkten seine Worte nicht ganz überzeugend.

»Keine angenehme Lage.« Vance beachtete den Widerspruch gar nicht. »Wie war Ihnen denn zumute, als Sie da im Dunkeln hockten und der Türknauf sich drehte und jemand hereinwollte?« Seine Augen durchbohrten den Mann, obwohl die Stimme ganz den Plauderton behielt.

Die Muskeln in Skeels Gesicht spannten sich, doch er sagte nichts.

»Ein Glück für Sie, daß Sie für alle Fälle den Schlüssel umgedreht hatten, was?« fuhr Vance fort. »Stellen Sie sich vor, er hätte die Tür aufbekommen – lieber Himmel! Was wäre aus Ihnen geworden? ...«

Er hielt inne und bedachte ihn mit einem zuckersüßen Lächeln, das mehr bewirkte als jede finstere Drohung.

»Hatten Sie Ihren Meißel schon parat? Aber vielleicht wäre er ja auch zu schnell für Sie gewesen, oder zu stark – vielleicht hätten auch Sie seine Daumen am Hals gespürt, bevor Sie zustechen konnten – hm? ... Haben Sie sich das ausgemalt, als Sie dort im Dunkeln hockten? ... Nein, schön kann das nicht gewesen sein. Regelrecht schaurig, denke ich mir.«

»Was soll der Unsinn?« fauchte Skeel ihn an. »Sind Sie irre?« Aber sein Stolz war verflogen, und etwas wie Entsetzen zeigte sich in seinem Blick. Doch nur einen kurzen Augenblick lang verlor er die Beherrschung; gleich darauf kehrte das selbstsichere Lächeln zurück, und er schüttelte verächtlich den Kopf.

Vance schlenderte zu seinem Sessel zurück und streckte sich gleichgültig, als sei all sein Interesse an diesem Fall nun wieder verflogen.

Markham hatte das kleine Drama aufmerksam verfolgt, doch Heath saß rauchend dabei und gab sich keine große Mühe, seinen Ärger zu verbergen. Das Schweigen, das folgte, brach Skeel.

»Da soll mir ja wohl was angehängt werden. Habt ihr euch alles genau zurechtgelegt, was? ... Mir was anhängen! Mein Anwalt ist Abe Rubin, und vielleicht sind Sie so freundlich und lassen ihn wissen, daß ich ihn sprechen will.«[1]

Mit einer ärgerlichen Handbewegung gab Markham dem Hilfssheriff zu verstehen, daß er Skeel wieder zurück ins Tombs bringen solle.

»Was wollten Sie damit bezwecken?« fragte er Vance, als der Mann draußen war.

»Nichts weiter als eine Idee, die aus den Tiefen meiner Phantasie ans Tageslicht drängte.« Vance zog unbekümmert an seiner Zigarette. »Ich dachte, wir bringen Mr. Skeel doch noch dazu, uns sein Herz auszuschütten, und wollte es mit freundlichen Worten versuchen.«

»Blödsinn«, schnaubte Heath. »Ich hab' wirklich geglaubt, Sie lassen sich jetzt gleich erzählen, wie er Schwarzer Peter spielt, oder fragen, ob seine Großmutter ein Waldkauz war.«

---

1 Abe Rubin war damals der raffinierteste und skrupelloseste Strafverteidiger in New York. Seit ihm vor zwei Jahren die Zulassung aberkannt wurde, hat man nicht mehr viel von ihm gehört.

»Ach Sergeant, lieber Sergeant«, jammerte Vance, »haben Sie Nachsicht. Ihre Verachtung bräche mir das Herz ... Und ist Ihnen denn bei meiner Plauderei mit Mr. Skeel nicht eine Möglichkeit aufgegangen?«

»Gewiß«, erwiderte Heath, »– daß er in dem Schrank steckte, als die Odell erwürgt wurde. Aber was hilft uns das? Damit wäre Skeel fein draußen, obwohl die ganze Sache Profiarbeit war und wir ihn auf frischer Tat geschnappt haben, wie er die Beute versetzen wollte.«

Mit angewiderter Miene wandte er sich dem Bezirksstaatsanwalt zu.

»Und wie geht's jetzt weiter, Sir?«

»Das gefällt mir gar nicht, wie die Dinge jetzt stehen«, klagte Markham. »Wenn Skeel sich von Abe Rubin verteidigen läßt, dann haben wir mit den Beweisen, die wir bisher haben, nicht die geringste Chance. Ich bin überzeugt, daß er in die Sache verwickelt ist; aber kein Richter wird meine persönliche Meinung als Beweismaterial gelten lassen.«

»Wir könnten den Dandy laufen lassen und ihn dann beschatten«, schlug Heath widerstrebend vor. »Vielleicht tut er irgendwas, womit er sich verrät.«

Markham dachte nach.

»Ich glaube, das ist ein guter Plan«, sagte er. »Er wird uns jedenfalls mit Sicherheit keine weiteren Beweise liefern, solange wir ihn einsperren.«

»Wie's scheint, unsere einzige Chance, Sir.«

»Also gut«, stimmte Markham zu. »Er soll glauben, wir seien mit ihm fertig – vielleicht wird er leichtsinnig. Ich überlasse das ganz Ihnen, Sergeant. Sorgen Sie dafür, daß ein paar gute Leute ihm Tag und Nacht auf den Fersen bleiben. Wer weiß, was geschieht.«

Heath erhob sich unglücklich.

»Jawohl, Sir. Ich kümmere mich darum.«

»Außerdem wüßte ich gern mehr über Charles Cleaver«, fügte Markham hinzu. »Finden Sie alles, was Sie können, über seine Beziehung zu der jungen Odell heraus. – Und ich brauche Informationen über Dr. Ambroise Lindquist. Was ist das für ein Mann? – Welche Gewohnheiten hat er? – Sie wissen, worauf es ankommt. Er hat das Mädchen wegen einer geheimnisvollen oder eingebildeten Krankheit behandelt; und ich glaube, daß er etwas zu verbergen hat. Aber kommen Sie ihm nicht zu nahe – vorerst nicht.«

Heath ließ den rechten Enthusiasmus vermissen, als er den Namen in sein Notizbuch schrieb.

»Und bevor Sie Ihren Sträfling wieder in die elegante Welt entlassen«, fügte Vance mit einem Gähnen hinzu, »könnten Sie vielleicht noch nachsehen, ob er womöglich im Besitz eines Schlüssels ist, der auf die Tür der Odellschen Wohnung paßt.«

Heath stutzte, dann grinste er.

»Das ist doch endlich mal eine vernünftige Idee … Komisch, daß ich da nicht selbst drauf gekommen bin.« Er schüttelte uns allen die Hand und verließ uns dann.

Kapitel XIII

Ein alter Verehrer
(Mittwoch, 12. September, 10.30 Uhr vormittags)

Swacker wartete offenbar auf eine Gelegenheit, zu Wort zu kommen, denn als Sergeant Heath das Zimmer verließ, erschien er sogleich in der Tür.

»Die Presse ist hier, Sir«, verkündete er und verzog das Gesicht. »Sie hatten gesagt, Sie würden sie um halb elf empfangen.«

Auf ein Nicken seines Chefs öffnete er die Tür, und ein gutes Dutzend Reporter kam hereingestürmt.

»Keine Fragen heute morgen«, bat Markham schwungvoll. »Dafür ist es noch zu früh. Aber ich will Ihnen alles verraten, was ich weiß ... Ich schließe mich Sergeant Heath' Meinung an, daß der Odell-Mord auf das Konto eines Berufsverbrechers geht – und zwar desselben Täters, der letzten Sommer in das Haus Arnheim an der Park Avenue eingebrochen ist.«

Er gab ihnen eine kurze Zusammenfassung der Dinge, die Inspektor Brenner über den Meißel herausgefunden hatte.

»Bisher hat es keine Festnahmen gegeben, doch eine Verhaftung steht vielleicht unmittelbar bevor. Die Polizei hat die Sache gut im Griff, aber sie läßt sich Zeit und arbeitet sorgfältig, damit der Bursche nicht durch die Maschen des Gesetzes schlüpft. Der entwendete Schmuck ist teilweise bereits sichergestellt ...«

Er redete noch etwa fünf Minuten mit den Reportern, erwähnte jedoch nichts von den Aussagen des Dienstmädchens und der beiden Telefonisten und nannte keinerlei Namen.

Als wir wieder allein waren, schnalzte Vance bewundernd mit der Zunge.

»Ein meisterhaft nichtssagender Auftritt, mein lieber Markham! Die juristische Ausbildung hat doch ihre Vorzüge – doch, wirklich ganz entschiedene Vorzüge ... ›Der entwendete Schmuck ist teilweise bereits sichergestellt!‹ O Macht der Redekunst! Nicht die Unwahrheit – der Himmel bewahre! –, doch welche Täuschung! Ich muß wirklich mehr Zeit auf das Studium der sanften Künste von *suggestio falsi* und *suppressio veri* verwenden. Ihnen gebührt ein Myrtenkranz.«

»All das überlasse ich gern Ihnen«, erwiderte Markham ungeduldig, »aber wie wäre es, wenn Sie mir nun, wo Heath fort ist, erklären würden, was Sie vorhin mit Ihrem Voodoozauber bezwecken wollten? Was waren das für Geschichten – die finsteren Schränke, der Alarm, die Daumen am Hals und der Blick durchs Schlüsselloch?«

»Also wirklich – ich hätte nicht gedacht, daß meine kleine Plauderei so kryptisch ist«, antwortete Vance. »Unser eleganter Tony steckte doch zweifelsohne zu einem gewissen Zeitpunkt jenes schicksalhaften Abends *à la sourdine* im Wäscheschrank, und ich habe auf meine amateurhafte Weise einfach nur herausbekommen wollen, zu welchem Zeitpunkt es war.«

»Und haben Sie es?«

»Eigentlich nicht.« Vance schüttelte traurig den Kopf. »Sie müssen wissen, Markham, ich bin der stolze Eigner einer Theorie – einer vagen und obskuren Theorie, die zu nichts führt und die schlichtweg unglaublich ist. Und selbst wenn sie sich beweisen ließe, wüßte ich nicht, wie sie uns weiterhelfen sollte, denn dann wäre die Situation noch unverständlicher, als sie es ohnehin schon ist ... Ich wünschte beinahe, ich hätte Heath' Beau Nash keine Fragen gestellt. Er hat mir meine Gedanken elend durcheinandergebracht.«

»Wenn ich es recht verstehe, halten Sie es für denkbar, daß Skeel Zeuge des Mordes wurde. Das ist doch nicht etwa Ihre ganze schöne Theorie?«

»Na, jedenfalls gehört es dazu.«

»Mein lieber Vance, Sie verblüffen mich!« Markham lachte tatsächlich laut. »Nach Ihrer Theorie wäre Skeel also unschuldig, und trotzdem verschweigt er uns, was er weiß, frisiert ein Alibi und plaudert nicht einmal, als wir ihn einlochen ... Also wasserdicht ist Ihre Theorie nicht.«

»Ich weiß«, erwiderte Vance mit einem Seufzen. »Das reinste Sieb. Und doch verfolgt diese Vorstellung mich – setzt mir zu wie ein Nachtmahr – brennt in meinen Eingeweiden.«

»Begreifen Sie eigentlich, daß diese irrwitzige Theorie, die Sie da haben, davon ausgeht, daß zu dem Zeitpunkt, als Spotswoode und Miss Odell aus dem Theater zurückkehrten, *zwei* Leute in der Wohnung versteckt waren? Zwei Leute *unabhängig voneinander* – nämlich Skeel und Ihr hypothetischer Mörder?«

»Aber gewiß begreife ich es. Und der Gedanke daran treibt mich schier in den Wahnsinn.«

»Sie hätten unabhängig voneinander die Wohnung betreten und sich unabhängig voneinander ein Versteck gesucht ... Und, wenn ich fragen darf, wie sind sie hineingekommen? Und wie kamen sie wieder heraus? Welcher von beiden entlockte dem Mädchen den Schrei, nachdem Spotswoode gegangen war? Was tat der andere in der Zwischenzeit? Und wenn Skeel der stumme und reglose Zuschauer war, wie erklären Sie dann, daß er hinterher den Schmuckkasten aufbrach und den Ring stahl –?«

»Halt! Genug! Quälen Sie mich nicht so«, flehte Vance. »Ich weiß, daß es Wahnsinn ist. Von Kindheit an leide ich an Halluzinationen; aber keine davon – der Himmel stehe mir bei – war je so irrsinnig wie diese.«

»Zumindest im letzten Punkt, mein lieber Vance«, sagte Markham mit einem Lächeln, »sind wir voll und ganz einer Meinung.«

Im selben Augenblick trat Swacker ein und überreichte Markham einen Brief.

»Kam per Boten und mit dem Vermerk ›Sofort zustellen‹«, erklärte er.

Das Schreiben, auf dickem Briefpapier mit geprägtem Briefkopf verfaßt, kam von Dr. Lindquist und erklärte uns, daß er am Montag abend zwischen elf Uhr abends und ein Uhr nachts bei einer Patientin in seinem Sanatorium gewacht habe. In dem Brief entschuldigte er sich auch für seine Reaktion auf die Frage nach seinem Aufenthaltsort an jenem Abend und bot uns eine wortreiche, doch nicht allzu überzeugende Erklärung für sein Benehmen. Es sei ein sehr anstrengender Tag gewesen – selbst die harmloseren unter den Neurosefällen seien anstrengend –, und unser unvermittelter Besuch im Verein mit der allem Anschein nach feindseligen Art, in der Markham seine Fragen gestellt habe, habe ihn vollkommen durcheinandergebracht. Er bedaure sein Benehmen außerordentlich, schrieb er, und sei bereit, uns behilflich zu sein, wo immer es in seiner Macht stünde. Es sei unglücklich für alle Beteiligten, fügte er noch hinzu, daß er die Beherrschung verloren habe, denn es sei ihm ohne weiteres möglich gewesen zu belegen, wo er den Montag abend verbracht habe.

»Er hat die Situation in Ruhe überdacht«, sagte Vance, »und liefert uns hiermit ein hübsches kleines Alibi, das anzufechten Sie wahrscheinlich große Mühe haben werden ... Ein kluger Bursche – wie all diese labilen Pseudo-Psychiater. Sehen Sie es sich genau an: Er war bei einer Patientin. Aber gewiß doch! Bei was für einer Patientin? Nun, bei einer, die viel zu krank ist, als daß man sie danach befragen könnte ... Sehen Sie? Eine Sackgasse, die er als Alibi nutzt. Nicht schlecht, was?«

»Es interessiert mich nicht sonderlich.« Markham legte den Brief beiseite. »Dieser Wichtigtuer von einem Arzt hätte es niemals fertiggebracht, in die Odellsche Wohnung zu kommen, ohne daß ihn jemand gesehen hätte; und ich kann ihn mir auch einfach nicht vorstellen, wie er sich heimlich hineinschleicht.« Er streckte die Hand nach einigen Papieren aus ... »Und nun, wenn Sie nichts dagegen haben«, sagte er, »werde ich einen Versuch unternehmen, das viele Geld, das mir für meine Arbeit gezahlt wird, auch zu verdienen.«

Doch Vance, statt diese eindeutige Aufforderung zu beherzigen, schlenderte zum Schreibtisch und schlug ein Telefonbuch auf.

»Gestatten Sie mir noch einen Vorschlag, Markham«, sagte er, nachdem er einen Augenblick lang gesucht hatte. »Lassen Sie Ihre Routinearbeit noch ein wenig warten, und lassen Sie uns ein paar freundliche Worte mit Mr. Louis Mannix wechseln. Schließlich ist er der einzige unter den bisher bekanntgewordenen Verehrern unserer flatterhaften Margaret, dem wir noch keine Audienz gewährt haben. Ich lechze danach, ihn von Angesicht zu erblicken und seinen Erinnerungen zu lauschen. Mit ihm hätten wir dann sozusagen die ganze Familie beisammen ... Er residiert nach wie vor in der Maiden Lane, wie ich sehe; es würde nicht lange dauern, ihn herzubringen.«

Markham hatte sich halb in seinem Stuhl umgewandt, als Mannix' Name fiel. Er wollte etwas einwenden, doch er wußte aus Erfahrung, daß Vance' Vorschläge keine bloßen Launen waren; eine ganze Weile lang war er still und wog das Für und Wider ab. Da praktisch jeder andere Ansatz der Ermittlungen im Augenblick blockiert war, muß der Gedanke, Mannix noch zu vernehmen, ihm wohl willkommen gewesen sein.

»Also gut«, sagte er und läutete nach Swacker; »obwohl ich nicht weiß, was es uns nützen soll. Nach allem, was wir von Heath wissen, hat die Odell ihm schon vor einem Jahr den Laufpaß gegeben.«

»Aber vielleicht hat er sich all die Zeit in Sehnsucht nach ihr verzehrt, oder er war, wie Hotspur, berauscht von Galle. Das weiß man nie.« Vance nahm wieder Platz. »Ein Mann mit einem solchen Namen gehört *ipso facto* auf die Liste der Verdächtigen.«

Markham beauftragte Swacker, Tracey zu holen; und als dieser erschien, verbindlich und strahlend, schickte Markham ihn mit dem Wagen des Bezirksstaatsanwalts los, um Mannix ins Büro zu holen.

»Nehmen Sie eine Vorladung mit«, sagte er, »und machen Sie davon Gebrauch, wenn es sein muß.«

Nach einer halben Stunde war Tracey zurück. »Mr. Mannix hatte nichts dagegen mitzukommen«, berichtete er. »War sogar ausgesprochen freundlich. Er ist im Warteraum.«

Tracey ging, und dafür wurde Mannix hereingerufen.

Er war ein massiger Mann, und die forcierte Elastizität seines Schrittes zeugte vom stillschweigenden Kampf zwischen der beginnenden Korpulenz der mittleren Jahre und dem Bemühen, das zunehmende Alter unter dem Schein der Jugend zu verbergen. Er trug ein Spazierstöckchen aus Bambus, und der karierte Anzug, die Brokatweste, die perlgrauen Gamaschen und das auffällige Band seiner Melone gaben ihm etwas geradezu Geckenhaftes. Doch dieser erste Eindruck des Lebemannes verflog sogleich, wenn man seine Gesichtszüge betrachtete. Die Schweinsäuglein blickten verschlagen, und die Säufernase schien unverhältnismäßig klein über den wulstigen Lippen mit dem vorspringenden Kinn. Das ganze Auftreten des Mannes hatte etwas Schmieriges, Hinterlistiges; er war so abstoßend, daß es schon faszinierend war.

Markham gab ihm ein Zeichen, Platz zu nehmen, und er setzte sich auf die Kante eines Sessels, die schwammigen Hände auf die Knie gestützt. Seine ganze Haltung verriet Mißtrauen und Wachsamkeit.

»Mr. Mannix«, hob Markham in einem freundlichen und entschuldigenden Tonfall an, »ich bitte um Verzeihung, daß ich Ihnen zur Last falle; doch die Angelegenheit, um die es geht, ist ebenso ernst wie dringend ... Eine gewisse Miss Margaret Odell ist vorletzte Nacht ermordet worden, und im Zuge unserer Ermittlungen erfuhren wir, daß es einmal eine Zeit gab, in der Sie oft mit ihr zusammen waren. Deshalb überlege ich, ob Sie vielleicht Dinge über sie wissen, die uns bei unserer Arbeit helfen könnten.«

Ein aalglattes Lächeln, das wohl verbindlich sein sollte, zeigte sich auf den dicken Lippen des Mannes.

»Sicher hab' ich den Canary gekannt – aber das ist schon lange her.« Er gestattete sich einen Seufzer. »Ein feines Mädchen, ganz große Klasse, wenn ich das sagen darf. Sah prima aus, und immer gut angezogen. Schade, daß sie nicht mehr in Shows aufgetreten ist. Aber verstehen Sie mich recht« – hier machte er eine abwehrende Handbewegung –, »ich habe die Lady seit über einem Jahr nicht mehr gesehen – kein Wort mehr mit ihr gewechselt, verstehen Sie.«

Mannix war auf der Hut, und die Schweinsäuglein blieben unbeirrbar auf den Bezirksstaatsanwalt geheftet.

»Dann haben Sie sich wohl gestritten?« fragte Markham beiläufig.

»Also, einen Streit würde ich das nicht nennen. Nein.« Mannix suchte nach dem passenden Wort. »Wir hatten uns entfremdet, könnte man sagen – waren unseres Arrangements überdrüssig geworden und beschlossen, uns zu trennen; irgendwie kam es, daß jeder seiner eigenen Wege ging. Wenn sie jemals einen Freund brauchte, dann wisse sie, wo sie mich finden könne – das war das letzte, was ich ihr zum Abschied gesagt habe.«

»Sehr großzügig von Ihnen«, murmelte Markham. »Und Sie haben Ihre Beziehung nicht wieder aufgenommen?«

»Niemals – niemals. Ich glaube, ich habe seit jenem Tag kein einziges Wort mehr mit ihr gesprochen.«

»Mr. Mannix, in Anbetracht gewisser Dinge, die ich erfahren habe« – Markham hatte einen bedauernden Tonfall aufgesetzt –, »muß ich eine etwas persönliche Frage stellen. Hat sie jemals versucht, Sie zu erpressen?«

Mannix zögerte, und seine Augen wurden noch kleiner; ganz die Augen eines Mannes, der fieberhaft nachdenkt.

»Aber nein!« beteuerte er, und der Nachdruck wirkte, nachdem er zuvor gezögert hatte, befremdlich. »Nicht im geringsten. Nichts dergleichen.« Er hob beide Hände, um gegen die schiere Vorstellung zu protestieren. Dann fragte er verstohlen: »Wie kommen Sie auf so eine Idee?«

»Ich habe läuten hören«, erklärte Markham, »daß sie ein oder zwei Bewunderern Geld abgepreßt hat.«

Mannix machte eine ganz und gar unglaubwürdige Grimasse, die Verwunderung ausdrücken sollte.

»Also hat man denn da noch Töne! Ist das wirklich wahr?« Er betrachtete den Bezirksstaatsanwalt mit wissender Miene. »War es womöglich Charlie Cleaver, den sie erpreßt hat? War es der?«

Markham reagierte sofort.

»Wie kommen Sie auf Cleaver?«

Wieder hob Mannix seine fleischige Hand, diesmal abwehrend.

»Oh, kein bestimmter Grund, verstehen Sie mich nicht falsch. Hatte nur so ein Gefühl, daß er das gewesen sein könnte ... Kein bestimmter Grund.«

»Hat Cleaver Ihnen je gesagt, er werde erpreßt?«

»Cleaver mir? ... Also ich frage Sie, Mr. Markham: Warum sollte Cleaver mir so etwas erzählen? – Warum sollte er das tun?«

»Und Sie haben Ihrerseits auch niemals mit Cleaver darüber gesprochen, daß die junge Odell Sie erpreßt habe?«

»Aber ganz gewiß nicht!« Mannix stieß ein verächtliches Lachen aus, das viel zu theatralisch war, als daß es echt sein konnte. »*Ich* soll *Cleaver* erzählt haben, ich würde erpreßt? Das ist doch wohl ein Witz!«

»Und wieso haben Sie dann gerade Cleaver erwähnt?«

»Einfach so – wie gesagt ... er war mit dem Canary bekannt; aber das ist kein Geheimnis.«

Markham wechselte das Thema.

»Was wissen Sie über Miss Odells Beziehungen zu einem gewissen Dr. Ambroise Lindquist?«

Diesmal war Mannix' Verblüffung echt.

»Nie von ihm gehört – nein, niemals. Als sie noch mit mir zusammen war, hat sie ihn nicht gekannt.«

»Mit wem, außer Cleaver, ist sie sonst noch ausgegangen?«

Mannix schüttelte umständlich den Kopf.

»Also, das kann ich Ihnen nicht sagen – kann ich wirklich nicht sagen. Hab' sie mal mit diesem, mal mit jenem Mann gesehen, aber das hat jeder andere auch; und wie diese Männer hießen, das weiß ich nicht – wirklich nicht.«

»Schon mal von Tony Skeel gehört?« Markham beugte sich blitzschnell vor und blickte ihm ins Gesicht.

Wiederum zögerte Mannix, und die funkelnden Augen verrieten, daß er überlegte.

»Also jetzt wo Sie mich fragen, kommt es mir vor, als ob ich den Namen schon einmal gehört hätte. Aber beschwören könnte ich es nicht ... Wie kommen Sie darauf, daß ich von diesem Skeel gehört haben könnte?«

Markham ging nicht auf die Frage ein.

»Und Ihnen fällt auch niemand ein, der vielleicht einen Groll gegen Miss Odell gehegt hätte oder der Grund hatte, sie zu fürchten?«

Mit vielen und nachdrücklichen Worten beteuerte Mannix, daß er nicht das geringste von einer solchen Person wisse; und nach einigen weiteren Fragen, die ihm nur ähnliche Antworten beschieden, ließ Markham ihn gehen.

»Gar nicht so schlecht, was, mein Alter?« Vance schien mit dem Ergebnis der Befragung zufrieden. »Ich frage mich, weshalb er so schüchtern ist. Kein angenehmer Mensch, dieser Mannix. Und so ängstlich darauf bedacht, ja nichts von seinem Wissen preiszugeben. Auch da fragt man sich, weswegen. Was war er vorsichtig!«

»Jedenfalls vorsichtig genug«, knurrte Markham, »daß wir überhaupt nichts von ihm erfahren haben.«

»Also das würde ich ja nun nicht sagen.« Vance lehnte sich zurück und zog zufrieden an seiner Zigarette. »Hier und dort drang ja doch ein Lichtstrahl hindurch. Unser Frauenfreund aus dem Pelzgewerbe leugnete, daß er erpreßt worden sei – was offensichtlich gelogen war – und wollte uns weismachen, daß er und die liebliche Margaret gurrten wie die Turteltauben, als sie voneinander Abschied nahmen. – Doch, doch! ... Und dann die Sache mit Cleaver. Das war nichts, was ihm einfach so in den Sinn kam – lieber Himmel, nein. Bruder Mannix und die Spontaneität, größere Gegensätze ließen sich gar nicht denken. Er hatte einen Grund dafür, daß er Cleaver zur Sprache brachte, und mein Gefühl sagt mir, wenn Sie diesen Grund wüßten, dann würden Sie wahrscheinlich Rosen unter die Volksmassen werfen wollen oder sonst etwas in dieser Art. Warum Cleaver? Die *secret-de-Polichinelle*-Erklärung war ein wenig dürftig. Irgendwo kreuzen sich die Bahnen der beiden Paramours. Zumindest das hat Mannix uns, wenn auch unwillentlich, verraten ... Außerdem war offensichtlich, daß er unseren Modearzt mit den Satyrohren nicht kennt. Mr. Skeel hingegen kennt er durchaus und würde die Bekanntschaft gerne leugnen ... Und so – *voilà l'affaire*. Erfahren haben wir also eine ganze Menge; aber was um Himmels willen fangen wir damit an?«

»Ich geb's auf«, seufzte Markham.

»Ich weiß, es ist eine traurige, ach so traurige Welt«, bedauerte Vance ihn. »Aber Sie müssen der *Olla podrida* strahlenden Auges gegenübertreten. Zeit zum Mittagessen, und nach einer Seezunge *Marguéry* sieht alles gleich ganz anders aus.«

Markham warf einen Blick auf die Wanduhr und ließ es dann geschehen, daß Vance ihn hinüber zum Lawyers' Club führte.

Kapitel XIV

Vance legt eine Theorie dar
(Mittwoch, 12. September, abends)

Nach dem Mittagessen kehrten Vance und ich nicht zum Büro des Bezirksstaatsanwaltes zurück, denn Markham hatte am Nachmittag viel zu tun, und im Fall Odell würde sich wahrscheinlich erst etwas Neues ergeben, wenn Sergeant Heath seine Erkundungen in Sachen Cleaver und Dr. Lindquist abgeschlossen hatte. Vance hatte Karten für Giordanos »Madame Sans-Gêne«, und um zwei Uhr waren wir in der Metropolitan. Die Aufführung war ausgezeichnet, doch Vance war mit seinen Gedanken nicht bei der Sache; es sprach für sich, daß er gleich nach der Oper dem Chauffeur Anweisung gab, ihn zum Stuyvesant-Club zu fahren. Ich wußte, daß er eigentlich eine Verabredung zum Tee hatte und daß er vorgehabt hatte, zum Abendessen mit dem Wagen nach Longue Vue zu fahren, und die Tatsache, daß er diese gesellschaftlichen Verpflichtungen mißachtete, um wieder mit Markham zusammenzukommen, verriet mir, wie sehr das Rätsel dieses Mordfalls seine Gedanken beschäftigte.

Es war schon nach sechs, als Markham in den Club kam, und er wirkte gehetzt und müde. Beim Abendessen kam der Fall nicht zur Sprache; nur einmal erwähnte Markham beiläufig, Heath habe seinen Bericht über Cleaver, Dr. Lindquist und Mannix abgeliefert. (Offenbar hatte er gleich nach dem Essen den Sergeant angerufen und zusätzlich zu den beiden anderen noch Auskünfte über Mannix angefordert.) Erst als wir uns in unsere Lieblingsecke des Salons zurückgezogen hatten, nahmen wir unsere Diskussion des Mordfalls wieder auf.

Und diese Diskussion, so kurz und einseitig sie auch war, war der Beginn eines vollkommen neuen Ansatzes der Ermittlungen – eines Ansatzes, der am Ende zur Entlarvung des Schuldigen führte.

Markham ließ sich erschöpft in seinen Sessel fallen. Die beiden letzten Tage mit all dem nutzlosen Grübeln hatten ihre Spuren bei ihm hinterlassen. Seine Augen waren ein wenig verhangen, und der Mund hatte etwas Grimmiges, Verbissenes. Langsam und sorgfältig zündete er sich eine Zigarre an und nahm mehrere tiefe Züge.

»Der Teufel soll die Zeitungen holen!« brummte er. »Warum können sie nicht die Bezirksstaatsanwaltschaft arbeiten lassen, so wie wir es für richtig halten? ... Haben Sie die Nachmittagszeitungen gesehen? Alles schreit nach dem Mörder. Man könnte denken, ich hielte ihn irgendwo versteckt.«

»Mein Lieber«, meinte Vance mit einem Grinsen, »Sie vergessen, daß wir unter der glorreichen Herrschaft des Demos leben, in der jeder Dummkopf das Privileg hat, nach Herzenslust jene zu kritisieren, die ihm überlegen sind.«

»Ich klage ja nicht über die Kritik – es sind die obszönen Hirngespinste dieser naseweisen Reporter, die ich nicht vertragen kann. Sie wollen aus einem schmutzigen Verbrechen ein Spektakel machen, ein Borgia-Melodram mit überbordenden Leidenschaften, geheimnisvollen Ränken, mit all dem Pomp und Glanz von Mittelalterromanen ... Man sollte doch denken, jeder Schuljunge würde begreifen, daß es nichts weiter als ein ordinärer Raubmord war, wie sie überall im Lande dauernd geschehen.«

Vance, der im Begriff gewesen war, sich eine Zigarette anzustecken, hatte innegehalten und hob die Augenbrauen. Er wandte sich Markham zu und betrachtete ihn mit einem milde ungläubigen Blick.

»Wollen Sie damit etwa sagen, daß die Erklärung, die Sie für die Presse abgegeben haben, Ihr Ernst war?«

Markham blickte überrascht auf.

»Aber natürlich ... Wie meinen Sie das – mein Ernst?«

Vance lächelte müde.

»Wissen Sie, ich hatte im Glauben gelebt, Ihr kleiner Vortrag vor den Reportern sei rein strategischer Natur gewesen, um den tatsächlichen Schuldigen in falscher Sicherheit zu wiegen und uns Raum für die Ermittlungen zu schaffen.«

Darüber mußte Markham einen Moment lang nachdenken.

»Hören Sie, Vance«, sagte er ärgerlich, »worauf wollen Sie hinaus?«

»Auf nichts Bestimmtes – wirklich nicht, mein Alter«, versicherte dieser. »Ich wußte, daß Heath tatsächlich felsenfest daran glaubt, daß Skeel der Täter ist; aber nie im Leben wäre ich auf die Idee gekommen, daß *Sie* dieses Verbrechen tatsächlich für das Werk eines berufsmäßigen Einbrechers halten. Als Sie Skeel heute morgen laufen ließen, da war ich so dumm zu glauben, Sie täten es in der Hoffnung, daß er uns irgendwie zum Täter führen würde. Ich dachte wirklich, Sie binden dem wackeren Sergeant einen Bären auf, als Sie so taten, als teilten Sie seinen lächerlichen Glauben.«

»Ah, verstehe! Wir sind nach wie vor bei Ihrer irrwitzigen Theorie, daß zwei Täter zugegen waren und sich in getrennten Wandschränken versteckten oder so etwas.« Markham machte sich nicht die Mühe, seinen Sarkasmus zu dämpfen. »Eine wahrhaft weise Vorstellung – und soviel schlüssiger als die des dummen Heath!«

»Ich weiß, daß sie unglaublich klingt. Aber in Wirklichkeit ist sie nicht unglaublicher als Ihre Theorie vom einsamen Einbrecher.«

»Und was, wenn ich bitten darf«, entgegnete Markham, nun schon etwas hitziger, »ist an der Einbrechertheorie unglaublich?«

»Der einfache Umstand, daß es sich überhaupt nicht um das Werk eines Einbrechers handelt, sondern um die bewußte Täuschung eines ausgesprochen einfallsreichen Mannes, der zweifellos Wochen mit der Vorbereitung dieses Verbrechens zugebracht hat.«

Markham ließ sich in seinem Sessel zurücksinken und lachte laut.

»Vance, Sie sind der eine, einzige Sonnenstrahl in diesem düsteren und deprimierenden Fall.«

Vance verbeugte sich mit gespielter Bescheidenheit.

»Es ist mir ein Vergnügen«, säuselte er, »auch nur einen kleinen Lichtstrahl in eine so vernebelte Atmosphäre zu bringen.«

Es folgte ein kurzes Schweigen. Dann fragte Markham:

»Und diese ach so faszinierende und ach so pittoreske Schlußfolgerung, daß der Odell-Mord von einem großen Intellektuellen verübt wurde – haben wir die ihren neuartigen psychologischen Ermittlungsmethoden zu verdanken?« Markham klang nun regelrecht hämisch.

»Ich kam zu dieser Einsicht durch dieselben logischen Schlußfolgerungen«, erklärte Vance mit freundlichster Stimme, »die ich anwandte, um Alvin Bensons Mörder zu finden.«

Markham lächelte.

»*Touché!* ... Sie sollen nicht denken, ich sei so undankbar, daß ich Ihre Arbeit an diesem Fall vergessen hätte. Doch diesmal, fürchte ich, haben Sie sich von Ihren Theorien hoffnungslos in die Irre führen lassen. Der vorliegende Fall ist für die Polizei ein Kinderspiel.«

»Deshalb benehmen sie sich ja auch wie Kinder«, brummte Vance. »Sie und die Polizei, Sie tun nichts weiter, als dazustehen und zu hoffen, daß Ihr vermeintlicher Mörder sich irgendwann verrät.«

»Ich gebe zu, die Situation ist nicht gerade das, was man sich wünschen würde.« Markham machte eine finstere Miene. »Aber das ist für meine Begriffe noch längst kein Grund, daß Sie mit Ihren verstiegenen psychologischen Theorien daherkommen. Die ganze Geschichte ist viel zu eindeutig – das ist das Problem. Wir brauchen Beweise, keine Erklärungen. Ohne die Luftschlösser der Zeitungsschreiber hätte die Öffentlichkeit längst das Interesse an dem Fall verloren.«

»Markham«, sagte Vance ruhig, doch mit ungewohnt ernster Stimme, »wenn Sie das wirklich glauben, dann können Sie die Ermittlungen ebensogut jetzt einstellen; dann haben Sie keine Chance. Für Ihre Begriffe ist das ein konventionelles Verbrechen. Aber lassen Sie sich gesagt sein, dieses Verbrechen ist raffiniert – raffinierter, als die meisten es sind. Und bis ins kleinste durchdacht. Es wurde von einem Mann von außerordentlichem Verstand und verblüffendem Einfallsreichtum begangen.«

Vances selbstsicherer, sachlicher Ton hatte etwas merkwürdig Überzeugendes, und Markham kämpfte seinen Impuls zu spotten nieder und setzte eine ironisch-nachsichtige Miene auf.

»Verraten Sie mir«, sagte er, »welch kryptische Gedankengänge Sie zu diesem abstrusen Schluß gebracht haben.«

»Mit Vergnügen.« Vance zog noch ein paarmal an seiner Zigarette und blickte träge dem aufsteigenden Rauch nach.[1]

»Jedes echte Kunstwerk, Markham« hob er in seinem nüchternen Tonfall an, »hat etwas, was die Kritiker *élan* nennen – nämlich Enthusiasmus und Spontaneität. Einer Kopie oder Fälschung fehlt diese charakteristische Eigenschaft; sie ist zu perfekt, zu exakt, zu sorgfältig ausgeführt. Selbst unsere großen Juristen haben, nehme ich an, schon einmal gehört, daß es bei Botticelli schlechte Zeichnung und bei Rubens falsche Proportionen gibt. Der springende Punkt ist, daß beim Original solche Fehler der Qualität keinen Abbruch tun. Ein Nachahmer hingegen vermeidet jeden Fehler – er traut sich nicht; er ist zu sehr darauf bedacht, alles richtig zu machen. Der Nachahmer arbeitet mit einer Zaghaftigkeit und einer Sorgfalt, die der Künstler, der ja vom Schaffensdrang getrieben wird, niemals an den Tag legt. Und das ist das Entscheidende dabei: Es ist unmöglich, diesen Enthu-

---

[1] Ich habe Vance die folgenden Passagen in den Fahnen zugeschickt, damit er sie durchsehen und korrigieren konnte; diese Zeilen sind also, wie sie hier stehen, praktisch seine eigenen Worte.

siasmus, diese Spontaneität eines Originals – den *élan* eben – nachzuahmen. So ähnlich eine Kopie dem Original auch sein mag – der psychologische Unterschied zwischen beiden ist gewaltig. Von der Kopie geht etwas Unsicheres, Überperfektes, Überbewußtes aus ... Können Sie mir folgen?«

»Höchst lehrreich, mein lieber Ruskin.«

Vance verneigte sich bescheiden und fuhr munter fort.

»Lassen Sie uns nun einen Blick auf den Mordfall Odell werfen. Sie und Heath sind sich darin einig, daß es sich um ein alltägliches, brutales, schmutziges, einfallsloses Verbrechen handelt. Sie sind Bluthunde auf der Fährte; ich hingegen habe mich nicht vom äußeren Schein täuschen lassen, sondern habe die Tat von allen Seiten betrachtet – psychologisch, wenn ich so sagen darf. Und ich bin zu dem Schluß gekommen, daß es kein echtes, aufrechtes Verbrechen ist – kein Original sozusagen –, sondern nur eine kunstvolle, einfallsreiche, wohldurchdachte Imitation, das Werk eines geschickten Kopisten. Glauben Sie mir, es ist in jedem einzelnen Detail korrekt und typisch. Aber das ist eben gerade seine Schwäche. Die technische Seite ist zu gut, die Handwerksarbeit zu perfekt. Doch das *ensemble,* könnte man sagen, überzeugt nicht – ihm fehlt der *élan.* Mit den Worten des Ästhetikers ausgedrückt, es ist eine *tour de force.* Vulgär gesprochen, es ist eine Fälschung.« Er hielt inne und bedachte Markham mit einem gewinnenden Lächeln. »Ich hoffe nur, diese ein wenig weit ausholende Darlegung hat Sie nicht gelangweilt?«

»Ich bitte Sie, fahren Sie fort«, erwiderte Markham mit übertriebener Höflichkeit. Er tat, als sei es ein Scherz, doch etwas an seinem Ton ließ mich aufhorchen; er hatte Interesse an der Sache gefunden.

»Was für die Kunst zutrifft, gilt auch für das Leben«, nahm Vance seine Ausführungen in aller Ruhe wieder auf. »Alles, was Menschen tun, empfindet man unterschwellig als entweder echt oder aufgesetzt – aufrichtig oder bloße Berechnung. Nehmen Sie zum Beispiel zwei Menschen bei Tisch; ihre Bewegungen, die Art, wie sie Messer und Gabel benutzen, sind ganz ähnlich, und auf den ersten Blick tun beide das gleiche. Doch ein sensibler Betrachter spürt, auch wenn er nicht in Worte fassen kann, worin der Unterschied besteht, sofort, welcher von beiden ein Mann mit Erziehung ist und welcher nur bewußt dessen Sitten nachahmt.«

Er blies einen Rauchring zur Decke und lehnte sich noch weiter in seinem Sessel zurück.

»Nun sagen Sie mir, Markham, was sind für jedermann die typischen Kennzeichen eines gemeinen Raubmordes? ... Brutalität, Verwüstung, Hast, herausgerissene Schubladen, der Inhalt des Schreibtischs verstreut, die Schmuckkassette aufgebrochen, die Ringe dem Opfer von den Fingern, die Kette vom Hals gerissen, zerrissene Kleider, umgeworfene Stühle und Lampen, zerbrochene Vasen, heruntergerissene Vorhänge, alles kreuz und quer über den Fußboden verstreut, und so weiter und so fort. Da weiß doch jeder, daß ein Unhold am Werke war – stimmt's? Aber nun denken Sie einmal einen Moment lang nach, mein Alter. Außer in Büchern und im Theater – bei wievielen Verbrechen kommen *all* diese Dinge zusammen? Alle in feinster Ordnung, und nicht ein einziger Zug dabei, der nicht zum Grundmuster paßt? Anders ausgedrückt, wieviele Verbrechen sind Ihnen denn schon begegnet, deren Dekor in technischer Hinsicht perfekt war? ... Kein einziges! Und warum? Einfach weil nichts im wirklichen Leben – nichts was spontan, was echt ist – in jedem einzelnen Detail genau dem Vorurteil entspricht, das man davon hat. Die Gesetze des Zufalls, die Fehlbarkeit des Menschen fordern stets ihren Tribut.«

Er unterstrich dies mit einer Handbewegung.

»Doch betrachten Sie nun das Verbrechen, das wir hier vor uns haben: Sehen Sie es sich genau an. Was finden Sie da? Sie werden feststellen, daß die *mise-en-scène* das reine Theater ist, das Drama gekünstelt, bis ins kleinste Detail geplant wie ein Roman von Zola. Die Vollkommenheit hat etwas geradezu Mathematisches. Und das eben führt mich unweigerlich zu der Annahme, daß es sorgfältig vorausgeplant war. Um einen Ausdruck aus der Kunstkritik zu verwenden, der Effekt ist kalkuliert. Folglich ist dieses Verbrechen nicht spontan geschehen ... Und doch könnte ich Ihnen keinen konkreten Fehler zeigen; sein großer Fehler besteht darin, daß es fehlerlos ist. Und nichts ohne Fehler, mein Lieber, ist echt oder natürlich.«

Markham blieb eine Weile lang still.

»Sie würden also nicht einmal in Erwägung ziehen, daß ein gewöhnlicher Dieb das Mädchen umgebracht hat?« fragte er schließlich; und jeder Unterton von Sarkasmus war nun aus seiner Stimme geschwunden.

»Wenn das ein gewöhnlicher Dieb war«, erwiderte Vance, »dann gibt es auf dieser Welt keine Psychologie, keine philosophische Wahrheit, keine Gesetze der Kunst. Wenn das – um die Analogie weiterzuführen – ein Raubmord war, dann gibt es keinen Unterschied zwischen einem Alten Meister und der Kopie eines guten Technikers.«

»Das heißt also, Raub als Mordmotiv käme für Sie gar nicht in Frage.«

»Der Raub«, bekräftigte Vance, »war nur ein Dekorstück. Die Tatsache, daß dieses Verbrechen von einer raffinierten Person verübt wurde, legt zweifelsfrei den Schluß nahe, daß ein weitaus stärkeres Motiv als Habgier dahintersteckt. Jeder, der zu einer so raffinierten Täuschung in der Lage ist, muß ein Mensch mit Bildung und Phantasie sein; und so jemand wäre mit Sicherheit nicht das gewaltige Risiko eingegangen, eine Frau umzubringen, wenn er sich nicht von etwas Entsetzlichem bedroht gefühlt hätte – er hätte es nicht getan, hätte nicht diese Frau, wenn sie weitergelebt hätte, ihm mehr Schmerzen bereitet, ihn in größere Gefahr gebracht, als selbst der Mord bedeutete. Zwischen zwei gewaltigen Gefahren war für ihn der Mord die geringere.«

Markham schwieg wiederum: Er schien ganz in Gedanken versunken. Doch gleich darauf betrachtete er Vance mit zweifelnder Miene und sagte:

»Aber was ist mit dem aufgemeißelten Schmuckkasten? Das Stemmeisen eines berufsmäßigen Einbrechers, von erfahrener Hand geführt – das paßt doch nicht zu Ihrer schönen Theorie – genauer gesagt, es ist der beste Gegenbeweis zu dieser Theorie.«

»Das weiß ich nur zu gut.« Vance nickte nachdenklich. »Und dieser stählerne Meißel verfolgt mich in meinen Träumen und Gedanken, seit ich an jenem ersten Morgen die Spuren seiner Arbeit sah ... Markham, dieser Meißel ist das eine echte Element in einer Aufführung, die ansonsten reines Theater ist. Es ist, als sei in dem Augenblick, in dem der Kopist seine Fälschung abgeschlossen hatte, der wirkliche Künstler gekommen und habe ein einziges kleines Detail hinzugefügt, doch das mit der Hand des Meisters.«

»Aber führt uns das denn nicht in jedem Falle zu Skeel zurück?«

»Ah ja – Skeel. Das ist die Erklärung, keine Frage; aber nicht so, wie Sie es sich vorstellen. Skeel hat den Kasten aufgestemmt – das will ich nicht bezweifeln; aber – Teufel! – das ist das einzige, was er dabei getan hat: Das war das einzige, was noch für ihn übriggeblieben war. Deshalb hat er nichts bekommen außer einem Ring, den La belle Marguerite an jenem Abend nicht am Finger hatte. All ihr anderer Zierat – nämlich das, was sie am Leibe trug – hatte schon ein anderer ihr abgerissen und mitgenommen.«

»Warum sind Sie sich in diesem Punkt so sicher?«

»Das Schüreisen, Mann – das Schüreisen! ... Verstehen Sie nicht? Der amateurhafte Versuch, den Schmuckkasten mit einem gußeisernen Schürhaken aufzustemmen, kann ja nicht unternommen sein, *nachdem* jemand ihn geöffnet hatte – der Versuch mit dem Schüreisen muß *zuerst* gekommen sein. Dieser allem Anschein nach irrsinnige Versuch, Stahl mit Gußeisen aufzubrechen, war ein Teil des Bühnendekors. Dem echten Täter war es gleichgültig, ob er den Kasten aufbekam oder nicht. Für ihn kam es nur darauf an, daß es aussah, als habe er es versucht; also nahm er den Schürhaken und ließ ihn neben dem verbogenen Kasten liegen.«

»Ich verstehe, was Sie meinen.« Dieser eine Punkt beeindruckte Markham, glaube ich, mehr als alles andere, was Vance gesagt hatte; denn das Schüreisen auf dem Frisiertisch hatten weder Heath noch Inspektor Brenner erklären können ... »Und deshalb sind Sie also bei Ihren Fragen an Skeel davon ausgegangen, daß er in der Wohnung war, als der andere Besucher dort war?«

»Ganz genau. Die Spuren am Schmuckkasten verrieten mir, daß er entweder dabei war, als die Bühne für den falschen Raubmord bereitet wurde, oder hinzukam, als das Spiel vorüber war und der Regisseur das Theater bereits verlassen hatte ... Seiner Reaktion auf meine Fragen nach zu urteilen, neige ich eher zu der Ansicht, daß er dabei war.«

»Im Schrank versteckt?«

»Jawohl. Das würde erklären, warum der Schrank nicht durchwühlt wurde. Wie ich es verstehe, wurde er aus dem einfachen und reichlich grotesken Grunde nicht durchwühlt, weil unser Schönling Skeel sich darin eingeschlossen hatte. Warum sonst sollte allein dieser Schrank der Zerstörungswut des falschen Einbrechers entgangen sein? Er hätte ihn nicht absichtlich ausgelassen, und er war viel zu gründlich, als daß er ihn übersehen hätte. – Dazu kommen noch die Fingerabdrücke auf dem Türknauf ...«

Vance klopfte leicht mit dem Finger auf seine Sessellehne.

»Markham, mein Alter, lassen Sie sich das gesagt sein – Sie *müssen* Ihre Vorstellung von dem Verbrechen auf dieser Hypothese aufbauen und entsprechend vorgehen. Wenn Sie das nicht tun, wird jedes Gedankengebäude, das Sie erstellen, zusammenfallen wie ein Kartenhaus.«

Kapitel XV

Vier Möglichkeiten
(Mittwoch, 12. September, abends)

Nachdem Vance geendigt hatte, trat eine lange Pause ein. Beeindruckt von der Ernsthaftigkeit seines Gegenübers war Markham in tiefes Grübeln versunken. Seine Theorien waren ins Wanken geraten. Die Vorstellung, daß Skeel der Schuldige war, an die er sich von dem Augenblick an geklammert hatte, als die Fingerabdrücke identifiziert waren, hatte ihn nie recht befriedigt, doch er hatte auch keine Alternative gehabt. Nun hatte Vance diese Theorie rundheraus verworfen und zugleich eine andere vorgetragen, die, auch wenn sie sich nicht beweisen ließ, doch sämtliche Einzelheiten des Falles erklären konnte; und nach anfänglicher Ablehnung spürte Markham, wie er, fast gegen seinen Willen, immer mehr zu dieser neuen Sicht der Dinge neigte.

»Verflucht nochmal, Vance!« rief er. »Ihre melodramatische Theorie überzeugt mich ganz und gar nicht. Und doch ist sie merkwürdig plausibel ... Ich frage mich –«

Er drehte sich unvermittelt zur Seite und blickte Vance einen Augenblick lang durchdringend an.

»Hören Sie! Haben Sie bei dem Drama, das Sie da gerade skizziert haben, einen bestimmten Hauptdarsteller vor Augen?«

»Glauben Sie mir, ich habe nicht die leiseste Ahnung, wer die Dame getötet hat«, versicherte Vance. »Doch wenn Sie je den Mörder fassen wollen, dann halten Sie Ausschau nach einem gerissenen, überdurchschnittlich intelligenten Mann mit stählernen Nerven, jemandem, den dieses Mädchen unrettbar zugrunde richten konnte – einem Mann, der zu Grausamkeit und Rachsucht fähig ist; einem großen Egoisten; einem Menschen, der zum Fatalismus neigt; und – davon würde ich ausgehen – jemandem, der, könnte man sagen, wahnsinnig ist.«

»Wahnsinnig!«

»Nein, kein Geisteskranker – nur ein Verrückter, ein ganz normaler, logisch denkender, kühl abwägender Verrückter – genau wie Sie und ich und unser Van hier. Nur, sehen Sie, unsere Hobbies sind harmloser. Jener Bursche hingegen gibt sich mit etwas ab, das außerhalb der Gesetze liegt, die Ihnen so heilig sind. Deswegen machen Sie Jagd auf ihn. Wenn er eine krankhafte Leidenschaft für Briefmarken oder Golfspiel hätte, würden Sie keinen Gedanken an ihn verschwenden. Doch diese durchaus vernünftige Neigung, Damen der Halbwelt, die ihm lästig geworden sind, ins Jenseits zu befördern, erfüllt Sie mit Schrecken: *Ihr* Hobby ist das nicht. Deshalb würden Sie ihm am liebsten bei lebendigem Leibe die Haut abziehen.«

»Ich gebe gern zu«, erwiderte Markham pikiert, »daß ich mit meinen bescheidenen Begriffen genau das als Wahnsinn ansehen würde: daß jemand den Zwang zum Töten verspürt.«

»Aber er verspürte keinen Zwang zum Töten, Markham, alter Junge. Ihnen fehlt jeder Blick für die feinen psychologischen Unterschiede. Diesem Mann wurde von einer bestimmten Person ein Leid zugefügt, und er machte sich wohlüberlegt und meisterhaft daran, den Quell seines Unbehagens aus dem Weg zu schaffen. Und zwar mit bemerkenswertem Raffinement. Zugegeben, was er sich ausdachte, war ein wenig drastisch. Aber falls Sie ihn jemals zu fassen bekommen sollten, werden sie staunen, wie normal er ist. Und wie begabt, glauben Sie mir – ganz außerordentlich begabt.«

Wieder verfiel Markham in langes, nachdenkliches Schweigen. Schließlich ergriff er das Wort.

»Der Haken an Ihren schönen Schlußfolgerungen ist nur, daß sie nicht mit den Tatumständen übereinstimmen. Und wissen Sie, Vance, für manche von uns altmodischen Männern des Gesetzes sind Fakten nach wie vor beinahe zwingende Beweise.«

»Wozu dies überflüssige Geständnis Ihrer Unzulänglichkeit?« stichelte Vance. Und gleich darauf fuhr er fort: »Und welche Fakten sind das, die Ihrer Meinung nach meinen Schlußfolgerungen widersprechen?«

»Nun, es gibt nur vier Männer, auf die Ihre Charakteristik passen würde und die vielleicht einen Grund hatten, die junge Odell umzubringen. Heath' Leute haben die Vorgeschichte des Opfers ziemlich gründlich überprüft, und seit über zwei Jahren – genauer gesagt seit ihren Auftritten in den ›Follies‹ – waren Mannix, Dr. Lindquist, Paps Cleaver und natürlich Spotswoode die einzigen *personae gratae* in ihrer Wohnung. Unser Canary war anscheinend ziemlich wählerisch; ansonsten ist ihr kein Mann nahe genug gekommen, daß wir ihn als Mörder in Betracht ziehen könnten.«

»Da haben Sie doch immerhin ein ganzes Quartett zur Auswahl«, entgegnete Vance unbeirrt. »Was wollen Sie mehr – ein Regiment?«

»Nein«, erwiderte Markham geduldig. »Mir würde es reichen, wenn ich auch nur eine einzige plausible Möglichkeit hätte. Aber Mannix hatte seit mehr als einem Jahr nichts mehr mit dem Mädchen zu tun; Cleaver und Spotswoode haben hieb- und stichfeste Alibis; also bleibt nur Dr. Lindquist, und den kann ich mir bei aller aufbrausenden Art nur schwer in der Rolle des Würgers vorstellen, der einen Einbruch vortäuscht. Außerdem hat er ebenfalls ein Alibi, und das kann ja durchaus echt sein.«

Vance schüttelte den Kopf.

»Diese kindliche Leichtgläubigkeit der Juristen hat etwas geradezu Rührendes.«

»Juristen verlassen sich eben bisweilen auf ihren Verstand«, erwiderte Markham.

»Aber mein Lieber!« wies Vance ihn zurecht. »Was Sie da sagen, ist äußerst anmaßend. Wenn Sie zwischen Verstand und Unverstand unterscheiden könnten, dann wären Sie kein Rechtsanwalt – dann wären Sie ein Gott ... Nein; Sie gehen an die ganze Sache falsch heran. Das wirklich Ausschlaggebende an diesem Fall ist nicht das, was Sie als die bekannten Tatsachen bezeichnen, sondern es sind die unbekannten Größen – die menschlichen Unbekannten sozusagen –, die Persönlichkeit, der Charakter der einzelnen Mitglieder Ihres Quartetts.«

Er zündete sich eine neue Zigarette an, lehnte sich zurück und schloß die Augen.

»Erzählen Sie mir, was Sie über diese vier *cavalieri serventi* wissen – Sie sagen doch, daß Heath seinen Bericht vorgelegt hat. Was wissen wir über ihre Mütter? Was essen sie zum Frühstück? Sind sie allergisch gegen Giftsumach? Fangen wir mit Spotswoode an. Wissen Sie irgend etwas über ihn?«

»Nur Allgemeines«, erwiderte Markham. »Alte Puritanerfamilie, wenn ich recht informiert bin – Gouverneure, Bürgermeister, eine Reihe erfolgreicher Kaufleute. Reinrassiger Yankee – kein fremdes Blut. Spotswoode ist ältester, reinster neuenglischer Adel – wenn auch das puritanische Mark mittlerweile ein wenig dünn geworden ist. Seine Affäre mit der Odell paßt jedenfalls kaum zur altpuritanischen Vorstellung von der Kasteiung des Fleisches.«

»Sehr gut paßt sie hingegen zu den psychologischen Auswirkungen der Hemmungen, die sich aus einer solchen Kasteiung ergeben«, warf

Vance ein. »Und was macht er so? Wo sprudelt der Quell seines Wohlstands?«

»Sein Vater hat mit Automobilzubehör ein Vermögen verdient, und er hat den Betrieb geerbt. Er hat wenig Ahnung von der Sache und beschäftigt sich nur halbherzig damit, obwohl er, glaube ich, ein paar Zubehörteile selbst entworfen hat.«

»Na, ich hoffe nur, daß die gräßliche Kristallvase für Papierblumensträuße keine seiner Kreationen ist. Der Mann, der dieses Zierstück für die Hutablage auf dem Gewissen hat, ist zu allem fähig.«

»Dann war es wahrscheinlich nicht Spotswoode«, sagte Markham nachsichtig, »denn er kommt nicht als Täter in Frage. Wir wissen, daß das Mädchen noch am Leben war, als er es verließ, und daß er zum Zeitpunkt des Mordes mit Richter Redfern zusammen war ... Nicht einmal Sie, mein lieber Vance, könnten die Tatsachen zum Nachteil dieses Herrn auslegen.«

»Zumindest darin sind wir einer Meinung«, pflichtete Vance ihm bei. »Und das ist alles, was Sie über ihn wissen?«

»Ich glaube ja, außer, daß er eine wohlhabende Frau geheiratet hat – die Tochter eines Senators aus den Südstaaten, wenn ich mich recht entsinne.«

»Das hilft uns auch nicht weiter ... Und wie steht es mit Mannix?«

Markham warf einen Blick auf ein mit Schreibmaschine beschriebenes Blatt.

»Beide Elternteile Einwanderer, Zwischendeck. Hießen ursprünglich Mannikiewicz oder so etwas. Geboren auf der East Side; hat das Kürschnerhandwerk im Laden seines Vaters in der Hester Street erlernt und sich dann bei der Sanfrasco Cloak Company zum Vorarbeiter hochgedient. Hat sein Geld gespart und sich durch Immobilienspekulationen etwas dazuverdient; hat sich dann im Pelzgeschäft selbständig gemacht und Schritt für Schritt zum jetzigen Reichtum hochgearbeitet. Öffentliche Schule und Abendkurse. Hat 1900 geheiratet und sich ein Jahr später wieder scheiden lassen. Lebt in Saus und Braus – sorgt dafür, daß die Nachtclubs nicht pleite gehen, betrinkt sich aber nie. Wahrscheinlich einer von denen, die gern durch ihre Großzügigkeit beeindrucken. Hat Geld in Musikrevuen gesteckt und immer eine Bühnenschönheit im Schlepptau. Bevorzugt Blondinen.«

»Nicht sehr aufschlußreich«, seufzte Vance. »Es wimmelt nur so von Mannixen in dieser Stadt ... Und was haben Sie über unseren Medicus herausgefunden?«

»Ich fürchte, die Stadt hat auch ihr gerüttelt Maß an Lindquists. Er ist in einem Dörfchen im Mittelwesten aufgewachsen, französisch-ungarischer Herkunft; Doktor der Medizin am Ohio State Medical, Praxis in Chicago – dunkle Machenschaften, aber man konnte ihm nichts nachweisen; kam nach Albany, machte Geschäfte mit Röntgenapparaten, die damals der letzte Schrei waren; erfand eine Milchpumpe, gründete eine Aktiengesellschaft und verdiente sich eine goldene Nase damit; ging dann für zwei Jahre nach Wien –«

»Ah, jetzt wird's freudianisch!«

»– kehrte nach New York zurück und eröffnete ein Privatsanatorium; verlangte überzogene Preise und machte sich damit bei den Neureichen beliebt. Seither ist das Sich-Beliebtmachen seine Hauptbeschäftigung. Vor ein paar Jahren wegen gebrochenem Heiratsversprechen angeklagt; einigte sich außergerichtlich. Unverheiratet.«

»Würde auch nicht zu ihm passen«, meinte Vance. »Solche Herren sind nie verheiratet ... Aber doch eine interessante Liste – wirklich interessant. Ich komme fast in Versuchung, mir eine Psychoneurose zuzulegen, damit Ambroise mich kurieren kann. Ich würde ihn so gern näher kennenlernen. Und wo, ach wo, war dieser Wunderheiler, als unsere vom Wege abgekommene Schwester ihr Ende fand? Wer könnte das sagen, mein Markham, wer – ach wer?«

»Jedenfalls glaube ich nicht, daß er der Mörder ist.«

»Immer nur Vorurteile!« tadelte Vance. »Doch lassen Sie uns, wenn auch widerstrebend, weiterschreiten. – Wie steht es mit einem *portrait parlé* von Cleaver? Der Umstand, daß seine Freunde ihn ›Paps‹ nennen, verrät uns ja schon etwas über ihn. Man kann sich einfach nicht vorstellen, daß Beethoven Dickerchen genannt wurde oder Bismarck Schnuckiputz.«

»Cleaver ist sein Leben lang Politiker gewesen – eine der Säulen der hiesigen Demokraten. Mit fünfundzwanzig Bezirksvorsitzender; eine Weile lang hat er in Brooklyn so eine Art Demokratischen Club betrieben; zwei Amtsperioden als Stadtrat, Rechtsanwaltspraxis. Leiter der Steuerbehörde; danach hat er sich aus der Politik zurückgezogen und einen kleinen Rennstall aufgebaut. Später hat er es geschafft, eine Konzession für einen illegalen Spielsalon in Saratoga zu bekommen; jetzt betreibt er einen Billardsalon in Jersey City. Sportsmann mit Leib und Seele. Trinkt gern ein Gläschen.«

»Nicht verheiratet?«

»Jedenfalls nichts bekannt. – Aber hören Sie: Cleaver ist aus dem Rennen. Er hat an dem Abend um halb zwölf in Boonton ein Strafmandat bekommen.«

»Das ist doch nicht etwa das hieb- und stichfeste Alibi, von dem Sie eben gesprochen haben?«

»Ich als einfältiger Jurist sehe es als ein solches an.« Markham ärgerte sich über Vance' Frage. »Der Strafzettel ist um halb zwölf ausgestellt; Datum und Uhrzeit sind eindeutig vermerkt. Und Boonton liegt fünfzig Meilen von hier – gut zwei Stunden mit dem Wagen. Folglich steht außer Frage, daß Cleaver schon um halb zehn New York verlassen haben muß; und selbst wenn er sofort umgekehrt wäre, wäre er erst lange nach dem Zeitpunkt, den der Amtsarzt als Todeszeit bestimmt hat, wieder hier eingetroffen. Um der Routine Genüge zu tun, habe ich den Strafzettel überprüft und sogar am Telefon mit dem Beamten gesprochen, von dem er ausgestellt ist. Der Strafzettel war echt – ich sollte das wissen: Ich habe ihn annullieren lassen.«

»Hatte dieser Hinterwäldler in Boonton Cleaver vorher schon einmal gesehen?«

»Nein, aber er hat mir eine genaue Beschreibung gegeben. Und natürlich hatte er die Autonummer.«

Vance blickte Markham mit kummervoller Miene an.

»Mein lieber Markham – mein guter, lieber Markham – sehen Sie denn nicht, daß Sie damit nichts weiter wissen, als daß ein bukolischer Gesetzeshüter einen Strafzettel für Geschwindigkeitsüberschreitung ausstellte und ihn einem glattrasierten, stämmigen Mann mittleren Alters überreichte, der um elf Uhr dreißig am Abend des Mordes in Cleavers Wagen in der Nähe von Boonton unterwegs war? ... Und nun sagen Sie mir – ist das nicht genau die Art von Alibi, die der alte Knabe fabrizieren würde, wenn er vorhätte, der Lady gegen Mitternacht den Hals umzudrehen?«

»Also kommen Sie«, lachte Markham. »Das ist aber nun wirklich zu weit hergeholt. Sie denken immer, jeder Ganove ließe sich die grandiosesten Pläne einfallen.«

»Das tue ich«, gab Vance unumwunden zu. »Und glauben Sie mir, ich bin überzeugt davon, daß jeder Ganove, der einen Mord plant und seinen eigenen Kopf retten will, sich genau solche Pläne einfallen ließe. Was mich verblüfft, das ist die naive Art, wie Sie und die Polizei bei Ihren Ermittlungen immer davon ausgehen, daß der Mörder überhaupt nicht an seine eigene zukünftige Sicherheit denkt. Geradezu rührend ist das.«

Markham schnaubte.

»Dann müssen Sie es mir eben einfach glauben – es war Cleaver höchstpersönlich, der sich dieses Strafmandat eingehandelt hat.«

»Wahrscheinlich haben Sie ja recht«, gab Vance zu. »Ich wollte Ihnen nur vor Augen führen, daß es ebensogut eine Täuschung sein kann. Im Augenblick möchte ich nur auf einem beharren, nämlich darauf, daß die faszinierende Miss Odell von einem Mann umgebracht wurde, der über einen raffinierten, überlegenen Verstand verfügt.«

»Und ich meinerseits«, konterte Markham bissig, »beharre darauf, daß die einzigen Männer dieser Art, die ihr nahe genug gekommen sind, daß sie Grund zu einer solchen Tat gehabt hätten, Mannix, Cleaver, Lindquist und Spotswoode sind. Außerdem beharre ich darauf, daß es bei keinem von ihnen vernünftig ist, ihn als Täter in Betracht zu ziehen.«

»Ich fürchte, in diesem Punkt muß ich Ihnen widersprechen, mein Alter«, parierte Vance mit heiterer Miene. »Wir müssen sie alle vier in Betracht ziehen – und einer von ihnen war es.«

Markham funkelte ihn verächtlich an.

»So, so! Der Fall wäre also gelöst! Wenn Sie nun noch so freundlich sein wollen, mir zu sagen, welcher von den vieren es ist, dann verhafte ich ihn auf der Stelle und kann mich dann wieder meinen anderen Arbeiten widmen.«

»Warum hetzen Sie denn immer so«, klagte Vance. »Warum sofort aufspringen und losrennen? Alle weisen Männer der Welt werden Ihnen zum Gegenteil raten. *Festina lente,* sagt Caesar; oder, wie Rufus es ausdrückt, *Festinatio tarda est.* Und der Koran sagt schlicht und einfach, die Eile hat der Teufel erfunden. Shakespeare hat wiederholt die Hast verspottet: ›Wer frühe spornt, ermüdet früh sein Pferd‹ oder ›Wer hastig läuft, der fällt; drum eile nur mit Weil'‹. Und wie steht es mit Molière – Sie erinnern sich an ›Sganarelle‹?: *›Le trop de promptitude à l'erreur nous expose‹.* Und auch Chaucer teilt diese Ansicht: ›Der hastet wohl‹, sagt er, ›der zu verweilen weiß‹. Und auch der Volksmund hat diese Vorstellung in zahllosen Sprichwörtern konserviert: ›Schnelles tut man selten gut‹ und ›Blinder Eifer schadet nur‹ –«

Markham sprang ungeduldig auf.

»Jetzt habe ich aber genug«, knurrte er. »Ich gehe nach Hause, bevor Sie auch noch mit einer Gutenachtgeschichte kommen.«

Und so kam es, daß Vance an jenem Abend seine ›Gutenachtgeschichte‹ mir erzählte, doch tat er es in der Abgeschiedenheit seiner eigenen Bibliothek; die entscheidenden Sätze lauteten:

»Heath hat sich mit Leib und Seele dem Glauben verschrieben, daß Skeel der Täter ist, und Markham schnürt das Paragraphengestrüpp beinahe ebenso fest die Kehle zu, wie kräftige Hände sie dem armen Canary zuschnürten. *Eheu,* Van! Es bleibt mir nichts anderes übrig, als mich morgen früh *a capella* auf den Weg zu machen, wie Gaboriaus Monsieur Lecoq, und zu sehen, was ich tun kann, um der Gerechtigkeit zum Sieg zu verhelfen. Ich werde Heath und Markham ignorieren; ich werde sein wie der Pelikan in der Einöde, die Eule in der Wüste, ein einsamer Spatz auf dem Dachfirst ... Nicht, daß ich je eine Berufung zum Rächer der Unterdrückten verspürt hätte, aber ein solches Rätsel, das sich nicht lösen läßt, das geht mir einfach gegen den Strich.«

Kapitel XVI

Bedeutende Enthüllungen

(Donnerstag, 13. September, vormittags)

Zu Curries großer Verblüffung gab Vance Anweisung, ihn am folgenden Morgen um neun Uhr zu wecken; und um zehn saßen wir in seinem kleinen Dachgarten und frühstückten im milden Sonnenlicht des Septembermorgens.

»Van«, sagte er zu mir, als Currie uns unsere zweite Tasse Kaffee gebracht hatte, »so verschlossen eine Frau auch sein mag – irgendwo gibt es immer jemanden, dem sie ihr Herz ausschüttet. Ein Vertrauter ist einfach ein fester Bestandteil der weiblichen Psyche. Es kann eine Mutter sein, ein Liebhaber, ein Priester oder Arzt, doch in den meisten Fällen ist es eine Freundin. Bei unserem Canary kommen Mutter oder Priester nicht in Betracht. Ihr Liebhaber – der Windhund Skeel – war ein potentieller Gegner; und wir können mit einiger Sicherheit ihren Arzt ausschließen – sie war zu gerissen, um sich einer Gestalt wie Lindquist anzuvertrauen. Bleibt also die Freundin. Und die werden wir heute suchen.« Er zündete sich eine Zigarette an und erhob sich. »Doch zuerst müssen wir Mr. Benjamin Browne in der Seventh Avenue einen Besuch abstatten.«

Benjamin Browne war ein bekannter Fotograf, der sich auf Bühnenstars spezialisiert hatte, mit Ausstellungsräumen mitten im Herzen des Theaterviertels der Stadt; und als wir einige Zeit später das Vorzimmer seines eleganten Ateliers betraten, hielt ich es vor Neugier, wozu dieser Besuch wohl dienen würde, kaum noch aus. Vance begab sich sogleich zum Tisch der Rezeptionistin, einer jungen Frau mit flammendrotem Haar und schwarzgetuschten Wimpern, und begrüßte sie mit seiner elegantesten Verbeugung. Und dann holte er eine kleine, nicht gerahmte Fotografie aus der Tasche und legte sie ihr vor.

»*Mademoiselle,* ich bin Produzent einer Musical-Aufführung«, stellte er sich vor, »und habe der jungen Dame etwas mitzuteilen, die mir dies Porträt überließ. Leider habe ich ihre Karte verlegt, und da die Fotografie Mr. Brownes Namenszug trägt, dachte ich, Sie sind vielleicht so freundlich und sehen in Ihrer Kartei nach und sagen mir, wie sie heißt und wo ich sie finden kann.«

Er steckte einen Fünfdollarschein unter ihren Tintenlöscher und verharrte unschuldig und erwartungsvoll.

Die junge Frau blickte ihn fragend an, und dann glaubte ich an den Ecken ihres kunstvoll aufgetragenen Lippenstifts ein Lächeln zu sehen. Gleich darauf nahm sie ohne ein Wort die Fotografie und verschwand in einem Hinterzimmer. Es dauerte zehn Minuten, dann kehrte sie zurück und reichte Vance das Bild. Auf der Rückseite hatte sie Namen und Adresse notiert.

»Die junge Dame ist Miss Alys La Fosse, und sie wohnt im Hotel Belafield.« Nun war ihr Lächeln nicht mehr zu übersehen. »Sie sollten wirklich nicht so achtlos mit den Adressen Ihrer Bewerberinnen sein – wie leicht bringen Sie da ein armes Mädchen um sein Glück.« Und dann lachte sie leise.

»*Mademoiselle*«, erwiderte Vance und setzte eine ernste Miene auf, »in Zukunft werde ich Ihre Warnung beherzigen.« Und mit einer weiteren eleganten Verbeugung verabschiedete er sich.

»Lieber Himmel!« sagte er, als wir hinaus auf die Seventh Avenue traten. »Ich hätte mich als Impresario verkleiden sollen. Stöckchen mit Goldgriff, Melone, Purpurhemd. Die junge Dame dachte doch tatsächlich, es ginge um ein Abenteuer ... Nicht dumm, der Rotschopf.«

Er betrat einen Blumenladen an der Ecke, suchte ein Dutzend »American Beauty«-Rosen aus und adressierte sie an »Benjamin Brownes Rezeptionistin«.

»Und nun«, sagte er, »lassen Sie uns zum Belafield spazieren und sehen, ob Alys uns eine Audienz gewährt.«

Unterwegs klärte Vance mich auf.

»Schon am ersten Morgen, als wir in der Wohnung des Canary waren, war ich überzeugt, daß dieser Mord sich nicht mit den üblichen Holzhammermethoden der Polizei aufklären läßt. Der erste Eindruck täuschte, und es war ein kluges, genau vorgeplantes Verbrechen. Die Routineermittlungen würden dabei zu nichts führen. Was wir brauchen würden, waren Auskünfte über ihr Privatleben. Und als ich diese Fotografie der blonden Alys unter den durcheinandergeworfenen Papieren des Schreibschrankes liegen sah, dachte ich mir: ›Ah! Eine Freundin der verblichenen Margaret. Das könnte genau die Frau sein, die unsere Fragen beantworten kann.‹ Und als der Sergeant mir seinen kräftigen Rücken zuwandte, steckte ich das Bild ein. Es war die einzige Fotografie, die in der Wohnung war, und sie trug die übliche sentimentale Unterschrift ›Für immer Dein‹ und den Namen ›Alys‹. Ich schloß, daß, wenn der Canary Sappho war, diese Alys ihre Anactoria gewesen sein mußte. Natürlich habe ich die Unterschrift ausradiert, bevor ich das Bild Brownes scharfsichtiger Sibylle präsentierte ... Und hier wären wir also am Belafield und hoffen auf ein wenig Erleuchtung.«

Das Belafield war ein kleines, teures Apartmenthotel in der Gegend der 30. Straße. Das Foyer war im amerikanischen Queen-Anne-Stil gehalten, und die Gäste – nach denen zu urteilen, die zu sehen waren – stammten aus wohlhabenden, doch leichtlebigen Kreisen. Vance ließ seine Karte zu Miss La Fosse hinaufbringen und bekam Antwort, daß sie ihn in wenigen Minuten empfangen werde. Aus den wenigen Minuten wurde allerdings eine Dreiviertelstunde, und es war beinahe Mittag, als ein prachtvoll herausgeputzter Page kam, um uns zu den Gemächern der Dame zu geleiten.

Die Natur hatte Miss La Fosse mit vielen ihrer Gaben gesegnet, und was die Natur vergessen hatte, hatte Miss La Fosse selbst ergänzt. Sie war schlank und blond, mit großen blauen Augen und langen Wimpern und einer Unschuldsmiene, die doch ihre Intelligenz nicht verbergen konnte. Auf ihre Kleidung hatte sie große Sorgfalt verwendet, und als ich sie betrachtete, ging mir durch den Kopf, was für ein wunderbares Modell sie für Chérets Pastellplakate abgegeben hätte.

»*Sie* sind also Mr. Vance«, flötete sie. »Ihr Name ist mir schon oft in den *Town Topics* begegnet.«

Vance erschauderte.

»Und dies ist Mr. Van Dine«, sagte er mit strahlendem Lächeln, »– nur ein bescheidener Rechtsanwalt, dem die Erwähnung in jenem Wochenblatt der eleganten Welt leider bisher versagt blieb.«

»Aber nehmen Sie doch Platz!« (Ich bin sicher, daß Miss La Fosse diesen Satz für ein Theaterstück eingeübt hatte: Es war eine geradezu zeremonielle Einladung.) »Ich weiß gar nicht, wie ich Sie einfach so empfangen konnte. Aber ich nehme an, Sie kommen in Geschäften. Wahrscheinlich möchten Sie, daß ich bei einem Wohltätigkeitsbasar auftrete oder etwas in dieser Art. Aber ich bin vielbeschäftigt, Mr. Vance. Sie können sich gar nicht vorstellen, wieviel meine Arbeit mich beschäftigt ... Ich liebe meine Arbeit«, fügte sie noch mit einem begeisterten Seufzer hinzu.

»Und es muß Tausende geben, die diese Liebe teilen«, entgegnete Vance in bester Kavaliersmanier. »Doch leider habe ich keinen Basar zu bieten, dem Ihre bezaubernde Gegenwart Glanz verleihen könnte. Ich bin in einer weitaus ernsteren Angelegenheit hier ... Sie waren eng mit Miss Margaret Odell befreundet –«

Allein schon die Erwähnung des Namens genügte, die wahre Miss La Fosse zum Vorschein zu bringen. Die einschmeichelnde Art, die aufgesetzte Eleganz waren mit einem Schlag verschwunden. Ihre Augen, nun zusammengekniffen, schossen Blitze, statt des Kußmunds sahen wir gefletschte Zähne, und den Kopf warf sie wütend in den Nacken.

»Was glauben Sie eigentlich, wer Sie sind? Ich weiß nichts, und ich sage nichts – also hauen Sie ab, Sie und Ihr Anwalt da.«

Doch Vance machte keinerlei Anstalten zu gehorchen. Er holte sein Zigarettenetui hervor und wählte nach reiflicher Überlegung eine *Régie* aus.

»Sie gestatten doch, daß ich rauche? – Und darf ich Ihnen davon anbieten? Ich lasse sie direkt aus Konstantinopel importieren. Eine erlesene Mischung.«

Das Mädchen schnaubte nur und funkelte ihn verächtlich an. Aus dem Puppengesicht war eine Harpyie geworden.

»Verschwinden Sie aus meiner Wohnung, sonst hole ich den Hausdetektiv.« Sie griff zum Telefon, das neben ihr an der Wand hing.

Vance wartete, bis sie den Hörer abgenommen hatte.

»Wenn Sie das tun, Miss La Fosse, dann lasse ich Sie zum Verhör ins Büro des Bezirksstaatsanwalts bringen«, sagte er gleichmütig, zündete seine Zigarette an und lehnte sich zurück.

Langsam legte sie den Hörer zurück auf die Gabel und wandte sich ihm zu.

»Was wollen Sie denn überhaupt? ... Nehmen wir mal an, ich hätte Margy wirklich gekannt – was dann? Und wie passen Sie da ins Bild?«

»Ach, leider! Ich passe überhaupt nicht ins Bild.« Vance lächelte sie freundlich an. »Aber es scheint ohnehin niemanden zu geben, der paßt. Um die Wahrheit zu sagen, die Polizei ist im Begriff, wegen des Mordes an Ihrer Freundin einen armen Jungen zu verhaften, der auch nicht ins Tableau paßt. Der Zufall will es, daß ich mit dem Bezirksstaatsanwalt befreundet bin, und ich weiß genau, wie die Ermittlungen stehen. Die Polizisten laufen durcheinander wie in einem Ameisenhaufen, und keiner weiß, welche Spur sie als nächste aufnehmen werden. Und da kam mir die Idee, daß ich Ihnen, indem wir beide freundlich ein wenig miteinander plaudern, eine Menge Unannehmlichkeiten ersparen könnte. Wenn Sie natürlich«, fügte er hinzu, »es vorziehen, daß ich Ihren Namen an die zuständigen Behörden gebe, dann werde ich das tun, und die Polizei wird Sie auf ihre unnachahmliche, wenn auch ein wenig unfeine Art befragen. Sie sollen jedoch wissen, daß bisher dort niemand auf Ihre Freundschaft mit Miss Odell aufmerksam geworden ist, und wenn Sie vernünftig sind, dann wüßte ich nicht, warum ich denen davon erzählen sollte.«

Das Mädchen stand da, eine Hand noch immer am Telefon, und musterte Vance, der unbekümmert und in freundlichem Tonfall gesprochen hatte. Am Ende setzte sie sich wieder.

»Darf ich Ihnen nicht doch eine von meinen Zigaretten anbieten?« Es klang wie ein Versöhnungsangebot.

Mechanisch nahm sie eine Zigarette und ließ ihn dabei keine Sekunde aus den Augen, so als ob sie nicht wisse, wieweit sie ihm trauen konnte.

»Wer ist das, der verhaftet werden soll?« Sie fragte es, fast ohne eine Miene zu verziehen.

»Ein Bursche namens Skeel – blödsinnige Idee, nicht wahr?«

»Der!« Sie sagte es halb empört, halb verächtlich. »Dieser kleine Ganove? Der hätte doch nicht mal den Mumm, eine Katze zu erwürgen.«

»Genau, was ich auch sage. Aber das ist doch noch lange kein Grund, ihn auf den elektrischen Stuhl zu schicken, was?« Vance beugte sich vor und setzte sein gewinnendstes Lächeln auf. »Miss La Fosse, wenn Sie auch nur fünf Minuten mit mir sprechen und dabei einmal vergessen, daß Sie mich nicht kennen, dann gebe ich Ihnen mein Ehrenwort, daß die Polizei und die Bezirksstaatsanwaltschaft von mir nichts über Sie erfahren werden. Ich habe nichts mit den Behörden zu tun; mir gefällt nur einfach der Gedanke nicht, daß der falsche Mann büßen soll. Und ich verspreche Ihnen, ich werde vergessen, aus welcher Quelle meine Informationen kommen, sofern Sie denn so freundlich sind, mir etwas anzuvertrauen. Wenn Sie mir jetzt vertrauen, werden die Dinge auf lange Sicht unendlich viel einfacher für Sie sein.«

Das Mädchen blieb einige Minuten lang still. Man sah ihr an, daß sie ganz mit der Frage beschäftigt war, wie sie Vance einschätzen sollte; offenbar kam sie zu dem Schluß, daß sie – nun wo ihre Freundschaft zum Canary einmal entdeckt war – auf keinen Fall etwas zu verlieren hatte, wenn sie auf die Bitte dieses Mannes, der ihr Immunität versprochen hatte, einging.

»Wahrscheinlich ist es das beste«, sagte sie, noch immer ein wenig zweifelnd; »obwohl ich wirklich nicht weiß, warum ich Ihnen traue.« Sie hielt inne. »Es ist nämlich so: Ich habe gesagt bekommen, ich soll mich aus der Sache raushalten. Und wenn ich das nicht mache, dann darf ich bald wieder mit der Tanztruppe tingeln. Und das ist doch kein Leben für eine feine junge Frau wie mich, die sich gern mal was Besonderes gönnt – das können Sie mir glauben, mein Freund!«

»Ein solches Unglück soll Ihnen durch Indiskretion meinerseits niemals widerfahren«, versicherte Vance ihr verbindlich ... »Wer hat Ihnen gesagt, Sie sollten sich da heraushalten?«

»Mein – Verlobter.« Sie sagte es ein wenig kokett. »Er ist ein Mann der Gesellschaft und fürchtet sich vor dem Skandal, wenn ich wegen dieser Sache als Zeugin vor Gericht muß oder so etwas.«

»Ich kann verstehen, wie ihm zumute sein muß.« Vance nickte mitfühlend. »Und wer, wenn ich fragen darf, ist der Glückliche?«

»Hören Sie mal! Sie sind aber gut.« Sie machte einen Schmollmund als eine Art Kompliment. »Aber ich gebe die Verlobung noch nicht bekannt.«

»Nun zieren Sie sich nicht«, flehte Vance. »Sie wissen, daß ich mit ein paar Erkundigungen den Namen des Herrn auch selbst herausbekommen könnte. Aber wenn Sie mich dazu zwängen, anderswo nachzuforschen, dann könnte ich mein Versprechen nicht mehr halten, nirgends Ihren Namen zu nennen.«

Miss La Fosse dachte darüber nach.

»Wahrscheinlich könnten Sie das schon in Erfahrung bringen ... da kann ich es Ihnen genausogut sagen – aber Sie dürfen es nicht weitersagen.« Sie warf Vance mit großen Augen einen schmachtenden Blick zu. »Sie würden mich doch nicht verraten?«

»Meine liebe Miss La Fosse!« Er sagte es, als ob schon der pure Gedanke ihn kränke.

»Also, mein Verlobter ist Mr. Mannix, und er steht einer großen Pelzhandelsfirma vor ... Wissen Sie« – nun wurde sie regelrecht vertraulich –, »Louis – Mr. Mannix, meine ich – war früher mit Margy zusammen. Deshalb wollte er nicht, daß ich in die Geschichte hineingezogen werde. Er sagt, die Polizei würde ihm dann keine Ruhe lassen, und sein Name käme in die Zeitung. Das würde ihm bei seinen Geschäften schaden.«

»Dafür habe ich nur zu gut Verständnis«, murmelte Vance. »Wissen Sie zufällig, wo Mr. Mannix am Montag abend war?«

Das Mädchen blickte verblüfft drein.

»Sicher weiß ich das. Er war hier bei mir, von halb elf bis zwei Uhr morgens. Wir haben über ein neues Musical gesprochen, das er produzieren will; und ich soll die Hauptrolle darin spielen.«

»Dann ist der Erfolg doch schon garantiert!« Vance' Freundlichkeit war entwaffnend. »Und früher am Montag abend, waren Sie da allein zuhaus?«

»Ich allein zuhaus?« Den Gedanken schien sie komisch zu finden. »Ich habe mir ›Skandale‹ angesehen – aber ich bin früher gegangen. Ich wußte ja, daß Louis – Mr. Mannix – noch kommen wollte.«

»Ich hoffe nur, er war sich im klaren, welches Opfer Sie bringen.« Vance war wohl enttäuscht, daß sie Mannix so unerwartet zu einem Alibi verholfen hatte. Es war so überzeugend, daß es sich gar nicht lohnte, weiter nachzufragen. Nach kurzer Pause ging er zu einem anderen Thema über.

»Was wissen Sie über Mr. Charles Cleaver? Er war mit Miss Odell befreundet.«

»Oh, Paps ist in Ordnung.« Das Mädchen war sichtlich erleichtert über die Wendung, die das Gespräch nahm. »Eine ehrliche Haut. War regelrecht verknallt in Margy. Selbst als sie ihn schon fallengelassen hatte, wegen Mr. Spotswoode, da war er ihr noch treu, sozusagen – ist ihr nachgelaufen, hat ihr Blumen und Geschenke geschickt. Manche Männer sind einfach so. Der arme alte Paps! Noch am Montag abend hat er mit mir telefoniert; ich sollte Margy anrufen und eine spontane Party organisieren. – Wenn ich drauf eingegangen wär', wäre sie vielleicht jetzt noch am Leben ... Ist schon eine komische Welt, was?«

»Man kommt aus dem Lachen gar nicht heraus.« Vance saß eine Weile da und rauchte; ich konnte seine Selbstbeherrschung nur bewundern. »Wissen Sie noch, wie spät es war, als Cleaver am Montag abend anrief?« Nach seinem Tonfall hätte man denken können, es sei eine ganz belanglose Frage.

»Lassen Sie mich überlegen ...« Sie schürzte die Lippen zu einem hübschen Schnäuzchen. »Es muß zehn vor zwölf gewesen sein. Ich weiß noch, daß die kleine Uhr da auf dem Kaminsims Mitternacht geschlagen hat, und anfangs konnte ich Paps kaum hören. Sie müssen wissen, ich stelle alle meine Uhren immer zehn Minuten vor, damit ich nie zu spät zu einer Verabredung komme.«

Vance holte seine Taschenuhr hervor und verglich sie mit der Kaminuhr.

»Stimmt, sie geht zehn Minuten vor. – Und was ist aus der Party geworden?«

»Oh, ich war viel zu beschäftigt mit dem neuen Musical – ich mußte ihm absagen. Und Mr. Mannix hatte auch keine Lust, eine Party zu veranstalten ... Das war doch nicht meine Schuld, oder?«

»Nicht im mindesten«, versicherte Vance ihr. »Die Arbeit kommt vor dem Vergnügen – gerade wenn es eine so wertvolle Arbeit ist wie die Ihre ... Und nun möchte ich Sie noch nach einem weiteren Mann fragen; danach werde ich Sie nicht mehr belästigen. – Wie war das Verhältnis zwischen Miss Odell und Dr. Lindquist?«

Das brachte Miss La Fosse sichtlich in Verlegenheit.

»Ich habe schon darauf gewartet, daß Sie mich nach ihm fragen.« In ihren Augen stand Furcht geschrieben. »Ich weiß nicht, was ich da sagen soll. Er war wahnsinnig verliebt in Margy; und sie hat ihm auch noch Hoffnungen gemacht. Später hat sie es bereut, denn er war furchtbar eifersüchtig – verrückt vor Eifersucht. Er hat sie einfach nicht in Ruhe gelassen. Stellen Sie sich vor – einmal hat er gedroht, sie zu erschießen, und anschließend sich selbst! Ich hab' Margy gesagt, sie soll sich vor ihm in acht nehmen. Aber offenbar hatte sie keine Angst. Also ich denke, daß sie da ein ganz schönes Risiko einging ... Oh! Meinen Sie etwa, daß er – meinen Sie wirklich –?«

»Gab es nicht noch andere«, unterbrach Vance sie, »die vielleicht ebenso empfanden? – Gab es sonst noch jemanden, den Miss Odell fürchten mußte?«

»Nein.« Miss La Fosse schüttelte den Kopf. »Es gab nicht viele Männer, die Margy näher kannte. Sie ist immer bei einem geblieben, verstehen Sie. Außer denen, die Sie genannt haben, gab es niemanden – Mr. Spotswoode natürlich noch. Der hat Paps ausgestochen – schon vor ein paar Monaten. Mit dem war sie noch am Montag abend aus. Ich habe sie gefragt, ob sie nicht mit mir in ›Skandale‹ gehen will – deshalb weiß ich das.«

Vance erhob sich und reichte ihr die Hand.

»Ich bin Ihnen zu großem Dank verpflichtet. Und glauben Sie mir, Sie haben nichts zu befürchten. Niemand wird je von unserem kleinen Besuch heute vormittag erfahren.«

»Was meinen Sie, wer hat Margy umgebracht?« Aus der Stimme des Mädchens klang nun echte Anteilnahme. »Louis sagt, wahrscheinlich war es ein Einbrecher, der es auf ihren Schmuck abgesehen hatte.«

»Ich werde mich hüten, Zwietracht in diese wunderbare Freundschaft zu säen, indem ich auch nur Zweifel an Mr. Mannix' Meinung anmeldete«, sagte Vance, ein wenig übermütig. »Niemand *kennt* den Schuldigen; aber die Polizei ist der gleichen Ansicht wie Mr. Mannix.«

Einen Moment lang kehrten die Zweifel des Mädchens zurück, und sie blickte Vance forschend an.

»Wieso interessiert Sie das so? Sie haben doch Margy gar nicht gekannt, oder? Jedenfalls hat sie nie von Ihnen gesprochen.«

Vance lachte.

»Mein liebes Kind! Wenn ich nur wüßte, warum diese verdammte Geschichte mich so interessiert. Glauben Sie mir, ich kann Ihnen nicht die kleinste Antwort darauf geben ... Nein, ich habe Miss Odell nicht gekannt. Aber es geht einfach gegen meinen Sinn für Harmonie, daß Mr. Skeel leiden soll, und der wirkliche Täter kommt davon. Vielleicht werde ich sentimental. Ein trauriges Schicksal, nicht wahr?«

»Ich glaube, das geht mir genauso.« Sie nickte und sah Vance dabei tief in die Augen. »Ich werd' auch weich. Ich hab' mein schönes Leben hier riskiert, um Ihnen zu sagen, was Sie wissen wollten – aber irgendwie glaube ich Ihnen ... Sie haben mich doch nicht aufs Kreuz gelegt, oder?«

Vance legte die Hand aufs Herz und antwortete mit ernster Stimme:

»Meine liebe Miss La Fosse, wenn ich diesen Raum verlasse, dann wird es sein, als ob ich ihn nie betreten hätte. Verbannen Sie mich und Mr. Van Dine aus Ihren Gedanken.«

Etwas an Vance' Stimme nahm ihr wohl ihre Furcht, und als sie uns zur Tür begleitete, schnurrte sie schon wieder wie ein Kätzchen.

Kapitel XVII

Ein Alibi wird geprüft

(Donnerstag, 13. September, nachmittags)

»Nicht schlecht, meine Detektivarbeit, was?« freute sich Vance, als wir wieder auf der Straße waren. »Aus der blonden Alys sprudelten die Informationen ja nur so heraus! Aber Sie hätten sich besser unter Kontrolle haben müssen, als sie den Namen ihres Liebsten preisgab – wirklich, Van, mein Alter, so geht das nicht. Man konnte sehen, wie Sie zusammenfuhren und die Luft anhielten. Nicht *comme il faut* für einen Anwalt, daß er sich dermaßen seine Gefühle anmerken läßt.«

Von einem Telefon in einem Drugstore nicht weit vom Hotel rief er Markham an: »Ich lade Sie zum Mittagessen ein. Ich habe eine ganze Reihe Neuigkeiten, die ich Ihnen ins Ohr flüstern möchte.« Es folgte eine Auseinandersetzung, die Vance schließlich für sich entschied; und einen Augenblick darauf saßen wir schon im Taxi in die Innenstadt.

»Alys ist nicht auf den Kopf gefallen – da steckt Verstand unter der blonden Coiffure«, sinnierte Vance. »Viel gewitzter als Heath. Sie verstand auf Anhieb, daß Skeel nicht der Schuldige sein konnte. Ihre Beschreibung unseres feinen Tony war nicht gerade elegant, aber wie zutreffend – ach, wie zutreffend! Und natürlich ist Ihnen aufgefallen, wie sie mir vertraute. Rührend, nicht? ... Das ist eine vertrackte Sache, Van. Irgendwo stimmt etwas nicht.«

Eine längere Strecke saß er nur schweigend und rauchend da.

»Mannix ... Merkwürdig, wie er wieder auftaucht. Und befiehlt Alys, den Mund zu halten. Warum? Vielleicht wirklich nur aus dem Grund, den er ihr genannt hat. Wer weiß? – Aber war er nun wirklich von halb elf bis zwei Uhr morgens bei seiner *chère amie?* Tja, ja. Wiederum fragen wir uns: Wer weiß? Ein wenig unglaubwürdig, diese geschäftliche Unterredung ... Dann Cleaver. Er rief um zehn Minuten vor Mitternacht an – o ja, er hat angerufen. Das war kein Märchen, was sie uns da erzählt hat. Doch wie konnte er anrufen, wo er doch durch New Jersey raste? Das konnte er nicht. Vielleicht wollte er ja wirklich seinen untreu gewordenen Canary auf eine Party locken. Aber warum dann das falsche Alibi? Angst? Vielleicht. Warum so umständlich? Warum hat er seine alte Flamme nicht selbst angerufen? Aber vielleicht hat er das ja! Schließlich wissen wir, daß jemand um zwanzig vor zwölf bei ihr anrief. Dem müssen wir nachgehen, Van ... Ja, vielleicht hat er angerufen, und als dann ein Mann an den Apparat ging – wer zum Teufel *war* dieser Mann? –, da wandte er sich an Alys. Ganz natürlich, finden Sie nicht auch? Jedenfalls war er nicht in Boonton. – Der arme Markham! Ein schwerer Schlag! ... Aber was mich am meisten beschäftigt, ist die Sache mit dem Doktor. Rasende Eifersucht: Das paßt wunderbar zum Charakter unseres Ambroise. Genau der Typus, der die Beherrschung verliert. Daß er uns mit seinem Eingeständnis väterlicher Zuneigung in die Irre führen wollte, liegt auf der Hand. Ich muß schon sagen! Der Doktor hat also Drohungen ausgestoßen und mit der Pistole gefuchtelt. Schlimme Sache. Das gefällt mir gar nicht. Ein Mann mit solchen Ohren hätte keine Hemmungen abzudrücken. Paranoia – es kann nichts anderes sein. Verfolgungswahn. Hat wahrscheinlich im Glauben gelebt, das Mädchen und Paps – oder meinetwegen das Mädchen und Spotswoode – legten es darauf an, ihn unglücklich zu machen, und lachten heimlich über ihn. Bei solchen Burschen weiß man nie, was bei denen alles im Kopf vorgeht – und sie sind gefährlich. Die kluge Alys hatte ihn durchschaut – hatte den Canary vor ihm gewarnt ... Ein entsetzliches Gestrüpp, wenn man das alles zusammen sieht. Ich bin ratloser denn je. Es geht voran – das steht fest –, doch in welche Richtung, das könnte ich nicht einmal vermuten. Ich bin ganz und gar nicht zufrieden.«

Markham erwartete uns am Banker's Club. Er machte einen gereizten Eindruck.

»Da bin ich ja gespannt, was so furchtbar wichtig sein soll, daß es nicht bis heute abend warten konnte.«

»Nun machen Sie doch nicht so ein Gesicht«, begrüßte Vance ihn strahlend. »Neuigkeiten von Ihrem Leitstern Skeel?«

»Bisher war er brav und anständig wie ein Lamm. Nur in der Kirche war er noch nicht.«

»Bald ist Sonntag. Geben Sie ihm Zeit ... Sie sind also nicht glücklich, mein lieber Markham?«

»Habe ich meine andere Verabredung absagen müssen, damit Sie mich nach meiner Laune fragen?«

»Das wäre überflüssig. Ihre Laune ist miserabel ... Kopf hoch! Hören Sie mich an, dann haben Sie etwas zum Nachdenken.«

»Teufel! Mir fehlt nichts zum Nachdenken, ich habe *zuviel* davon.«

»Hier, nehmen Sie eine Brioche.« Vance hatte für uns bestellt, ohne uns zu fragen. »Und nun zu meinen Enthüllungen. *Imprimis:* Paps Cleaver war letzten Montag abend nicht in Boonton. Er war hier mitten in unserem Sündenbabel und tat alles, um eine Mitternachtsparty auf die Beine zu stellen.«

»Wunderbar«, schnaubte Markham. »Ich verneige mich vor soviel Weisheit. Was auf der Straße nach Hopatcong gesehen wurde, war sein Astralleib. Das war ja nicht anders zu erwarten.«

»Seien Sie so spiritistisch, wie Sie wollen. Am Montag um Mitternacht war Cleaver in New York und lechzte nach Vergnügen.«

»Und was ist mit dem Strafzettel?«

»Das aufzuklären ist Ihre Sache. Ich an Ihrer Stelle würde den Dorfpolizisten aus Boonton herkommen lassen, damit er einen Blick auf Paps werfen kann. Wenn er sagt, daß das wirklich der Mann ist, dem er das Strafmandat verpaßt hat, mache ich meinem erbärmlichen Leben ein Ende.«

»Na! Das ist doch ein Angebot. Ich lasse den Beamten heute nachmittag in den Stuyvesant-Club kommen und zeige ihm Cleaver ... Und was haben sie sonst noch an umwerfenden Neuigkeiten in petto?«

»Es würde sich lohnen, ein Auge auf Mannix zu halten.«

Markham legte Messer und Gabel ab und lehnte sich zurück.

»Was Sie nicht sagen! Welch titanengleiche Weisheit! Bei dem Beweismaterial, das wir gegen ihn vorliegen haben, sollte er auf der Stelle verhaftet werden ... Vance, guter Freund, ist Ihnen wirklich wohl? Keine Schwindelanfälle in letzter Zeit? Stechender Schmerz im Kopf? Kniereflexe noch normal?«

»Des weiteren war Dr. Lindquist unsterblich verliebt in den Canary und rasend vor Eifersucht. Drohte vor kurzem damit, unter Zuhilfenahme einer Pistole ein kleines Privatpogrom abzuhalten.«

»Das klingt schon besser.« Markham setzte sich wieder auf. »Wo haben Sie das her?«

»Ah! Das ist mein Geheimnis.«

Markham war ärgerlich.

»Spielen Sie jetzt den Geheimnistuer?«

»Muß sein, alter Junge. Habe mein Wort gegeben und all das. Und ein bißchen habe ich ja von Don Quichotte – zuviel Cervantes in jungen Jahren.« Er sagte das leichthin, doch Markham kannte ihn gut genug, um zu wissen, daß weitere Nachfrage sinnlos war.

Wir kehrten zum Büro des Bezirksstaatsanwalts zurück, und es dauerte keine fünf Minuten, bis Heath eintrat.

»Ich hab' was Neues über Mannix erfahren, Sir; dachte, das würden Sie vielleicht gern noch dem Bericht von gestern hinzufügen. Burke hat ein Bild von ihm aufgetrieben und es den beiden Telefonisten im Haus von der Odell gezeigt. Sie haben ihn beide wiedererkannt. Er war ein paarmal da, aber nicht beim Canary. Er hat die Frau in Apartment 2 besucht. Sie heißt Frisbee und hat früher für Mannix Pelze vorgeführt. Er ist im letzten halben Jahr ein paarmal bei ihr gewesen und war ein- oder zweimal mit ihr aus; in den letzten vier, fünf Wochen allerdings nicht mehr ... Hilft das was?«

»Schwer zu sagen.« Markham warf Vance einen fragenden Blick zu. »Aber danke für die Information, Sergeant.«

»Übrigens«, säuselte Vance, nachdem Heath uns wieder verlassen hatte, »ich fühle mich prächtig. Keine Kopfschmerzen, keine Schwindelanfälle. Alle Reflexe in Ordnung.«

»Freut mich zu hören. Trotzdem kann ich keinen Mann des Mordes anschuldigen, nur weil er seine Vorführdame besucht.«

»Seien Sie doch nicht so voreilig! Warum sollten Sie ihn des Mordes anschuldigen?« Vance erhob sich mit einem Gähnen. »Kommen Sie, Van. Ich möchte den Nachmittag lieber im Metropolitan verbringen und mich in die Betrachtung von Pernebs Grabmal versenken. Könnten Sie das ertragen?« An der Tür hielt er noch einmal inne. »Markham, denken Sie auch an den wackeren Ordnungshüter aus Boonton?«

Markham läutete nach Swacker.

»Ich kümmere mich gleich darum. Stellen Sie sich gegen fünf im Club ein, wenn Ihnen danach ist. Bis dahin habe ich den Beamten da, und Cleaver wird sicher vor dem Abendessen kommen.«

Als Vance und ich am späten Nachmittag im Club eintrafen, hatte Markham im Salon gegenüber dem Haupteingang der Rotunde Posten bezogen. Neben ihm saß ein großer, grobknochiger Mann, sonnengebräunt, um die vierzig; er war aufmerksam, doch sichtlich nervös.

»Verkehrspolizist Phipps ist vor einer Weile aus Boonton eingetroffen«, stellte Markham ihn uns vor. »Cleaver müßte jeden Moment kommen. Er hat eine Verabredung um halb sechs.«

Vance zog sich einen Stuhl heran.

»Dann hoffe ich nur, daß der Bursche pünktlich ist.«

»Ich auch«, erwiderte Markham gehässig. »Ich kann Ihr *felo-de-se* gar nicht mehr erwarten.«

»›Statt Glück Verlust, statt Hoffnung nur Verzweiflung‹«, murmelte Vance.

Knapp zehn Minuten später betrat Cleaver die Rotunde durch den Haupteingang, ging zur Rezeption und schlenderte von dort herüber zum Salon. An dem Beobachtungspunkt, den Markham gewählt hatte, mußte jeder vorüber, und als er auf unsere Höhe kam, hielt er inne, um uns zu begrüßen. Markham hielt ihn mit ein paar belanglosen Fragen einen Moment lang fest; dann ging Cleaver seines Weges.

Markham wandte sich Phipps zu. »War das der Mann, dem Sie Ihren Strafzettel ausgestellt haben, Officer?« fragte er.

Phipps verzog ratlos das Gesicht.

»Ein bißchen von ihm hat er schon, Sir«, sagte er. »Irgendwie ähnlich sehen sie sich. Aber das ist er nicht.« Er schüttelte den Kopf. »Nein, Sir, das ist er nicht. Der Bursche, dem ich den Strafzettel verpaßt hab', war stämmiger, nicht so groß wie der Herr hier.«

»Sind Sie da sicher?«

»Ja, Sir – ganz eindeutig. Der Bursche, den ich erwischt hab', hat mir Widerworte gegeben, und dann wollte er mir einen Fünfer zustecken, damit ich ein Auge zudrücke. Ich hatte ihn genau im Scheinwerferlicht.«

Phipps wurde mit einem stattlichen Trinkgeld entlassen.

»*Vae misero mihi*«, seufzte Vance. »Mein wertloses Leben soll fortbestehen. Ein Jammer. Tragen Sie es mannhaft ... Hören Sie, Markham, wie sieht eigentlich Paps Cleavers Bruder aus?«

»Das ist die Lösung«, bestätigte Markham. »Ich kenne seinen Bruder; er ist kleiner und dicker als er ... Allmählich wächst mir die Sache über den Kopf. Ich glaube, ich werde mir Cleaver jetzt gleich vorknöpfen.«

Er wollte sich erheben, doch Vance drückte ihn wieder in seinen Sessel.

»Nur die Ruhe. Keine voreiligen Unternehmungen. Cleaver wird sich schon nicht aus dem Staub machen, und es empfiehlt sich sehr, zuerst zwei oder drei anderen Dingen nachzugehen. Nach wie vor sehne ich mich danach, mehr über Mannix und Lindquist zu erfahren.«

Markham ließ sich nicht beirren.

»Mannix und Lindquist können warten; Cleaver ist gleich nebenan, und ich will wissen, warum er mich mit diesem Strafzettel belogen hat.«

»Das kann ich Ihnen verraten«, sagte Vance. »Er wollte, daß Sie glauben, er sei am Montag um Mitternacht im finstersten New Jersey gewesen. – So einfach ist das.«

»Eine Schlußfolgerung, die Ihrem Scharfsinn wahrhaft Ehre macht. Aber ich hoffe doch, Sie halten nicht ernstlich Cleaver für den Täter. Denkbar, daß Cleaver in die Sache verwickelt ist; aber als Würger kann ich ihn mir wirklich nicht vorstellen.«

»Wieso nicht?«

»Er ist einfach nicht der Typ. Unvorstellbar – selbst wenn es Indizien gäbe, die ihn belasteten.«

»Ah! Ein psychologisches Urteil! Sie schließen Cleaver aus, weil für Ihre Begriffe sein Charakter und die Tat nicht zusammenpassen. Ich muß schon sagen, kommt das nicht gefährlich in die Nähe einer weit hergeholten Hypothese? – Einer metaphysischen Schlußfolgerung? ... Obwohl ich, was Ihre Anwendung solcher Kategorien auf Cleaver angeht, nicht ganz Ihrer Meinung bin. In diesem glubschäugigen Glücksspieler steckt ein ungeahntes kriminelles Potential. Mit Ihrer Haltung als solcher hingegen bin ich voll und ganz im Einklang. Und führen Sie sich das vor Augen, mein lieber Markham – Sie selbst arbeiten mit Psychologie in ihrer einfältigsten Form und verspotten doch meine Anwendung ihrer tiefergehenden Erkenntnisse. Konsequenz mag ja das Steckenpferd kleiner Geister sein, doch trotzdem bleibt sie von unschätzbarem Wert ... Wie wäre es mit einer Tasse Tee?«

Wir gingen zum Palmensalon und ließen uns an einem Tisch nicht weit vom Eingang nieder. Vance nahm einen Oolong, Markham und ich bestellten schwarzen Kaffee. Ein sehr tüchtiges Vier-Mann-Orchester spielte Tschaikowskys »Nußknackersuite«, und wir saßen schweigend in unseren komfortablen Sesseln und entspannten uns. Markham war müde und niedergeschlagen, Vance ganz in das Rätsel dieses Verbrechens vertieft, das ihn nun schon seit Dienstag morgen nicht mehr losließ. Nie zuvor hatte ich ihn so sehr mit etwas beschäftigt gesehen.

Wir hatten dort vielleicht eine halbe Stunde beisammengesessen, als Spotswoode hereinkam. Er blieb bei uns stehen und wechselte ein paar Worte mit uns, und Markham lud ihn ein, uns Gesellschaft zu leisten. Auch er machte einen bedrückten Eindruck, und seine Augen blickten kummervoll drein.

»Ich traue mich ja kaum, Sie zu fragen, Mr. Markham«, hob er kleinlaut an, nachdem er ein Ginger Ale bestellt hatte, »aber wie stehen denn meine Chancen mittlerweile, daß ich nicht als Zeuge aussagen muß?«

»Zumindest ist die Gefahr nicht größer geworden, seit wir uns das letzte Mal sahen«, antwortete Markham. »Die Situation hat sich seither nicht nennenswert verändert.«

»Und der Mann, den Sie in Verdacht hatten?«

»Wir haben ihn nach wie vor in Verdacht, aber eine Verhaftung hat es bisher nicht gegeben. Wir hoffen allerdings, daß der Durchbruch unmittelbar bevorsteht.«

»Und wahrscheinlich wünschen Sie, daß ich nach wie vor in der Stadt bleibe?«

»Wenn es sich einrichten läßt – ja.«

Spotswoode schwieg für eine Weile; dann sagte er:

»Es soll nicht so aussehen, als ob ich mich vor der Verantwortung drücken wollte – und vielleicht werden Sie es furchtbar egoistisch von mir finden, daß ich so etwas überhaupt vorschlage –, aber würde denn nicht die Aussage des Telefonisten, was den Zeitpunkt von Miss Odells Rückkehr und ihre Hilferufe angeht, für eine Bestandaufnahme der Tatsachen auch ohne meine Bestätigung genügen?«

»Das habe ich mir natürlich auch schon durch den Kopf gehen lassen; und wenn es nur irgend möglich ist, Anklage zu erheben, ohne daß ich Sie als Zeugen vorladen muß, dann werde ich es auch tun, das versichere ich Ihnen. Im Augenblick sehe ich keinen Grund, auf Ihre Aussage zurückzugreifen. Aber man weiß nie, was sich noch ergibt. Wenn die Argumente der Verteidigung sich um den exakten Zeitpunkt drehen oder die Aussage des Telefonisten in Zweifel gezogen oder aus irgend einem Grunde nicht anerkannt wird, dann werden Sie auf den Plan treten müssen. Sonst nicht.«

Spotswoode nippte an seinem Ginger Ale. Ein klein wenig von seiner Bedrücktheit schien verflogen.

»Sehr großzügig von Ihnen, Mr. Markham. Ich wünschte nur, ich könnte Ihnen angemessen danken.« Er blickte zögernd auf. »Ich nehme an, Sie werden nach wie vor nicht gestatten, daß ich die Wohnung noch einmal sehe ... Ich weiß, Sie finden das unvernünftig, sentimental womöglich; aber das Mädchen hat mir viel bedeutet, und es fällt mir nicht leicht, das nun einfach zu vergessen. Ich kann nicht von Ihnen erwarten, daß Sie das verstehen – ich verstehe es ja selbst kaum.«

»Aber es ist doch nicht schwer, das zu verstehen«, meinte Vance mit einem Mitgefühl, wie ich es selten bei ihm erlebt habe. »Für einen solchen Wunsch bedarf es keiner Entschuldigung. In Historie wie Literatur findet sich eine Lage wie die Ihre allenthalben, und die Persönlichkeiten der Geschichte haben stets genauso empfunden wie Sie. Ihr illusterster Vorläufer war natürlich Odysseus auf der zitronenduftenden Insel Ogygia mit seiner faszinierenden Kalypso. Die zärtlichen Arme der Sirenen haben Männernacken umschlungen, seit die feuerhaarige Lilith den nur zu leicht zu beeindruckenden Adam umgarnte. Und das Blut dieses flotten Knaben haben wir schließlich alle in den Adern.«

Spotswoode lächelte.

»Wenigstens geben Sie mir einen historischen Hintergrund«, sagte er. Dann wandte er sich wieder Markham zu. »Was geschieht mit Miss Odells Habseligkeiten – den Möbeln und so weiter?«

»Sergeant Heath hat eine Tante in Seattle ausfindig gemacht«, antwortete Markham. »Sie ist, glaube ich, schon unterwegs nach New York, um das Erbe anzutreten.«

»Und bis dahin wird alles unberührt bleiben?«

»Wahrscheinlich sogar länger, wenn nicht noch etwas Unvorhergesehenes geschieht. Bis dahin auf alle Fälle.«

»Es gibt ein oder zwei Stücke, die ich gern zur Erinnerung hätte«, gestand Spotswoode mit, wie ich fand, fast schon verschämter Miene.

Ein paar Minuten lang plauderte er noch mit uns, dann erhob er sich – er habe noch einen Termin – und wünschte uns einen schönen Nachmittag.

»Ich hoffe nur, daß ich ihn wirklich da heraushalten kann«, sagte Markham, als er fort war.

»Tja; in seiner Lage ist er nicht zu beneiden«, pflichtete Vance ihm bei. »Immer traurig, wenn man ertappt wird. Und der Moralist empfindet es auch noch als gerechte Strafe.«

»In diesem Falle hat sich das Schicksal ja nun wirklich auf die Seite der Rechtschaffenheit geschlagen. Wenn er für seinen Ausflug in den Winter Garden nicht gerade den Montag abend ausgesucht hätte, säße er nun im Schoße der Familie, und nichts Schlimmeres würde ihn quälen als ein schlechtes Gewissen.«

»Es hat ganz den Anschein.« Vance warf einen Blick auf die Uhr. »Ihre Erwähnung des Winter Garden gibt mir das Stichwort. Ist es Ihnen recht, wenn wir heute früh zu abend essen? Lustbarkeiten locken mich später am Abend. Ich gehe in ›Skandale‹.«

Markham und ich sahen ihn an, als sei er von Sinnen.

»Nun blicken Sie doch nicht so entsetzt drein, Markham. Warum soll ich denn nicht auch einmal einer Laune nachgeben? ... Und übrigens hoffe ich, daß ich schon morgen mittag gute Neuigkeiten für Sie habe.«

Kapitel XVIII

Die Falle

(Freitag, 14. September, mittags)

Am folgenden Tag schlief Vance lange. Ich hatte ihn am Abend zuvor in die »Skandale« begleitet, obwohl ich einfach nicht verstehen konnte, warum er plötzlich den Wunsch verspürte, sich eine Revue anzusehen – eine Zerstreuung, die er sonst immer verachtet hatte. Am Mittag ließ er den Wagen vorfahren, und als Ziel nannte er dem Chauffeur das Hotel Belafield.

»Wir werden der liebreizenden Alys einen weiteren Besuch abstatten«, sagte er. »Ich würde ja ein Bouquet mitbringen, um es ihr zu Füßen zu legen, doch ich fürchte, der gute Mannix würde ihr deswegen die unpassendsten Fragen stellen.«

Miss La Fosse war nicht erfreut, uns zu sehen.

»Das hätte ich mir ja auch denken können!« Sie blickte uns mit verächtlicher Miene an und nickte mit dem Kopf dazu. »Wahrscheinlich wollen Sie mir jetzt erzählen, daß die Bullen mir doch auf die Schliche gekommen sind und daß Sie aber nicht das geringste damit zu tun haben.« Ihre Verachtung hatte etwas geradezu Grandioses. »Haben Sie sie gleich draußen stehen? ... Ein feiner Freund sind Sie! – Aber was bin ich auch so blöd und falle auf so jemanden herein.«

Vance wartete, bis sie mit ihrer Tirade fertig war. Dann verbeugte er sich artig.

»Ehrlich gesagt komme ich eigentlich nur vorbei, um Ihnen meine Aufwartung zu machen und Ihnen zu sagen, daß die Polizei ihren Bericht über Miss Odells Bekanntenkreis vorgelegt hat, und Ihr Name kommt nicht darin vor. Sie schienen sich ja gestern in diesem Punkt ein wenig Sorgen zu machen, und ich dachte, ich schaue noch einmal vorbei, um Ihnen zu versichern, daß nicht der geringste Grund zu Beunruhigung mehr besteht.«

Sie entspannte sich ein wenig.

»Und das ist kein Trick? ... Lieber Himmel! Gar nicht auszumalen, was passiert, wenn Louis dahinterkommt, daß ich geplaudert habe.«

»Ich bin sicher, er wird es nie herausfinden – es sei denn, Sie erzählen es ihm selbst ... Wollen Sie nicht so großzügig sein und mir für eine kleine Weile einen Platz anbieten?«

»Aber natürlich – bitte verzeihen Sie. Ich trinke eben meinen Kaffee. Wollen Sie mir nicht Gesellschaft leisten?« Sie läutete und ließ zwei zusätzliche Gedecke kommen.

Vance hatte vor noch nicht einmal einer halben Stunde zwei Tassen Kaffee zu sich genommen, und ich konnte nur staunen, mit welcher Begeisterung er das abscheuliche Hotelgebräu trank.

»Gestern abend habe ich mir endlich auch die ›Skandale‹ angesehen«, erzählte er in beiläufigem Ton. »Ich hatte es zu Anfang der Saison versäumt. – Wie kommt es, daß *Sie* die Revue erst dieser Tage gesehen haben?«

»Ich hatte einfach zuviel zu tun«, vertraute sie uns an. »Ich habe für ›A Pair of Queens‹ geprobt; aber die Premiere ist jetzt verschoben worden. Louis konnte das Theater, das er dafür will, nicht bekommen.«

»Mögen Sie Revuen?« fragte Vance. »Ich könnte mir vorstellen, daß sie den Hauptdarstellerinnen mehr abverlangen als ein einfaches Musical.«

»Da haben Sie recht.« Miss La Fosse war nun ganz in ihrem Element. »Und man hat nicht einmal etwas davon. Als einzelner geht man in der Truppe unter. Das Talent kommt überhaupt nicht zur Geltung. Alles viel zu turbulent, verstehen Sie?«

»Das kann man wohl sagen.« Vance nahm tapfer einen Schluck von seinem Kaffee. »Aber es gab doch die eine oder andere Nummer in den ›Skandalen‹, in der ich mir Sie gut hätte vorstellen können; man könnte fast sagen, sie waren wie gemacht für Sie. Ich habe mir ausgemalt, wie Sie wohl in diesen Rollen ausgesehen hätten, und glauben Sie mir, plötzlich gefiel mir die junge Dame, die da auf der Bühne stand, gar nicht mehr so sehr.«

»Sie sind ein Schmeichler, Mr. Vance. Aber meine Stimme kann sich wirklich hören lassen. Ich habe hart daran gearbeitet. Und meine Tanzausbildung habe ich bei Professor Markoff bekommen.«

»Was Sie nicht sagen!« (Ich war mir sicher, daß Vance den Namen nie zuvor gehört hatte, doch seiner Reaktion nach hätte man denken können, daß für ihn Professor Markoff zu den weltweit führenden Ballettmeistern zählte.) »Dann hätte Ihnen doch in den ›Skandalen‹ eine Hauptrolle gebührt! Mit dem Gesang der jungen Dame, die ich vor Augen habe, war es nicht weit her, und ihr Tanz ließ sehr zu wünschen übrig. Und was Ausstrahlung und Attraktivität angeht, sind Sie ihr um Klassen überlegen ... Sagen Sie ehrlich: Haben Sie am Montag abend beim ›Chinesischen Wiegenlied‹ denn nicht auch gedacht, daß *Sie* auf der Bühne stehen sollten?«

»Also, ich weiß nicht.« Miss La Fosse dachte über diese Anregung nach. »Die Beleuchtung war ja sehr schwach, und Kirschrot steht mir nicht besonders. Aber die Kostüme waren wunderbar, finden Sie nicht auch?«

»An Ihnen wären sie einfach göttlich gewesen ... Welches ist Ihre Lieblingsfarbe?«

»Ich liebe Violettöne«, antwortete sie mit Begeisterung; »obwohl ich auch in Türkis gut zur Geltung komme. Ein Künstler hat mir einmal gesagt, ich solle nur Weiß tragen. Er wollte mein Porträt malen, aber mein damaliger Verlobter mochte ihn nicht.«

Vance betrachtete sie mit einem prüfenden Blick.

»Ich glaube, Ihr Künstlerfreund hatte recht. Und die St.-Moritz-Szene wäre genau das Richtige für Sie gewesen. Die kleine Brünette, die das Schneelied sang, ganz in Weiß, war wirklich gut; aber eigentlich hätte man dafür jemanden mit blondem Haar gebraucht. Dunkle Schönheiten gehören in südliches Ambiente. Für meine Begriffe fehlte da das Glitzernde, Vitale, das so ein Schweizer Skiort im Winter hat. Sie hätten das viel überzeugender vermitteln können.«

»Ja; ich glaube, das wäre eher etwas für mich gewesen als die China-Nummer. Polarfuchs ist auch mein Lieblingspelz. Aber trotzdem – in einer Revue ist man nur in einer Nummer auf der Bühne, und bis der Abend vorbei ist, haben die Leute einen schon wieder vergessen.« Sie seufzte unglücklich.

Vance setzte seine Tasse ab und sah sie mit einem spöttisch-tadelnden Blick an. Er wartete einen Moment lang, dann sagte er:

»Warum haben Sie mir etwas vorgeflunkert, meine Liebe – über die Uhrzeit, zu der Sie am Montag abend hierher zurückgekehrt sind? Das war nicht nett von Ihnen.«

»Was soll das heißen!« rief Miss La Fosse entrüstet, doch mit einem Unterton von Furcht. Sie richtete sich in ihrem Sessel auf, damit sie umso vernichtender dreinblicken konnte.

»Nun, sehen Sie«, erklärte Vance, »die St.-Moritz-Szene der ›Skandale‹ beginnt ja erst um kurz vor elf und ist die Schlußnummer der Revue. Sie können sie also unmöglich gesehen und schon um halb elf hier Mr. Mannix empfangen haben. – Kommen Sie. Wann ist er in Wirklichkeit hier eingetroffen?«

Dem Mädchen stieg die Zornesröte ins Gesicht.

»Sie sind ja ganz schön gewieft, was? Hätten doch Bulle werden sollen ... Und wenn ich nun erst nach Hause gegangen wäre, als die Show zu Ende war? Ist das etwa ein Verbrechen?«

»Aber nein«, erwiderte Vance milde. »Nur ein wenig unfreundlich, mir die falsche Uhrzeit zu nennen.« Er beugte sich nachdrücklich vor. »Ich will Ihnen keinen Ärger machen. Im Gegenteil, ich bin hier, um Ihnen Kummer oder Unannehmlichkeiten zu ersparen. Denn sehen Sie, wenn die Polizei weiter herumschnüffelt, dann stoßen sie am Ende vielleicht doch noch auf Sie. Aber wenn ich dem Bezirksstaatsanwalt zu bestimmten Dingen, die mit dem Montag abend zu tun haben, genaue Angaben machen kann, wird keiner die Polizei auf die Suche danach schicken.«

Miss La Fosse kniff die Augen zusammen und runzelte energisch die Stirn.

»Hören Sie! Ich hab' nichts zu verbergen, und Louis genausowenig. Aber wenn Louis mich darum bittet zu sagen, daß er um halb elf irgendwo gewesen ist, dann sag' ich das – verstehen Sie? Für mich ist das so, wenn man befreundet ist. Und Louis wird schon seinen guten Grund gehabt haben, mich darum zu bitten, sonst hätte er's nicht getan. Aber wo Sie ja so klug sind und mir vorhalten, ich wäre unfair gewesen, verrate ich Ihnen, daß er erst nach Mitternacht hier angekommen ist. Aber wenn mich sonst jemand fragt, dann werde ich ums Verrecken nicht von meiner Halb-Elf-Geschichte abgehen – klar?«

Vance verneigte sich.

»Klar; und es ist eine Haltung, die mir gefällt.«

»Aber kommen Sie nicht auf falsche Gedanken«, fuhr sie sogleich fort, und ihre Augen leuchteten vor Eifer. »Kann schon sein, daß Louis erst nach Mitternacht hier angekommen ist, aber wenn Sie denken, er weiß was über den Mord an Margy, dann sind Sie wirklich verrückt. Er hat schon vor über einem Jahr mit ihr Schluß gemacht. Der hat überhaupt nicht mehr an sie gedacht. Und wenn irgendein blödsinniger Polizist auf die Idee kommt, Louis hätte was mit der Geschichte zu tun, dann kriegt er von mir sein Alibi, und wenn es – Gott stehe mir bei! – das letzte ist, was ich auf dieser Welt tue.«

»Ich bewundere Sie dafür«, sagte Vance, und als sie ihm zum Abschied die Hand reichte, drückte er sie an die Lippen.

Auf der Fahrt in die Innenstadt schwieg Vance nachdenklich. Wir waren fast schon am Gerichtsgebäude angelangt, bevor er etwas sagte.

»Die wilde Alys hat es mir angetan«, sagte er. »Viel zu schade für diesen schmierigen Mannix ... Frauen sind scharfsinnig – und trotzdem so leichtgläubig. Eine Frau kann einen Mann auf eine Art durchschauen, die schon beinahe hellseherisch ist; andererseits kann sie unsagbar blind sein, wenn es um ihren *eigenen* Mann geht. Sehen Sie doch nur, wie sehr die bezaubernde Alys ihrem Mannix vertraut. Wahrscheinlich hat er ihr erzählt, er habe am Montag bis spät in die Nacht im Büro gesessen. Natürlich glaubt sie ihm das nicht; doch trotzdem weiß sie – sie *weiß* es, wohlgemerkt –, daß ihr Louis unmöglich etwas mit dem Canary-Mord zu tun haben kann. Nun, lassen Sie uns hoffen, daß sie recht hat und daß Mannix nicht vor den Kadi kommt – jedenfalls nicht bevor ihre neue Show finanziert ist ... Ich muß schon sagen! Wenn diese Detektivarbeit noch weitere Revuebesuche erforderlich macht, werde ich sie doch aufgeben müssen. Dem Himmel sei Dank, daß sie am Montag wenigstens nicht ins Kino gegangen ist!«

Als wir das Büro des Bezirksstaatsanwalts betraten, fanden wir Heath und Markham in eine Besprechung vertieft. Markham hatte einen Schreibblock vor sich, von dem bereits mehrere Seiten mit Listen und Notizen gefüllt waren. Eine Wolke aus Zigarrenrauch umhüllte ihn. Heath saß ihm gegenüber, die Ellbogen auf der Tischplatte und das Kinn in die Hand gestützt. Er sah kampfbereit aus, doch niedergeschlagen.

Markham blickte nur kurz auf. »Ich gehe mit dem Sergeant den Fall noch einmal durch«, sagte er. »Wir versuchen, eine Art Ordnung in die Hauptpunkte zu bringen, um zu sehen, ob wir vielleicht irgendwo Verbindungen übersehen haben. Ich habe dem Sergeant von dem verliebten Doktor und seinen Drohungen erzählt, und er weiß auch, daß Cleaver vom Verkehrspolizisten Phipps nicht identifiziert wurde. Aber man hat das Gefühl, je mehr wir herausfinden, desto undurchdringlicher wird die Geschichte.«

Er nahm die beschriebenen Blätter und heftete sie mit einer Büroklammer zusammen.

»Wenn wir es einmal vernünftig ansehen, haben wir gegen niemanden wirklich überzeugende Beweise. Es gibt verdächtige Umstände, die sich mit Skeel, Dr. Lindquist und Cleaver in Verbindung bringen lassen; und unsere Unterhaltung mit Mannix hat den Verdacht, den wir in seine Richtung haben, auch nicht gerade ausgeräumt. Aber wenn wir wirklich ehrlich sind, wie stehen wir dann da? – Wir haben Fingerabdrücke von Skeel, die vielleicht schon am späten Montag nachmittag entstanden sind. – Dr. Lindquist verliert die Nerven, als wir ihn fragen, wo er am Montag abend gewesen ist, und liefert später ein fadenscheiniges Alibi. Er spricht von väterlicher Zuneigung zu dem Mädchen, obwohl er in Wirklichkeit in sie verliebt ist – eine durchaus verständliche Ausflucht. – Cleaver läßt seinen Bruder mit seinem Wagen spazierenfahren und belügt mich mit der Behauptung, er sei am Montag um Mitternacht in Boonton gewesen. – Und Mannix gibt uns auf unsere Fragen nach seiner Beziehung zu dem Mädchen nur ausweichende Antworten … Stolz können wir auf unsere Ermittlungen wirklich nicht sein.«

»Aber ich würde auch nicht sagen, daß mit Ihren Erkenntnissen gar nichts anzufangen ist«, meinte Vance und ließ sich neben dem Sergeant nieder. »Womöglich werden sie sich noch als unendlich wertvoll erweisen, wenn wir erst einmal wissen, wie sie zusammenpassen. Mir scheint, die Schwierigkeit besteht darin, daß uns zu unserem Puzzlespiel einige Teile fehlen. Finden Sie die, und Sie werden sehen, wie vor Ihren Augen das Bild entsteht.«

»Das ist leicht gesagt«, brummte Markham. »›Finden Sie die.‹ Wo sollen wir denn suchen?«

Heath steckte seine Zigarre wieder an, die ihm ausgegangen war, und machte eine ungeduldige Handbewegung.

»Alles führt immer wieder zu Skeel zurück. Skeel und niemand anderes hat ihr den Hals umgedreht, und wenn dieser Abe Rubin nicht wäre, dann würd' ich die Wahrheit schon aus ihm rausquetschen. – Übrigens, Mr. Vance, Sie hatten ganz recht: Er hatte tatsächlich seinen eigenen Schlüssel zur Wohnung Odell.« Er warf Markham einen Blick zu und zögerte. »Ich will Sie nicht kritisieren, Sir, aber mir kommt's vor, als ob wir mit den Verehrern von der Odell nur Zeit vergeuden – mit Cleaver und Mannix und diesem Doktor.«

»Da könnten Sie recht haben.« Im Grunde sprach er Markham aus der Seele. »Trotzdem möchte ich noch herausbekommen, warum Lindquist sich so benommen hat.«

»Sicher, das würde schon helfen«, lenkte Heath ein. »Wenn der Doc so verrückt nach der Odell war, daß er sogar mit Erschießen gedroht hat, und wenn er schon durchdreht, nur weil Sie ihn nach seinem Alibi fragen, dann hat er vielleicht auch sonst was zu erzählen. Wir könnten ihm mal ein bißchen Angst einjagen. So sauber ist seine Weste ja sowieso nicht.«

»Eine ausgezeichnete Idee«, stimmte Vance zu.

Markham blickte mißtrauisch auf. Dann konsultierte er seinen Terminkalender.

»Ich habe heute nachmittag kaum Termine; vielleicht können Sie ihn jetzt gleich herbringen, Sergeant. Besorgen Sie sich eine Vorladung, wenn er nicht freiwillig mitkommt – aber bringen Sie ihn her. Am besten gleich nach dem Mittagessen.« Er trommelte nervös auf die Schreibtischplatte. »Wenn ich schon nichts anderes tue, kann ich wenigstens etwas von dem menschlichen Treibgut eliminieren, das unseren Fall nur trübt. Und da können wir ebensogut bei Lindquist anfangen. Entweder ergibt sich aus all diesen merkwürdigen Umständen etwas, womit wir weiterkommen, oder sie sind ein für allemal erledigt. Jedenfalls sehen wir dann, wo wir stehen.«

Heath' Miene war alles andere als hoffnungsvoll, als er sich auf den Weg machte.

»Der arme, unglückliche Mann.« Vance blickte ihm nach. »Welch' Wut und Jammer, der Verzweiflung Qualen.«

»Meinen Sie, Ihnen würde es anders gehen«, brummte Markham, »wenn die Zeitungen Sie in der Luft zerrissen, nur weil sie damit gut Politik machen können? – Wollten Sie mir nicht überhaupt heute mittag gute, neue Mär verkünden oder etwas in dieser Art?«

»Eine leise Erinnerung sagt mir, daß ich solche Hoffnungen hegte.« Vance blickte minutenlang nachdenklich zum Fenster hinaus. »Markham, dieser Mannix zieht mich an wie ein Magnet. Er quält und peinigt mich. Er raubt mir den Schlaf. Er ist der Rabe auf meiner Pallasbüste. Ein veritabler Plagegeist.«

»Und dies Gejammer sollen Ihre guten Nachrichten sein?«

»Ich werde keine Ruhe mehr finden«, fuhr Vance fort, »bis ich weiß, wo Kürschner Louis am Montag abend zwischen elf Uhr und Mitternacht war. Irgendwo hat er gesteckt, wo er nicht hätte stecken sollen. Und das, Markham, müssen Sie herausfinden. Bitte, nehmen Sie sich Mannix als zweiten bei Ihrer Treibgutkampagne vor. Er wird plaudern, wenn man ihm nur genügend einheizt. Seien Sie brutal, mein Alter; reden Sie ihm ein, Sie hätten ihn als Würger im Visier. Fragen Sie ihn nach seiner Vorführdame – wie hieß sie doch gleich? – Frisbee –« Er brach abrupt ab und runzelte die Stirn. »Was sehe ich da – was sehe ich! Ich frage mich ... Ja, Markham, ja; Sie müssen ihn nach dieser Vorführdame fragen. Fragen Sie ihn, wo er sie zuletzt gesehen hat; und versuchen Sie wissend und geheimnisvoll auszusehen, wenn Sie ihn fragen.«

»Hören Sie, Vance« – Markham war der Verzweiflung nahe –, »seit drei Tagen liegen Sie mir nun schon mit diesem Mannix in den Ohren. Wieso bekommen Sie die Nase von der Fährte nicht los?«

»Intuition – schiere Intuition. Meine übersinnliche Begabung, nichts weiter.«

»Ich hätte Ihnen das glatt abgenommen, aber ich kenne Sie schon seit fünfzehn Jahren.« Markham musterte ihn genau; dann zuckte er die Schultern. »Mannix kommt an die Reihe, sobald ich mit Lindquist fertig bin.«

Kapitel XIX

Der Doktor gibt eine Erklärung
(Freitag, 14. September, 2 Uhr nachmittags)

Wir aßen in den Privatgemächern des Bezirksstaatsanwalts, und um zwei Uhr bekamen wir Nachricht, Dr. Lindquist sei eingetroffen. Heath brachte ihn persönlich, und der Miene des Sergeants nach zu urteilen, mochte er seinen neuen Bekannten ganz und gar nicht.

Auf Markhams Bitten nahm der Doktor vor dem Schreibtisch des Bezirksstaatsanwalts Platz.

»Was hat diese neuerliche Unverfrorenheit zu bedeuten?« fragte er eisig. »Hat ein Staatsanwalt etwa das Recht, unbescholtene Bürger aus ihren Geschäften zu reißen, um sie zu schikanieren?«

»Es ist meine Aufgabe, Mörder ihrem gerechten Urteil zuzuführen«, erwiderte Markham nicht weniger kalt. »Und wenn ein Bürger es als Unverfrorenheit ansieht, wenn die Behörden von ihm erwarten, daß er sie bei dieser Aufgabe unterstützt, dann ist das *sein* gutes Recht. Wenn Sie durch Ihre Antworten auf meine Fragen Schaden zu befürchten haben, Doktor, dann gestattet das Gesetz Ihnen, Ihren Anwalt hinzuzuziehen. Wollen Sie ihn verständigen, damit er Ihnen Rechtsbeistand leistet?«

Dr. Lindquist zögerte. »Ich brauche keinen Rechtsbeistand, mein Herr. Würden Sie nur bitte die Freundlichkeit haben zu sagen, weswegen ich hergebracht wurde?«

»Gewiß; ich habe Sie herbringen lassen, damit Sie mir einige Punkte erläutern, die uns im Zusammenhang mit Ihrer Beziehung zu Miss Odell aufgefallen sind, und mir – sofern Sie dazu geneigt sind – erklären, warum Sie mich mit Ihren Auskünften zur Natur dieser Beziehung bei unserem letzten Zusammentreffen belogen haben.«

»Sie haben also, schließe ich daraus, ohne jeden Grund in meinen Privatangelegenheiten geschnüffelt. Solche Praktiken sollen in Rußland ja früher gang und gäbe gewesen sein ...«

»Wenn unser Schnüffeln ohne jeden Grund geschah, Dr. Lindquist, dann können Sie mich von diesem Punkt leicht überzeugen; und was immer wir über Sie in Erfahrung gebracht haben, werden wir auf der Stelle wieder vergessen. – Es trifft zu, daß Ihr Interesse an Miss Odell ein wenig über die väterliche Zuneigung hinausging, nicht wahr?«

»Sind denn der Polizei in diesem Lande nicht einmal die privatesten Empfindungen eines Menschen heilig?« Der Doktor sagte es mit tiefster Abscheu.

»Unter bestimmten Bedingungen sind sie es, unter anderen nicht.« Es war bewundernswert, wie Markham seine Wut unter Kontrolle hatte. »Ich kann Sie natürlich nicht zwingen, mir zu antworten; aber wenn Sie jetzt offen zu mir sind, können Sie sich vielleicht die Demütigung ersparen, daß Sie vor Gericht in aller Öffentlichkeit vom Staatsanwalt danach befragt werden.«

Dr. Lindquist verzog das Gesicht und ließ sich die Angelegenheit durch den Kopf gehen.

»Und wenn ich eingestehe, daß meine Gefühle gegenüber Miss Odell anderer als väterlicher Art waren – was dann?«

Markham nahm die Frage als Bestätigung.

»Sie waren äußerst eifersüchtig, nicht wahr, Doktor?«

»Eifersucht«, erklärte der Doktor und kehrte dabei ironisch den Fachmann heraus, »ist kein seltener Begleitumstand der Verliebtheit. Autoritäten wie Krafft-Ebing, Moll, Freud, Ferenczi und, soviel ich weiß, auch Adler sehen sie als festen Bestandteil der psychischen Reaktion auf eine amatorische Attraktion an.«

»Äußerst lehrreich.« Markham nickte anerkennend. »Ich darf also davon ausgehen, daß Sie in Miss Odell verliebt waren – oder sagen wir: daß eine amatorische Attraktion bestand – und daß Sie gelegentlich den von Autoritäten beschriebenen Begleitumstand der Eifersucht an den Tag legten.«

»Wovon Sie ausgehen, ist Ihre Sache. Ich frage mich nur, was Sie mit meinem Gefühlsleben zu schaffen haben.«

»Hätte Ihr Gefühlsleben Sie nicht zu außerordentlich fragwürdigem und gefährlichem Betragen geführt, so würde ich mich nicht damit beschäftigen. Doch ich weiß aus zuverlässiger Quelle, daß Ihre Emotionen so sehr zu Lasten der Vernunft gingen, daß Sie sogar damit drohten, Miss Odell und anschließend sich selbst zu töten. Und in Anbetracht der Tatsache, daß die junge Frau seither ermordet wurde, läßt eine solche Drohung die Ermittlungsbehörden natürlich aufhorchen.«

Das bleiche Gesicht des Doktors schien sich ins Gelbe zu verfärben, und die langen, gespreizten Finger umklammerten die Lehnen seines Sessels; doch ansonsten blieb er reglos sitzen, steif und würdevoll, die Augen fest auf den Bezirksstaatsanwalt gerichtet.

»Ich hoffe doch«, fügte Markham hinzu, »Sie werden mir nicht noch größeren Grund zum Mißtrauen geben, indem Sie die Tatsache bestreiten.«

Vance beobachtete den Mann genau. Nun lehnte er sich vor.

»Sagen Sie, Doktor, welche Art Exitus war es, die Sie Miss Odell androhten?«

Dr. Lindquist fuhr herum und reckte Vance das Kinn entgegen. Er atmete tief und heftig ein, und sein ganzer Körper spannte sich. Blut schoß ihm in die Wangen, und an Mund und Hals sah man Muskeln zucken. Einen Moment lang befürchtete ich, er würde die Beherrschung verlieren. Doch nach kurzem innerem Kampf wurde er wieder ruhiger.

»Sie meinen, ich hätte vielleicht damit gedroht, sie zu erwürgen?« Seine Stimme bebte von der ungeheuren Wut, in die er sich gesteigert hatte. »Und daraus wollen Sie mir nun einen Strick drehen? – Pah!« Er hielt inne, und als er weitersprach, war das Beben verschwunden. »Es ist wahr; ich habe einmal, was sehr unklug von mir war, versucht, Miss Odell mit einer Mord- und Selbstmorddrohung einzuschüchtern. Doch wenn Sie so gut unterrichtet sind, wie Sie mir weismachen wollen, dann wissen Sie auch, daß ich sie mit einem Revolver bedrohte. Es ist, glaube ich, die Waffe, die herkömmlicherweise bei solch leeren Drohungen genannt wird. Ich hätte ihr gewiß nicht damit gedroht, sie zu erwürgen, selbst wenn mir eine solche Abscheulichkeit je in den Sinn gekommen wäre.«

»Da haben Sie recht«, gestand Vance ein. »Und sehr vernünftig argumentiert.«

Diese Einstellung von Vance machte dem Doktor offenbar Mut. Er wandte sich wieder Markham zu und erläuterte sein Geständnis.

»Auf eine Drohung folgt, wie Sie wissen werden, nur in den seltensten Fällen tatsächlich eine Gewalttat. Schon das oberflächlichste Studium der menschlichen Psyche verrät Ihnen, daß eine Drohung ein *prima-facie*-Beweis für die Unschuld desjenigen ist, der sie ausstößt. Eine Drohung wird im allgemeinen in Wut ausgestoßen und ist nichts weiter als ein Sicherheitsventil.« Er schlug die Augen nieder. »Ich bin nicht verheiratet. Mein Gefühlsleben ist, wenn Sie so wollen, unausgeglichen; und ich habe ständig Umgang mit übersensiblen und überreizten Menschen. In einem Augenblick abnormer Empfänglichkeit steigerte ich mich in eine Zuneigung zu der jungen Frau hinein, eine Zuneigung, die sie nicht erwiderte – jedenfalls gewiß nicht mit dem gleichen Verlangen, das ich verspürte. Ich litt entsetzlich, und sie unternahm keinen Versuch, meinen Schmerz zu mildern. Ich hatte sogar mehr als einmal den Verdacht, daß sie mich absichtlich und auf perverse Weise mit anderen Männern quälte. Jedenfalls gab sie sich keine Mühe, ihre Untreue vor mir zu verbergen. Ich gestehe ein, daß ich ein- oder zweimal dem Wahnsinn nahe war. Ich hatte die Hoffnung, daß ich sie durch Einschüchterung zu einer rücksichtsvolleren, entgegenkommenderen Haltung zwingen könnte. – Ich hoffe, daß Sie über genügend Menschenkenntnis verfügen, mir zu glauben.«

»Lassen wir das für den Augenblick beiseite«, erwiderte Markham, ohne auf ihn einzugehen. »Würden Sie mir nun bitte genauer erzählen, wo Sie sich am Montag abend aufhielten?«

Wiederum sah ich, wie das Gesicht des Mannes eine gelbliche Färbung annahm und sein Körper sich spannte. Doch als er sprach, da war es mit seiner üblichen Gewandtheit.

»Ich dachte, mein Brief hätte diese Frage ausgiebig beantwortet. Was fehlte darin?«

»Wie hieß die Patientin, die Sie an jenem Abend aufsuchten?«

»Mrs. Anna Breedon. Sie ist die Witwe von Amos H. Breedon von der Breedon National Bank in Long Branch.«

»Und Sie waren, wie es in Ihrem Schreiben, glaube ich, hieß, von elf bis ein Uhr bei ihr?«

»So ist es.«

»Und Mrs. Breedon war die einzige, die Sie in diesen Stunden im Sanatorium sah?«

»Ich fürchte, ja. Nach zehn Uhr läute ich nicht mehr die Nachtglocke. Ich öffne mir mit meinem eigenen Schlüssel.«

»Ich nehme an, es wird möglich sein, Mrs. Breedon zu befragen?«

Dr. Lindquist äußerte tiefes Bedauern.

»Mrs. Breedon ist eine schwerkranke Frau. Sie erlitt einen schweren Schock, als letzten Sommer ihr Mann starb, und befindet sich seitdem in einer Art Dämmerzustand. Es gibt Zeiten, da fürchte ich um ihren Verstand. Die kleinste Störung oder Erregung könnte unabsehbare Folgen haben.«

Er holte eine goldgeprägte Brieftasche hervor und entnahm ihr einen Zeitungsausschnitt, den er Markham reichte.

»Dieser Nachruf auf ihren Gatten erwähnt ihren Gesundheitszustand und macht Mitteilung, daß sie in ein Privatsanatorium verbracht wurde. Ich betreue sie schon seit Jahren.«

Markham warf einen kurzen Blick auf den Ausschnitt und reichte ihn dann zurück. Es trat eine Pause ein, dann brach Vance das Schweigen.

»Übrigens, Doktor, wie heißt die Nachtschwester in Ihrem Sanatorium?«

Dr. Lindquist blickte abrupt auf.

»Meine Nachtschwester? Wieso – was hat die damit zu tun? Sie hat am Montag abend viel zu tun gehabt. Ich verstehe nicht ... Nun, wenn Sie den Namen wissen wollen, dann habe ich nichts dagegen. Sie heißt Finckle – Miss Amelia Finckle.«

Vance schrieb den Namen auf, dann ging er zu Heath und reichte ihm den Zettel.

»Sergeant, bringen Sie Miss Finckle morgen um elf Uhr her«, sagte er und zwinkerte ihm dabei kaum merklich zu.

»Wird gemacht. Gute Idee.« Die Art, wie er es aufnahm, verhieß nichts Gutes für Miss Finckle.

Dr. Lindquists Züge verfinsterten sich.

»Verzeihen Sie, doch Ihr Schmierentheater verfehlt bei mir seine Wirkung.« Aus seinem Ton sprach nichts außer Verachtung. »Darf ich hoffen, daß damit das Verhör einstweilen abgeschlossen ist?«

»Das wäre alles, Doktor«, erwiderte Markham höflich. »Darf ich Ihnen ein Taxi rufen lassen?«

»Ihre Rücksichtnahme überwältigt mich. Doch mein Wagen wartet unten.« Und mit diesen Worten zog Dr. Lindquist sich empört zurück.

Markham rief sogleich Swacker herein und ließ ihn Tracey holen. Dieser erschien umgehend, verbeugte sich höflich und putzte seinen Zwicker. Man hätte ihn eher für einen Schauspieler als für einen Kriminalbeamten gehalten, doch seine Fähigkeit, Dinge zu erledigen, die Fingerspitzengefühl erforderten, war Legende.

»Ich möchte, daß Sie Louis Mannix noch einmal herbringen«, trug Markham ihm auf. »Und zwar jetzt gleich. Ich warte darauf.«

Tracey verbeugte sich galant, setzte seinen Zwicker auf und machte sich auf den Weg.

»Und nun«, wandte Markham sich mit tadelndem Blick an Vance, »möchte ich wissen, was Sie sich dabei gedacht haben, Lindquist wegen dieser Nachtschwester zu warnen. Ihr Verstand läßt heute nachmittag zu wünschen übrig. Meinen Sie, ich hätte nicht an die Schwester gedacht? Und nun haben Sie alles verraten. Er hat bis morgen elf Uhr Zeit, ihr die richtigen Antworten einzubleuen. Wirklich, Vance, etwas Besseres hätten Sie sich gar nicht einfallen lassen können, um unseren Versuch, das Alibi dieses Mannes zu überprüfen, zu vereiteln.«

»Dem habe ich ganz schön Angst eingejagt, was?« Vance grinste zufrieden. »Wenn so jemand erst einmal anfängt, über Sinn und Unsinn unserer Methoden zu sprechen, dann ist ihm schon ziemlich unwohl in seiner Haut. Aber trocknen Sie Ihre Tränen, Markham, so schlimm ist es mit meinem Mangel an Intelligenz auch wieder nicht. Wenn Sie und ich sofort an die Schwester gedacht haben, meinen Sie denn, unser schlauer Doktor hätte nicht auch an sie gedacht? Wenn diese Miss Finckle zu denen gehörte, die sich zu einer Falschaussage bestechen lassen, dann hätte er ihre Dienste schon vor zwei Tagen in Anspruch genommen und sie zusammen mit der dahindämmernden Mrs. Breedon als Zeugin dafür angeführt, daß er am Montag abend im Sanatorium war. Daß er bisher jede Erwähnung der Nachtschwester vermieden hat, kann nur heißen, daß diese Frau unter keinen Umständen zum Meineid bereit wäre ... Nein, Markham, das war Absicht, daß ich ihm Feuer unter dem Hintern gemacht habe. Nun muß er etwas unternehmen, bevor wir Miss Finckle befragen können. Und in meiner Vermessenheit glaube ich zu wissen, was er tun wird.«

»Also was denn nun«, meldete sich Heath. »Soll ich diese Finckle morgen vormittag hierher bringen oder nicht?«

»Das wird nicht nötig sein«, antwortete Vance. »Ein böses Schicksal wird es uns, fürchte ich, versagen, die Bekanntschaft jener Florence Nightingale zu machen. Daß wir mit diesem Engel der Krankenzimmer zusammenkommen, wäre das letzte, was der Doktor wollte.«

»Das mag schon sein«, gab Markham zu. »Aber verlieren Sie nicht ganz aus den Augen, daß er am Montag abend vielleicht etwas getan hat, was überhaupt nichts mit dem Mord zu tun hat und was er nur einfach geheimhalten möchte.«

»Vollkommen richtig. Andererseits scheint ja mehr oder weniger jeder, der mit dem Canary bekannt war, den Montag abend für geheimnisvolle Machenschaften ausgesucht zu haben. Das ist doch auffällig, finden Sie nicht? Skeel will uns weismachen, er sei ins Khun-Khan-Spiel vertieft gewesen. Cleaver fuhr – wenn man ihm glauben will – im Mondschein in New Jersey spazieren. Lindquist mimt den Tröster der Betrübten und Beladenen. Und Mannix hat, wie ich zufällig weiß, einigen Aufwand getrieben, damit er ein Alibi parat hat, für den Fall, daß wir zu neugierig werden. In Wirklichkeit war jeder von ihnen mit etwas beschäftigt, wovon wir nichts wissen sollen. Was war das? Und wieso haben sie sich in trauter Eintracht ausgerechnet die Mordnacht für Dinge ausgesucht, die so geheimnisvoll sind, daß keiner ein Wort davon sagen will, nicht einmal, wenn er sich damit vom Mordverdacht reinwaschen könnte? War die Stadt in jener Nacht von Dämonen heimgesucht? War es ein Fluch, der Männer zu unaussprechlichen Taten trieb? War es Schwarze Magie? Ich glaube kaum.«

»Ich setze mein Geld auf Skeel.« Heath blieb unbeirrt. »Das war Profiarbeit, dafür habe ich einen Blick. Und die Fingerabdrücke und den Bericht des Professors über den Meißel, das kann keiner wegleugnen.«

Markham war ratlos. Ich wußte, daß Vance mit seiner Überzeugung, das Verbrechen sei die wohlvorbereitete Tat eines klugen und gebildeten Mannes, seinen Glauben an die Skeel-Hypothese in gewissem Maße erschüttert hatte. Doch nun schien er wieder eher Heath' Sicht der Dinge zuzuneigen.

»Ich gebe zu«, sagte er, »Lindquist und Cleaver und Mannix machen es einem nicht gerade leicht, an ihre Unschuld zu glauben. Aber daß wir gleich drei vom gleichen Schlag haben, nimmt dem Verdacht ein wenig die Spitze. Logisch gesehen bleibt Skeel der einzige vernünftige Kandidat. Er ist der einzige mit einem erkennbaren Motiv, und er ist der einzige, gegen den wir überhaupt Beweismaterial haben.«

Vance seufzte matt.

»Ja, ich weiß. Fingerabdrücke und Meißelspuren. Was sind Sie doch für ein vertrauensseliger Mensch, Markham. Skeels Fingerabdrücke finden sich in der Wohnung, folglich ist Skeel der Mörder. So wunderbar einfach. Warum soll man sich da noch weiter Gedanken machen? Ein klarer Fall. Schicken wir Skeel auf den elektrischen Stuhl, und die Sache ist erledigt! ... Wunderbar einfach; aber ist es Kunst?«

»In ihrem kritischen Überschwang vergessen Sie, wieviel wir gegen Skeel in der Hand haben«, erwiderte Markham bitter.

»Oh, das gebe ich gern zu, Ihre Beweisführung ist ein Meisterstück. So genial, daß ich es einfach nicht übers Herz bringe, sie zu verwerfen. Aber die meisten populären Wahrheiten sind ja nichts weiter als Gedankenakrobatik – deshalb gehen sie so oft in die Irre. Mit Ihrer Hypothese wäre Ihnen großer Erfolg beim Publikum sicher. Und trotzdem, Markham, ist sie falsch.«

Der praktische Heath ließ sich nicht von seiner Überzeugung abbringen. Unerschütterlich, mit grimmiger Miene saß er am Tisch. Ich würde bezweifeln, daß er den Wortwechsel zwischen Vance und Markham auch nur wahrgenommen hatte.

»Wissen Sie, Mr. Markham«, sagte er wie jemand, der unbewußt einen obskuren Gedanken ausspricht, der ihm durch den Kopf geht, »wenn wir beweisen könnten, wie Skeel in die Wohnung hinein- und wieder herausgekommen ist, dann hätten wir viel mehr gegen ihn in der Hand. Ich kann mir das nicht erklären. Das ist der Punkt, an dem ich immer wieder hängenbleibe. Ich habe überlegt, ob sich vielleicht mal ein Architekt das Haus ansehen soll. Das ist ja ein alter Kasten – weiß Gott, von wann der stammt –, und vielleicht gibt es da noch eine Möglichkeit hineinzukommen, die wir nicht gesehen haben.«

»Donnerwetter!« Vance starrte ihn mit spöttischer Verblüffung an. »Sie werden mir glatt noch zum Romantiker! Geheimgänge – verborgene Türen – Treppen zwischen den Wänden. Darauf setzen Sie? Also hören Sie! ... Sergeant, nehmen Sie sich in acht vor dem Kino. Das hat schon manchen guten Mann zugrunde gerichtet. Versuchen Sie es mit der Oper – langweilig, aber nicht ganz so gefährlich.«

»Schon gut, Mr. Vance.« Offenbar hatte auch Heath nicht viel für die Idee übrig, die Lösung des Rätsels in der Architektur des Hauses zu suchen. »Aber solange wir nicht wissen, wie Skeel da hineingekommen ist, können wir uns wenigstens vergewissern, daß wir manche Möglichkeiten ausschließen können.«

»Da stimme ich mit Ihnen überein, Sergeant«, sagte Markham. »Ich werde gleich jemanden hinschicken.« Er läutete nach Swacker und gab die notwendigen Anweisungen.

Vance streckte die Beine aus und gähnte.

»Jetzt brauchen wir nur noch die Lieblingsfrau aus dem Harem, ein paar Mohren mit Palmwedeln und ein wenig Pizzikato-Musik.«

»Machen Sie nur Ihre Witze, Mr. Vance.« Heath zündete sich eine neue Zigarre an. »Aber auch wenn der Architekt in der Wohnung nichts ausrichten kann, wird es nicht mehr lange dauern, bis Skeel sich verrät.«

»Ich setze meine kindliche Hoffnung auf Mannix«, beharrte Vance. »Ich weiß nicht warum; aber er ist kein angenehmer Zeitgenosse, und er verbirgt etwas vor uns. – Markham, unterstehen Sie sich, ihn laufenzulassen, bevor er uns gesagt hat, wo er am Montag abend war. Und vergessen Sie nicht, geheimnisvolle Andeutungen wegen seiner Vorführdame zu machen.«

Kapitel XX

Ein mitternächtlicher Zeuge
(Freitag, 14. September, 3.30 Uhr nachmittags)

Es dauerte keine halbe Stunde, bis Mannix eintraf. Heath überließ seinen Platz dem Neuankömmling und zog sich in einen großen Sessel am Fenster zurück. Vance hatte sich an dem kleinen Tisch zur Rechten Markhams niedergelassen, von wo er Mannix unauffällig beobachten konnte.

Es war Mannix anzumerken, daß ihm diese neuerliche Befragung ganz und gar nicht recht war. Seine kleinen Augen huschten hierhin und dorthin, verweilten einen Moment lang mißtrauisch bei Heath und kamen dann beim Bezirksstaatsanwalt zur Ruhe. Er war diesmal noch wachsamer als bei seinem ersten Besuch, und in seiner Begrüßung Markhams, so überschwenglich sie auch war, schwang so etwas wie Beklommenheit mit. Und Markham tat sein Möglichstes, diese Furcht noch zu schüren; er hatte seine drohendste, unerbittlichste Miene aufgesetzt, als er ihm Zeichen gab, Platz zu nehmen. Mannix legte Hut und Spazierstock auf den Tisch und ließ sich auf der Kante seines Stuhles nieder, den Rücken kerzengerade.

»Ich bin ganz und gar nicht mit dem zufrieden, was Sie mir am Mittwoch erzählt haben, Mr. Mannix«, hob Markham an, »und ich hoffe, Sie werden mich nicht zwingen, drastische Mittel anzuwenden, damit ich herausbekomme, was Sie über Miss Odells Tod wissen.«

»Was ich weiß!« Mannix setzte ein Lächeln auf, das entwaffnend sein sollte. »Mr. Markham – Mr. Markham!« Er wirkte schleimiger denn je, als er in hoffnungslos flehender Geste die Hände erhob. »Wenn ich auch nur das geringste wüßte, glauben Sie mir, dann würde ich es Ihnen sagen – mit Sicherheit würde ich es Ihnen sagen.«

»Das freut mich zu hören. Ihre Bereitschaft macht mir das Leben leichter. Dann sagen Sie mir doch bitte als erstes, wo Sie am Montag abend um Mitternacht waren.«

Mannix' Pupillen zogen sich zusammen, bis sie am Ende nur noch zwei winzige leuchtende Punkte waren, doch ansonsten regte der Mann sich nicht. Nach einer beinahe endlosen Pause hob er zu sprechen an.

»Wie komme ich dazu, Ihnen zu sagen, wo ich am Montag abend war? Was sollte ich für einen Grund haben? ... Vielleicht verdächtigen Sie mich als Mörder – ja?«

»Bisher nicht. Doch Ihr Unwillen, mir meine Frage zu beantworten, lenkt natürlich Verdacht auf Sie. Warum sagen Sie mir nicht einfach, wo Sie waren?«

»Ich habe keinen Grund, es geheimzuhalten, verstehen Sie mich nicht falsch.« Mannix zuckte die Schultern. »Ich habe nichts, wofür ich mich schämen müßte – nicht das geringste! ... Ich hatte den ganzen Abend mit der Buchführung zu tun – die Winterkollektion kommt herein. Ich war bis zehn Uhr im Büro, vielleicht sogar noch länger. Um halb elf –«

»Schon gut!« unterbrach Vance ihn ärgerlich. »Ziehen Sie nicht auch noch jemand anderen hinein.«

Er sagte es mit einem merkwürdigen Nachdruck, und Mannix musterte ihn mißtrauisch und versuchte von seinem Gesicht abzulesen, was Vance wußte und was er ihm hatte sagen wollen, doch dessen Miene gab ihm keinerlei Aufschlüsse. Immerhin hatte die Warnung genügt, ihn zum Stocken zu bringen.

»Sie wollen nicht wissen, wo ich um halb elf war?«

»Eigentlich nicht«, erwiderte Vance. »Wir wollen wissen, wo Sie um Mitternacht waren. Und Sie brauchen niemanden zu nennen, der Sie dabei gesehen hat. Wir wissen schon, ob Sie die Wahrheit sagen oder nicht.« Nun spielte Vance selbst die Rolle des geheimnisvoll Wissenden, die er zuvor Markham zugedacht hatte. Ohne daß er sein Wort gegenüber Alys La Fosse gebrochen hatte, hatte er doch Mannix' Selbstsicherheit ins Wanken gebracht.

Bevor der Mann sich noch eine Antwort zurechtlegen konnte, erhob Vance sich von seinem Platz und lehnte sich ehrfurchtgebietend über den Schreibtisch des Bezirksstaatsanwalts.

»Sie kennen eine Miss Frisbee. Wohnt in der 71. Straße; genauer gesagt: Hausnummer 184; oder um es noch genauer zu sagen: im selben Haus, in dem auch Miss Odell wohnte; oder um die Präzision auf die Spitze zu treiben: in der Wohnung Nummer 2. Miss Frisbee war früher Mannequin bei Ihnen. Ein umgängliches Mädchen – nach wie vor empfänglich für die Aufmerksamkeiten ihres alten Arbeitgebers – Ihrer Person nämlich. Wann haben Sie sie zuletzt gesehen, Mr. Mannix? ... Lassen Sie sich ruhig Zeit mit der Antwort. Sie wollen es sich vielleicht genau überlegen.«

Mannix ließ sich Zeit. Es dauerte eine ganze Minute, bis er antwortete, und auch da war es nur eine Gegenfrage.

»Habe ich denn nicht das Recht, eine Dame zu besuchen? Habe ich das etwa nicht?«

»Aber gewiß. Und deshalb wundert es mich, daß eine Frage nach einem über alle Zweifel erhabenen Verhalten Sie so aus der Fassung bringt.«

»Mich aus der Fassung bringen?« Unter beträchtlichen Mühen brachte Mannix ein Grinsen zustande. »Ich frage mich nur, wie Sie auf die Idee kommen, mich nach meinen Privatangelegenheiten zu fragen.«

»Das will ich Ihnen erklären. Miss Odell wurde am Montag abend gegen Mitternacht ermordet. Niemand kam oder ging durch die Vordertür des Hauses, und die Seitentür war verschlossen. Wenn trotzdem jemand in ihre Wohnung ging, dann kann er nur aus Apartment 2 gekommen sein; und nur ein einziger aus Miss Odells Bekanntenkreis suchte jemals das Apartment Nummer 2 auf, nämlich Sie.«

Bei diesen Worten beugte Mannix sich vor und faßte mit beiden Händen die Tischplatte, als ob er sich daran festhalten müßte. Er machte große Augen, und seine wulstigen Lippen standen offen. Doch es war keine Furcht, was nun in seinen Zügen zu lesen stand; es war blankes Erstaunen. Einen Moment lang saß er da und betrachtete Vance mit einem verblüfften, ungläubigen Blick.

»Und das glauben Sie tatsächlich? Niemand hätte hinein oder heraus gekonnt außer von der Wohnung 2 aus, weil die Seitentür verschlossen war?« Er stieß ein kurzes, boshaftes Lachen aus. »Und wenn die Seitentür am Montag abend gar nicht zu gewesen wäre, wo stünde ich dann – hm? Wo stünde ich?«

»Ich würde vermuten, Sie stünden bei uns – auf seiten der Bezirksstaatsanwaltschaft.« Vance beobachtete ihn wie eine Katze.

»Sicher würde ich das!« schnaubte Mannix. »Und lassen Sie sich eins gesagt sein, mein Freund: genau da stehe ich – genau da!« Er wandte sich schwerfällig wieder zu Markham hin. »Sehen Sie, ich mach' nicht gern jemandem Ärger, aber ich habe lange genug den Mund gehalten ... Die Seitentür war an dem Montag nicht verschlossen. Und ich weiß, wer sich um fünf vor zwölf da herausgeschlichen hat!«

»*Ça marche!*« murmelte Vance, nahm wieder Platz und zündete sich seelenruhig eine Zigarette an.

Markham war zu verblüfft, als daß er gleich hätte antworten können, und Heath saß, die Zigarre auf halbem Wege zum Munde, wie erstarrt da.

Nach einer Weile lehnte Markham sich zurück und verschränkte die Arme vor der Brust.

»Am besten erzählen Sie uns die ganze Geschichte, Mr. Mannix.« Seine Stimme hatte einen Unterton, der aus dieser freundlichen Aufforderung einen Befehl machte.

Auch Mannix lehnte sich nun auf seinem Stuhl zurück.

»Oh, das werde ich – glauben Sie mir, das werde ich. – Ihre Vermutung ist ganz richtig. Ich habe den Abend bei Miss Frisbee verbracht. Nichts Schlimmes daran, oder?«

»Wann kamen Sie dort an?«

»Nach Büroschluß – halb sechs, viertel vor sechs. Kam mit der U-Bahn bis zur Haltestelle 72., von da zu Fuß.«

»Und Sie betraten das Haus durch die Vordertür?«

»Nein. Ich ging die Gasse hinunter und nahm die Seitentür – wie fast immer. Geht ja niemanden was an, wen ich besuche, und was der Telefonist auf dem Flur nicht weiß, macht ihn nicht heiß.«

»Das kommt bis jetzt alles hin«, bestätigte Heath. »Der Hausmeister verschließt die Tür ja erst nach sechs.«

»Und Sie blieben den ganzen Abend, Mr. Mannix?« fragte Markham.

»Sicher – bis kurz vor Mitternacht. Miss Frisbee hat uns was gekocht, und ich hatte eine Flasche Wein mitgebracht. Gemütlicher kleiner Abend – nur wir beide. Verstehen Sie mich recht – ich habe erst um fünf vor zwölf wieder einen Fuß vor die Wohnungstür gesetzt. Lassen Sie die Lady herbringen und fragen Sie sie. Ich rufe sie jetzt gleich an und sage ihr, sie soll Ihnen genau erklären, wie das am Montag abend war. Ich erwarte ja nicht, daß Sie mir das einfach so glauben – wirklich nicht.«

Markham erklärte die Sache mit einer Handbewegung für erledigt.

»Was geschah um fünf vor zwölf?«

Mannix zögerte, so als käme er nur widerwillig darauf zu sprechen.

»Ich mache nicht gern jemandem Ärger, das können Sie mir glauben. Und ich habe immer zu meinen Freunden gehalten. Aber ich frage Sie – soll ich mir jetzt Scherereien einhandeln wegen einer Sache, mit der ich nicht das geringste zu tun habe?«

Er wartete auf eine Antwort, doch als keine kam, fuhr er fort.

»Nein, natürlich nicht. – Also, es war so. Ich hatte, wie gesagt, die Lady besucht. Aber ich hatte später am Abend noch eine andere Verabredung, und so verabschiedete ich mich kurz vor Mitternacht und schickte mich an zu gehen. Als ich die Tür aufmachte, sah ich, wie sich gerade jemand von der Wohnung des Canary wegschlich, und von dort durch den kleinen Flur zur Seitentür. Das Flurlicht brannte, und die Tür von Apartment 2 liegt ja der Seitentür direkt gegenüber. Ich hatte den Burschen so deutlich vor Augen, wie ich Sie jetzt vor Augen habe – wirklich genauso deutlich.«

»Wer war es?«

»Na ja, wenn Sie es wirklich wissen müssen – es war Paps Cleaver.«

Markham warf ganz leicht den Kopf in den Nacken.

»Und was taten Sie dann?«

»Nichts, Mr. Markham – überhaupt nichts. Glauben Sie mir, ich hab' mir keine großen Gedanken darum gemacht. Ich wußte ja, daß Paps hinter dem Canary her war, und ich hab' mir eben gedacht, er hat sie besucht. Aber ich wollte nicht, daß Paps mich sieht. – Geht den ja nichts an, wo ich meine Abende verbringe. Also habe ich in Ruhe gewartet, bis er draußen war –«

»Er ging durch die Seitentür?«

»Sicher. – Und dann bin ich auch gegangen, durch dieselbe Tür. Ich hätte sonst die Vordertür genommen, weil ich ja wußte, daß die Seitentür nachts verschlossen ist. Aber als ich sah, daß Paps da hinausgeht, da habe ich mir gesagt, dann kannst du das auch. Man muß so einem Telefonisten ja nichts auf die Nase binden, wenn's auch anders geht – klare Sache. Ich ging also durch dieselbe Tür, durch die ich gekommen war. Auf dem Broadway nahm ich ein Taxi und fuhr –«

»Das brauchen Sie uns nicht zu erzählen!« Wieder schnitt ihm ein Kommando von Vance das Wort ab.

»Ganz wie Sie wollen – ganz wie Sie wollen.« Mannix schien es gern zufrieden, seinen Bericht an dieser Stelle zu beenden. »Sie sollen nur nicht denken, ich wollte –«

»Das tun wir schon nicht.«

Markham war verblüfft von diesen Eingriffen, sagte jedoch nichts.

»Als Sie von Miss Odells Tod erfuhren«, sagte er, »warum sind Sie da nicht mit diesen äußerst wichtigen Informationen zur Polizei gegangen?«

»Ich soll mich in sowas reinziehen lassen?« rief Mannix ungläubig. »Ich hab' auch so genug Ärger, das können Sie mir glauben.«

»Das erklärt natürlich alles«, sagte Markham und machte aus seiner Verachtung keinen Hehl. »Trotzdem haben Sie ja, als Sie von dem Mord erfahren hatten, mir gegenüber Andeutungen gemacht, Cleaver sei von Miss Odell erpreßt worden.«

»Sicher hab' ich das. Da können Sie sehen, daß ich es ehrlich mit Ihnen gemeint habe – ich hab' Ihnen einen wertvollen Tip gegeben.«

»Ist Ihnen an dem Abend sonst noch jemand begegnet, auf dem Flur oder der Gasse?«

»Niemand – keine Menschenseele.«

»Haben Sie Geräusche aus der Odellschen Wohnung vernommen – Stimmen vielleicht oder Schritte?«

»Keinen Mucks.« Mannix schüttelte nachdrücklich den Kopf.

»Und bei der Uhrzeit, zu der Sie Cleaver herauskommen sahen, sind Sie sich sicher – fünf Minuten vor zwölf?«

»Ganz sicher. Ich weiß noch, wie ich auf meine Uhr gesehen und zu der Lady gesagt hab': ›Ich gehe am selben Tag, an dem ich gekommen bin: bis morgen sind es noch fünf Minuten‹.«

Markham ging seine Geschichte Punkt für Punkt durch und versuchte mit den verschiedensten Mitteln, ihm noch weitere Informationen zu entlocken. Doch Mannix fügte seiner Aussage weder etwas hinzu, noch änderte er sie im kleinsten Punkt, und nach einer halben Stunde Kreuzverhör ließ Markham ihn gehen.

»Immerhin haben wir einen fehlenden Stein zu unserem Puzzle gefunden«, meinte Vance. »Im Augenblick sehe ich zwar noch nicht, wie er in das große Muster hineinpaßt, aber Potential hat er, das müssen Sie zugeben. Und was sagen Sie dazu, wie wunderbar ich mit meiner Intuition recht hatte!«

»Sie und Ihre geheimnisvolle Intuition.« Markham blickte ihn skeptisch an. »Warum sind Sie ihm denn zweimal über den Mund gefahren, als er mir gerade etwas verraten wollte?«

»*O, tu ne sauras jamais*«, rezitierte Vance. »Das kann ich Ihnen wirklich nicht verraten, mein Alter. Ich bin zerknirscht, glauben Sie mir.«

Vance gab sich launig, doch Markham wußte, daß ihm im Inneren in solchen Augenblicken ausgesprochen ernst zumute war, und er fragte nicht weiter. Mir ging durch den Kopf, daß Miss La Fosse sich wahrscheinlich gar nicht vorstellen konnte, wie sicher die Geheimnisse, die sie Vance anvertraut hatte, bei ihm waren.

Mannix' Geschichte war nicht spurlos an Heath vorübergegangen.

»Ich verstehe einfach nicht, wie die Tür offen gewesen sein kann«, wandte er ein. »Wie zum Teufel ist sie dann wieder verschlossen worden, nachdem Mannix gegangen war? Und wer hatte sie nach sechs geöffnet?«

»Alles zu seiner Zeit«, erwiderte Vance. »Das werden wir schon noch herausbekommen, Sergeant.«

»Vielleicht, vielleicht auch nicht. Aber ich gehe jede Wette ein – wenn, dann wird sich herausstellen, daß Skeel dahintersteckt. Das ist der Mann, bei dem wir den Hebel ansetzen müssen. Cleaver ist sicher kein Künstler mit dem Brecheisen, und Mannix auch nicht.«

»Aber Tatsache bleibt, daß an jenem Abend ein Mann mit großem technischem Geschick am Werke war, und es war nicht Ihr Freund, der Dandy – obwohl wir der Hand dieses Donatello wahrscheinlich die Meißelspuren am Schmuckkasten verdanken.«

»Sie waren also doch zu zweit? Das ist Ihre Theorie, Mr. Vance? Sie haben das ja schon mal vorgeschlagen, und ich will Ihnen nicht widersprechen. Aber wenn wir Skeel wenigstens auf einen Teil davon festnageln können, dann rückt er schon damit heraus, wer sein Partner war.«

»Die beiden waren keine Partner, Sergeant. Wahrscheinlich kannte er den anderen nicht einmal.«

Markham starrte ins Leere.

»Diese Geschichte mit Cleaver gefällt mir gar nicht«, sagte er. »Seit Montag ist etwas faul mit dem Mann.«

»Und wenn ich mir erlauben darf, das zu sagen«, fügte Vance hinzu, »das falsche Alibi dieses Herrn bekommt doch inzwischen einen gewissen sinistren Stellenwert, nicht wahr? Sie werden nun auch einsehen, daß es gut von mir war, als ich Sie gestern im Club davon abhielt, ihn deswegen zur Rede zu stellen. Ich hatte so eine Ahnung, daß Sie, wenn Sie Mannix dazu bringen könnten, Ihnen sein Herz auszuschütten, in einer wesentlich besseren Position sein würden, Cleaver ein paar Geständnisse zu entlocken. Und siehe da! Ein neuer Triumph der intuitiven Methode! Mit dem, was Sie jetzt über ihn wissen, können Sie recht hoch pokern – meinen Sie nicht auch?«

»Und genau das habe ich auch vor.« Er läutete nach Swacker. »Bringen Sie Charles Cleaver her«, kommandierte er. »Rufen Sie ihn im Stuyvesant-Club an und bei sich zu Hause – er wohnt gleich beim Club um die Ecke, in der 27. Straße. Sagen Sie ihm, ich will ihn in einer halben Stunde hier sehen, sonst schicke ich zwei Beamte und lasse ihn in Handschellen bringen.«

Fünf Minuten lang stand Markham am Fenster und sog nervös an seiner Zigarre, während Vance sich mit amüsiertem Lächeln in das *Wall Street Journal* vertieft hatte. Heath holte sich ein Glas Wasser und ging im Zimmer auf und ab. Dann trat Swacker wieder ein.

»Tut mir leid, Chef, aber da ist nichts zu machen. Cleaver ist aufs Land gefahren. Kommt erst am späten Abend zurück.«

»Verdammt! ... Also gut – dann müssen wir eben warten.« Markham wandte sich Heath zu. »Sie halten ein Auge auf Cleaver, sobald er zurückkommt, Sergeant, und bringen ihn morgen früh um neun hierher.«

»Verlassen Sie sich drauf, Sir!« Heath hielt in seinen Wanderungen inne und blickte Markham an. »Ich habe mir meine Gedanken gemacht, Sir; und da ist noch ein Punkt, an dem ich irgendwie immer wieder hängenbleibe. Erinnern Sie sich an die schwarze Dokumentenkassette, die auf dem Wohnzimmertisch lag? Sie war leer; und wenn eine Frau so eine Kassette hat, dann hat sie da meistens Briefe und solche Sachen drin. Was mich dabei beschäftigt, ist folgendes: Die Kassette war nicht aufgebrochen – sie war mit dem Schlüssel aufgeschlossen. Und ein berufsmäßiger Einbrecher nimmt auch keine Briefe und Papiere und sowas mit ... Verstehen Sie, worauf ich hinauswill, Sir?«

»Mein treuer Sergeant!« rief Vance. »Ich verneige mich vor Ihnen! Ich sitze Ihnen zu Füßen! ... Die Dokumentenkassette – die gewaltlos geöffnete, leere Dokumentenkassette! Natürlich! Skeel hätte sie nicht geöffnet – nie im Leben! Das kann nur der andere gewesen sein!«

»Worauf wollten Sie hinaus, Sergeant?« fragte Markham.

»Nur so ein Gedanke, Sir. Wie Mr. Vance ja schon von Anfang an vermutet hat, war an jenem Abend außer Skeel vielleicht noch ein zweiter Täter in der Wohnung. Und von Ihnen weiß ich, daß Cleaver Ihnen gesagt hat, er hätte im Juni der Odell einen Haufen Geld bezahlt, um seine Briefe zurückzubekommen. Aber wenn wir nun mal annehmen, er hätte das Geld nie bezahlt; wenn wir annehmen, er wäre am Montag abend dagewesen und hätte sich die Briefe geholt – hätte er Ihnen da nicht genau so eine Geschichte erzählt, davon, daß er sie zurückgekauft hätte? Vielleicht hat Mannix ihn gesehen, wie er die Briefe holte.«

»Das klingt durchaus einleuchtend«, gab Markham zu. »Aber was hilft uns das?«

»Nun, Sir, wenn Cleaver sie am Montag abend geholt hat, dann hat er sie vielleicht noch. Und wenn da ein Brief dabeiwäre, der ein späteres Datum als Juni hat – wo er sie ja zurückgekauft haben will –, dann hätten wir was gegen ihn in der Hand.«

»Und?«

»Wie gesagt, Sir, ich habe mir das durch den Kopf gehen lassen ... Cleaver ist ja heute abend nicht zu Hause; und wenn wir diese Briefe in die Hände bekämen ...«

»Das könnte uns eventuell eine große Hilfe sein«, sagte Markham kühl und blickte dem Sergeant fest ins Gesicht. »Aber so etwas kommt überhaupt nicht in Frage.«

»Sicher«, murmelte Heath; »andererseits hat Cleaver Sie auch ganz schön an der Nase herumgeführt, Sir.«

Kapitel XXI

Widersprüchliche Angaben
(Samstag, 15. September, 9 Uhr morgens)

Am nächsten Morgen frühstückten Markham, Vance und ich gemeinsam im Prince George und trafen wenige Minuten nach neun im Büro des Bezirksstaatsanwalts ein. Heath, mit Cleaver im Schlepptau, wartete bereits im Vorzimmer.

Nach Cleavers Benehmen zu urteilen, als er eintrat, war der Sergeant nicht allzu pfleglich mit ihm umgegangen. Er kam mit wütenden Schritten auf den Tisch des Bezirksstaatsanwalts zu und fixierte Markham mit einem kalten, vorwurfsvollen Blick.

»Soll das vielleicht eine Verhaftung sein?« fragte er leise, doch mit dem gepreßten, atemlosen Ton von Zorn und Empörung.

»Bisher nicht«, antwortete Markham knapp. »Doch wenn, dann hätten Sie es nur sich selbst zuzuschreiben. – Setzen Sie sich.«

Cleaver zögerte, dann nahm er den ersten Stuhl, den er fand.

»Wie kommt dieser Polizist dazu« – er zeigte mit dem Daumen auf Heath –, »mich um halb acht aus dem Bett zu werfen und mir mit Haftbefehl und Handschellen zu drohen, als ich mich gegen solche unverschämten Willkürmethoden zur Wehr setzte?«

»Er wollte Ihnen nur zu verstehen geben, welche Maßnahmen ergriffen würden, wenn Sie meine Einladung nicht annähmen. Ich bin heute nur den halben Tag im Büro, und ich hätte gern von Ihnen einige Erklärungen, und zwar unverzüglich.«

»Ich werde den Teufel tun und Ihnen unter diesen Umständen etwas erklären!« So ruhig er sich auch gab, fiel es Cleaver doch zusehends schwerer, nicht die Beherrschung zu verlieren. »Ich bin kein Taschendieb, den Sie hier hereinschleppen können, wenn es Ihnen gerade paßt, und dann in die Mangel nehmen können.«

»Das freut mich zu hören, daß Sie kein Taschendieb sind.« Markhams Ton hatte nun etwas Drohendes. »Doch da Sie mir die Auskunft als freier Bürger verweigern, bleibt mir nichts anderes übrig, als diesen Status zu ändern.« Er wandte sich an Heath. »Sergeant, gehen Sie hinüber zu Ben und lassen Sie sich einen Haftbefehl für Charles Cleaver ausstellen. Und dann sperren Sie den Herrn hier in eine Zelle.«

Cleaver stutzte und holte tief Luft.

»Und wie lautet die Anklage?« fragte er.

»Mord an Margaret Odell.«

Der Mann sprang auf. Er war kreidebleich geworden, und sein Gesicht zuckte.

»Warten Sie! Das ist nicht fair. Und außerdem kommen Sie damit niemals durch. Nicht in tausend Jahren könnten Sie mir den Mord anhängen.«

»Das vielleicht nicht. Aber wenn Sie nicht hier mit mir reden wollen, werde ich dafür sorgen, daß Sie vor Gericht reden.«

»Gut, ich rede.« Cleaver setzte sich wieder. »Was wollen Sie wissen?«

Markham holte eine Zigarre hervor und steckte sie umständlich an.

»Zunächst einmal: Warum haben Sie mir gesagt, Sie seien am Montag abend in Boonton gewesen?«

Mit dieser Frage hatte Cleaver offenbar gerechnet.

»Als ich aus der Zeitung von dem Mord am Canary erfuhr, da brauchte ich ein Alibi; und mein Bruder hatte mir eben den Strafzettel gegeben, den er in Boonton bekommen hatte. Mit einem Schlag hatte ich ein Alibi fix und fertig, und ich habe eben Gebrauch davon gemacht.«

»Warum brauchten Sie ein Alibi?«

»Ich brauchte es nicht; ich dachte einfach, ich kann mir damit Ärger sparen. Die Leute wußten ja, daß ich mich mit dieser Odell eingelassen hatte; und manche wußten auch, daß sie mich erpreßt hatte – ich hab's ihnen erzählt, blöd wie ich bin. Mannix zum Beispiel. Der war ja genauso reingefallen wie ich.«

»Ist das der einzige Grund, weswegen Sie ein Alibi wollten?« Markham beobachtete ihn genau.

»Ist das denn nicht Grund genug? Die Erpressung hätte doch sicher als Tatmotiv gegolten, oder nicht?«

»Es gehört schon mehr als ein mögliches Motiv dazu, bevor jemand verdächtigt wird.«

»Das mag sein. Ich wollte einfach nicht hineingezogen werden. Das können Sie mir doch nicht verdenken.«

Markham lehnte sich vor, mit einem drohenden Lächeln.

»Der Umstand, daß Miss Odell Sie erpreßte, war nicht der einzige Grund, dessentwegen Sie mich mit dem Strafmandat belogen haben. Es war nicht einmal der Hauptgrund.«

Cleaver kniff die Augen zusammen, doch sonst saß er da wie aus Stein.

»Sie scheinen mehr darüber zu wissen als ich«, sagte er mit aufgesetzter Lässigkeit.

»Nicht mehr als Sie, Mr. Cleaver«, korrigierte Markham ihn, »aber auch nicht viel weniger. – Wo waren Sie am Montag abend zwischen elf Uhr und Mitternacht?«

»Gehört das denn nicht zu den Sachen, die Sie schon wissen?«

»Doch, Sie haben recht. – Sie waren in Miss Odells Wohnung.«

Cleaver lachte gehässig, doch konnte er nicht verbergen, daß Markhams Anschuldigung ein Schock für ihn war.

»Wenn Sie das glauben, dann wissen Sie wohl doch nicht soviel, wie Sie denken. Ich bin schon seit zwei Wochen nicht mehr in ihrer Wohnung gewesen.«

»Ich habe verläßliche Zeugen, die das Gegenteil behaupten.«

»Zeugen!« Cleaver preßte das Wort zwischen zusammengebissenen Zähnen hervor.

Markham nickte. »Man hat Sie gesehen, wie Sie am Montag abend um fünf vor zwölf aus Miss Odells Wohnung kamen und das Haus durch die Seitentür verließen.«

Cleavers Kinn sackte ein wenig, und nun war deutlich zu hören, wie schwer er atmete.

»Und zwischen halb zwölf und Mitternacht«, fuhr Markham unerbittlich fort, »wurde Miss Odell erdrosselt und beraubt. – Was haben Sie dazu zu sagen?«

Es folgte eine lange, angespannte Stille. Dann sprach Cleaver.

»Darüber muß ich nachdenken.«

Markham wartete geduldig. Mehrere Minuten vergingen, dann spannte sich Cleavers Gestalt, und die Schultern hoben sich.

»Ich werde Ihnen sagen, was ich an jenem Abend getan habe, und ob Sie mir das glauben oder nicht, ist Ihre Sache.« Nun war er wieder ganz der kalte, selbstbeherrschte Spieler. »Es ist mir gleich, wieviele Zeugen Sie haben. Von mir werden Sie nur diese eine Geschichte zu hören bekommen. Es wäre vernünftig gewesen, sie Ihnen gleich zu Anfang zu erzählen, aber ich sah auch nicht ein, warum ich in den Tümpel springen sollte, bevor mich jemand hineinstieß. Am Dienstag hätten Sie mir die Geschichte vielleicht noch geglaubt; jetzt haben

Sie sich etwas in den Kopf gesetzt und wollen endlich einen Täter vorweisen, damit die Zeitungen Ruhe geben –«

»Erzählen Sie uns Ihre Geschichte«, kommandierte Markham. »Wenn sie in Ordnung ist, dann brauchen Sie sich um die Zeitungen keine Sorgen zu machen.«

Im Grunde seines Herzens wußte Cleaver, daß es ihm ernst damit war. Niemand, nicht einmal seine erbittertsten politischen Gegner, hatte Markham je beschuldigt, daß er sich Ansehen mit einer Ungerechtigkeit erkauft habe, und sei sie noch so klein.

»Im Grunde gibt es nicht viel zu erzählen«, sagte er. »Kurz vor Mitternacht ging ich zu Miss Odells Haus, jedoch nicht in Ihre Wohnung. Ich habe nicht einmal an der Tür geläutet.«

»Ist das Ihr übliches Benehmen, wenn Sie jemanden besuchen?«

»Nicht sehr glaubwürdig, was? Aber es ist die Wahrheit. Ich hatte schon die Absicht, sie aufzusuchen – das heißt, ich hätte es gern getan –, doch als ich vor der Tür stand, brachte ich es nicht über mich –«

»Augenblick. – Wie sind Sie ins Haus gekommen?«

»Durch die Seitentür – die Tür, zu der die Gasse neben dem Haus führt. Ich habe es immer zuerst dort versucht und bin dort hineingegangen, wenn sie offen war. Miss Odell hatte mich darum gebeten, damit die Telefonisten nicht erfuhren, wie oft ich kam.«

»Und so spät am Montag abend war die Tür noch unverschlossen?«

»Wie hätte ich sonst hineinkommen sollen? Ein Schlüssel, selbst wenn ich einen hätte, hätte mir nichts genützt, denn die Tür wird von innen mit einem Riegel verschlossen. Allerdings muß ich sagen, daß ich diese Tür zum ersten Mal um diese Zeit unverschlossen vorfand.«

»Also gut. Sie gingen zur Seitentür hinein. Was dann?«

»Ich ging den hinteren Flur entlang und horchte eine Weile an Miss Odells Wohnungstür. Ich dachte, sie hat vielleicht Besuch, und ich wollte nur läuten, wenn sie allein war ...«

»Verzeihen Sie, wenn ich unterbreche, Mr. Cleaver«, schaltete sich Vance ein. »Aber wie kamen Sie auf den Gedanken, daß sie Besuch haben könnte?«

Cleaver zögerte.

»Lag es etwa daran«, schlug Vance vor, »daß Sie einige Minuten zuvor bei Miss Odell angerufen hatten und sich eine Männerstimme gemeldet hatte?«

Cleaver nickte nachdenklich. »Es gibt ja keinen Grund, das zu bestreiten ... Ja, deswegen habe ich gelauscht.«

»Was hat der Mann zu Ihnen gesagt?«

»Praktisch nichts. Er sagte ›Hallo‹, und als ich Miss Odell verlangte, sagte er, sie sei nicht da, und ich legte wieder auf.«

Vance richtete das Wort an Markham.

»Das dürfte der kurze Telefonanruf um zwanzig vor zwölf gewesen sein, von dem Jessup sprach.«

»Wahrscheinlich.« Markham sagte es ohne Begeisterung. Ihm lag eher daran, daß Cleaver seine Geschichte weitererzählte, und er nahm den Faden wieder auf, wo Vance unterbrochen hatte.

»Sie sagen, Sie hätten an der Wohnungstür gelauscht. Warum haben Sie nicht geläutet?«

»Ich hörte eine Männerstimme drinnen.«

Markham spitzte die Ohren.

»Eine Männerstimme? Sind Sie da sicher?«

»Da bin ich sicher.« Cleaver sagte es ganz sachlich. »Eine Männerstimme. Deswegen habe ich nicht geläutet.«

»Erkannten Sie die Stimme?«

»Das nicht. Sie war sehr undeutlich; und sie klang ein wenig heiser. Es war keine Stimme, die ich kannte, aber ich glaube schon, daß es die Stimme war, mit der ich auch am Telefon gesprochen hatte.«

»Konnten Sie verstehen, was der Mann sagte?«

Cleaver runzelte die Stirn und blickte an Markham vorbei zum offenen Fenster hinaus.

»Ich habe die Laute noch im Ohr«, sagte er langsam. »An dem Abend habe ich mir nichts dabei gedacht. Doch als ich am nächsten Tag die Zeitung las, erinnerte ich mich wieder an die Worte –«

»Was waren das für Worte?« unterbrach Markham ungeduldig.

»Nun, so gut ich es ausmachen konnte, lauteten sie: ›O mein Gott! O mein Gott!‹ – und das zwei- oder dreimal hintereinander.«

Mit dieser Auskunft machte sich nun doch so etwas wie Entsetzen in dem schäbigen alten Büro breit – ein Entsetzen, das durch die teilnahmslose, phlegmatische Art, in der Cleaver von diesem Verzweiflungsschrei berichtete, nur umso mächtiger wirkte. Nach einer kurzen Pause fragte Markham:

»Als Sie diese Männerstimme hörten, was taten Sie da?«

»Ich schlich mich zurück über den hinteren Flur und verließ das Haus durch die Seitentür. Dann ging ich nach Hause.«

Eine Weile lang sagte niemand etwas. Cleavers Aussage war schon eine Überraschung; doch sie widersprach in keinem Punkt dem, was wir von Mannix wußten.

Nun richtete sich Vance aus den Tiefen des Polstersessels auf.

»Sagen Sie, Mr. Cleaver, was taten Sie zwischen zwanzig vor zwölf – als Sie Miss Odell anriefen – und fünf vor zwölf – als Sie das Haus durch die Seitentür betraten?«

»Ich fuhr mit der Untergrundbahn dorthin«, kam die Antwort nach einer kurzen Pause, »von der Haltestelle 23. Straße.«

»Merkwürdig – sehr merkwürdig.« Vance betrachtete die Spitze seiner Zigarette. »Dann könnten Sie in dieser Viertelstunde ja kaum noch jemand anderen angerufen haben, oder?«

Erst da fiel mir Alys La Fosses Auskunft wieder ein, Cleaver habe sie um zehn Minuten vor zwölf angerufen. Vance hatte mit dieser Frage Cleaver verunsichert, ohne daß er dabei etwas von seinem eigenen Wissen preisgegeben hatte. Cleaver, der nicht riskieren wollte, sich festzulegen, versuchte es mit einer ausweichenden Antwort.

»Es wäre doch denkbar, daß ich, nachdem ich die U-Bahn in der 72. Straße verließ, und bevor ich den Block weit zu Miss Odells Haus ging, noch jemanden anrief?«

»Gewiß«, murmelte Vance, »denkbar wäre das. Doch lassen Sie es uns einmal mathematisch betrachten: Wenn Sie um zwanzig Minuten vor zwölf Miss Odell anriefen, dann die U-Bahn-Station betraten, zur 72. Straße fuhren, einen Block weit zur 71. gingen, das Haus betraten, an der Tür horchten und um fünf Minuten vor zwölf wieder gingen – insgesamt also eine Zeitspanne von nur fünfzehn Minuten –, dann hätten Sie wahrscheinlich kaum noch die Puste gehabt, zwischendrin anzuhalten, um ein Telefongespräch zu führen. Aber lassen wir das. Was ich wirklich wissen möchte, das ist, was Sie an jenem Abend zwischen elf Uhr und zwanzig vor zwölf getan haben, dem Zeitpunkt, zu dem Sie Miss Odell anriefen.«

Cleaver betrachtete Vance einen Moment lang aufmerksam.

»Um die Wahrheit zu sagen, ich war wütend an diesem Abend. Ich wußte, daß Miss Odell mit einem anderen Mann aus war – sie hatte deswegen eine Verabredung mit mir abgesagt –, und ich bin eine Stunde oder noch länger durch die Straßen gelaufen, halb von Sinnen vor Wut.«

»Durch die Straßen gelaufen?« Vance runzelte die Stirn.

»Genau das«, erwiderte Cleaver feindselig. Dann wandte er sich wieder Markham zu und betrachte ihn mit einem langen, berechnenden Blick. »Erinnern Sie sich, daß ich Ihnen ans Herz gelegt hatte, sich einmal bei einem gewissen Dr. Lindquist zu erkundigen? ... Haben Sie das versucht?«

Bevor Markham antworten konnte, übernahm wieder Vance.

»Ah! Das ist es also – Dr. Lindquist! Aber ja – selbstverständlich! Sie liefen also, Mr. Cleaver, durch die Straßen? Die *Straßen,* wohlgemerkt! Ganz genau! Das sagen Sie, und ich lege Nachdruck auf das Wort ›Straßen‹. Und – scheinbar aus heiterem Himmel – fragen Sie nach Dr. Lindquist. Es war nicht von ihm die Rede. Aber das Wort ›Straßen‹ – das ist die Verbindung. Die Straßen und Dr. Lindquist sind eins – so wie Paris und Frühling eins sind. Fein gemacht, wirklich ... Und nun habe ich einen weiteren Stein für mein Puzzlespiel.«

Markham und Heath sahen ihn an, als habe er plötzlich den Verstand verloren. Er suchte in aller Ruhe eine *Régie* aus seinem Etui aus und zündete sie an. Dann bedachte er Cleaver mit seinem schönsten Lächeln.

»Es ist an der Zeit, mein Lieber, daß Sie uns beichten, wann und wo Sie, als Sie am Montag abend durch die Straßen strichen, mit Dr. Lindquist zusammentrafen. Und wenn nicht, das versichere ich Ihnen, dann werde ich diese Frage für Sie beantworten, und zwar genauer, als Sie denken.«

Es dauerte eine ganze Minute, bevor Cleaver antwortete, und während dieser Zeit wandte er seine kalten, starrenden Augen nicht eine Sekunde lang vom Gesicht des Bezirksstaatsanwalts ab.

»Ich habe Ihnen ja schon das meiste erzählt; dann sollen Sie eben auch noch den Rest erfahren.« Er stieß ein leises, freudloses Lachen aus. »Ich war schon um halb zwölf, ein wenig vorher sogar, bei Miss Odells Haus – ich dachte, sie müßte inzwischen zurück sein. Und da sah ich Dr. Lindquist im Eingang zur Gasse stehen. Wir wechselten einige Worte, und er erklärte mir, jemand sei bei Miss Odell in der Wohnung. Ich ging zum Ansonia, dem Hotel um die Ecke. Ich wartete ungefähr zehn Minuten, dann rief ich bei Miss Odell an, wo, wie gesagt, eine Männerstimme antwortete. Ich wartete noch einmal zehn Minuten, dann telefonierte ich mit einer Freundin von Miss Odell. Ich hoffte, ich könnte noch eine Party arrangieren, doch die Freundin hatte kein Interesse, und so ging ich zurück zum Haus. Der Doktor war verschwunden, und ich ging die Gasse hinunter zur Seitentür. Ich horchte, wie ich Ihnen ja schon erzählt habe, eine Weile, hörte eine Männerstimme und ging fort ... Das ist alles.«

In diesem Augenblick kam Swacker herein und flüsterte Heath etwas zu. Der Sergeant erhob sich eilig und folge dem Sekretär hinaus. Gleich darauf kehrte er mit einer dicken Aktenmappe zurück.

Er reichte sie Markham und konferierte leise mit ihm; wir anderen konnten nicht hören, was sie sagten. Markham schien verblüfft, und was er zu hören bekam, war ihm offensichtlich nicht recht. Er schickte den Sergeant zurück an seinen Platz und wandte sich Cleaver zu.

»Ich muß Sie bitten, ein paar Minuten im Vorraum zu warten. Es hat sich eine andere dringende Angelegenheit ergeben.«

Cleaver ging wortlos hinaus, und Markham schlug die Mappe auf.

»Solche Sachen mag ich nicht, Sergeant«, sagte er. »Und das habe ich Ihnen auch gestern gesagt, als Sie es vorschlugen.«

»Ich weiß, Sir.« Ich hatte den Eindruck, daß Heath längst nicht so schuldbewußt war, wie sein Tonfall glauben machte. »Aber wenn die Briefe und Sachen in Ordnung sind und Cleaver uns nicht angelogen hat, dann kann mein Mann sie wieder zurückstecken, und niemand wird je etwas merken. Und wenn wir dadurch beweisen können, daß Cleaver uns belügt, dann haben wir doch auch einen guten Grund, sie zu konfiszieren.«

Markham ging nicht auf die Logik dieses Argumentes ein. Mit unbehaglicher Miene blätterte er die Briefe durch, wobei er besonders auf die Daten achtete. Zwei Fotografien steckte er nach einem kurzen Blick sofort zurück, und ein Blatt – eine Federzeichnung, soweit ich sehen konnte – zerriß er angewidert und warf die Fetzen in den Papierkorb. Drei Briefe legte er beiseite. Fünf Minuten brachte er noch damit zu, die anderen zu inspizieren, und legte sie zurück in die Mappe. Dann nickte er Heath zu.

»Bringen Sie Cleaver wieder rein.« Er stand auf und blickte, mit dem Rücken zu uns, zum Fenster hinaus.

Sobald Cleaver wieder vor seinem Schreibtisch Platz genommen hatte, sagte Markham, ohne sich umzudrehen:

»Sie haben gesagt, im Juni hätten Sie Ihre Briefe von Miss Odell zurückgekauft. Wissen Sie noch das Datum?«

»Nicht mehr genau«, antwortete Cleaver unbekümmert. »Es war allerdings Anfang des Monats – die erste Woche, glaube ich.«

Markham drehte sich auf dem Absatz um und wies auf die drei Briefe, die er aussortiert hatte:

»Wie kommt es dann, daß Sie kompromittierende Briefe in Ihrem Besitz haben, die Sie erst Ende Juli aus den Adirondacks an Miss Odell geschrieben haben?«

Cleavers Selbstbeherrschung war vollkommen. Nach einem Augenblick stoischen Schweigens sagte er lediglich mit milder, nachsichtiger Stimme:

»Ich darf doch annehmen, daß Sie auf legale Weise in den Besitz dieser Briefe gekommen sind?«

Das traf Markham, doch andererseits war er auch der ständigen Täuschungen Cleavers überdrüssig.

»Ich muß leider gestehen, daß sie aus Ihrer Wohnung entwendet wurden«, sagte er, »doch glauben Sie mir, es geschah gegen meine ausdrücklichen Anweisungen. Aber da die Briefe nun einmal unerwartet in meinen Besitz gekommen sind, wäre es das Ratsamste, Sie würden eine Erklärung dazu abgeben. Am Morgen, an dem Miss Odells Leiche gefunden wurde, stand in der Wohnung eine leere Dokumentenkassette, und alles deutet darauf hin, daß jemand sie am Montag abend geöffnet hatte.«

»Verstehe.« Cleaver lachte laut. »Also gut. Es war so – obwohl ich natürlich nicht von Ihnen erwarte, daß Sie mir das abnehmen: Ich habe mein Erpressergeld an Miss Odell erst Mitte August gezahlt, vor ungefähr drei Wochen. Das ist der Zeitpunkt, zu dem ich meine Briefe zurückerhielt. Ich hatte einen früheren Termin genannt, weil ich mir dachte, je älter die Affäre ist, desto geringer wird die Gefahr sein, daß Sie mich verdächtigen.«

Markham stand unschlüssig da, die Briefe in der Hand. Am Ende nahm Vance ihm die Entscheidung ab.

»Wissen Sie«, sagte er, »ich glaube, Sie können es riskieren, Mr. Cleaver seine Erklärung zu glauben, und können ihm die *billets-doux* zurückerstatten.«

Markham zögerte noch einen Augenblick, dann nahm er die Mappe, steckte die drei Briefe dazu und reichte sie Cleaver.

»Ich möchte noch einmal betonen, daß die Entwendung dieser Korrespondenz nicht von mir autorisiert war. Ich an Ihrer Stelle würde sie mit nach Hause nehmen und vernichten. – Und nun werde ich Sie nicht weiter aufhalten. Ich möchte Sie jedoch bitten, in der Nähe zu bleiben, für den Fall, daß ich Sie noch einmal sprechen will.«

»Ich laufe Ihnen schon nicht davon«, sagte Cleaver, und Heath führte ihn zum Aufzug.

Kapitel XXII

Ein Telefonanruf
(Samstag, 15. September, 10 Uhr vormittags)

Heath kehrte zurück ins Büro und schüttelte ratlos den Kopf. »Das muß ja am Montag abend bei der Odell wie im Taubenschlag zugegangen sein.«

»Es sieht ganz so aus«, stimmte Vance ihm zu. »Ein mitternächtliches Rendezvous all ihrer Verehrer. Mannix war dort, das steht fest; und er sah Cleaver; und Cleaver sah Lindquist; und Lindquist sah Spotswoode –«

»Hm! Und niemand sah Skeel.«

»Das Problem ist nur«, gab Markham zu bedenken, »daß wir nicht wissen, wieviel von Cleavers Geschichte wirklich wahr ist. – Und übrigens, Vance, glauben Sie wirklich, daß er seine Briefe im August zurückgekauft hat?«

»Wenn ich das nur wüßte! Aber was soll man machen?«

»Na wenigstens die eine Aussage«, sagte Heath, »daß er die Odell um zwanzig vor zwölf angerufen hat und daß sich eine Männerstimme meldete, wird ja von Jessup bestätigt. Und ich könnte mir auch vorstellen, daß Cleaver den Doc wirklich an dem Abend da gesehen hat, denn er hat uns ja schließlich auf Lindquist aufmerksam gemacht. Da hat er immerhin etwas riskiert – er mußte ja auch damit rechnen, daß der Doc uns erzählen würde, daß er ihn, Cleaver, dort gesehen hatte.«

»Aber wenn Cleaver ein hübsches Alibi gehabt hätte«, gab Vance zu bedenken, »dann hätte er einfach behaupten können, der Doktor belüge uns. Doch ganz gleich, ob Sie nun Cleavers Räuberpistole glauben oder nicht, eins steht fest: Außer Skeel gab es an jenem Abend in der Wohnung Odell noch einen zweiten Besucher.«

»Da haben Sie wohl recht«, gab Heath widerstrebend zu. »Aber dieser andere Bursche spielt für uns ja nur als Zeuge eine Rolle, als jemand, der uns Beweismaterial gegen Skeel liefert.«

»Das bleibt abzuwarten, Sergeant.« Markham runzelte ratlos die Stirn. »Ich möchte nur wissen, wie die Seitentür geöffnet wurde, und wie sie dann später von innen wieder verschlossen wurde. Daß sie um Mitternacht offen war und daß Cleaver und Mannix sie beide benutzten, davon können wir, glaube ich, ausgehen.«

»Was machen Sie sich nur so viele Gedanken um solche Kleinigkeiten«, meinte Vance unbekümmert. »Die Frage der Tür löst sich doch ganz von selbst, wenn wir erst einmal wissen, wer zusammen mit Skeel im goldenen Käfig unseres Canary saß.«

»Für meine Begriffe kann es nur entweder Mannix, Cleaver oder Lindquist gewesen sein. Nur bei diesen dreien besteht überhaupt eine Wahrscheinlichkeit; und wenn wir die Grundzüge von Cleavers Geschichte akzeptieren, dann hatte jeder von den dreien zwischen halb zwölf und Mitternacht Gelegenheit, in die Wohnung hineinzukommen.«

»Richtig. Aber daß Lindquist in der Nähe war, das wissen Sie nur von Cleaver. Und seine Aussage – sofern sie uns nicht noch jemand bestätigt – können wir ja nun wirklich nicht für bare Münze nehmen.«

Heath wurde plötzlich unruhig und blickte auf die Uhr.

»Was ist denn nun mit der Krankenschwester, die ich um elf Uhr herholen sollte?«

»Schon die ganze letzte Stunde habe ich an überhaupt nichts anderes mehr denken können.« Vance machte einen wirklich besorgten Eindruck. »Aber eigentlich, wissen Sie, habe ich nicht das geringste Interesse daran, die Dame kennenzulernen. Ich hoffe nämlich, daß sich uns noch etwas enthüllen wird. Lassen Sie uns noch bis halb elf auf den Doktor warten, Sergeant.«

Er hatte kaum ausgesprochen, da erschien Swacker, um Markham zu sagen, daß Dr. Lindquist im Vorzimmer sei und ihn dringend sprechen wolle. Die ganze Szene hatte etwas Komisches, und Markham lachte laut. Heath starrte Vance an wie vom Donner gerührt.

»Nein, Sergeant, das ist keine Hellseherei«, sagte Vance lächelnd. »Der Doktor mußte gestern einsehen, daß wir ihn bei einer Falschaussage erwischen würden, und hat nun beschlossen, uns mit einer persönlichen Erklärung zuvorzukommen. Einfach, nicht wahr?«

»Sicher.« Der verblüffte Ausdruck ins Heath' Gesicht war verschwunden.

Als Dr. Lindquist den Raum betrat, fiel mir sogleich auf, daß er seine übliche weltgewandte Art gänzlich eingebüßt hatte. Er hatte etwas Ängstliches, Schuldbewußtes und stand sichtlich unter schwerer Anspannung.

»Sir«, verkündete er und ließ sich in dem Sessel nieder, den Markham ihm anwies, »ich bin gekommen, um Ihnen die Wahrheit über Montag abend zu sagen.«

»Die Wahrheit ist uns stets willkommen, Doktor«, machte Markham ihm Mut.

Dr. Lindquist verneigte sich zur Bestätigung.

»Ich bedaure zutiefst, daß ich diesen Kurs nicht schon bei unserer ersten Unterhaltung eingeschlagen habe. Doch zu jenem Zeitpunkt hatte ich die Angelegenheit noch nicht hinreichend überdacht; und nachdem ich mich einmal zu einer Falschaussage hatte hinreißen lassen, glaubte ich, ich könne nicht mehr zurück. Doch nach reiflicher Überlegung bin ich nun zu dem Schluß gekommen, daß Offenheit der ratsamere Weg ist. – Um die Wahrheit zu sagen, Sir, ich war am Montag zur fraglichen Stunde nicht bei Mrs. Breedon. Ich blieb bis gegen halb elf zu Hause. Dann begab ich mich zu Miss Odells Haus, wo ich kurz vor elf ankam. Ich stand bis halb zwölf vor dem Haus auf der Straße; dann kehrte ich nach Hause zurück.«

»Das wären die reinen Fakten; aber ich brauche schon noch einige Erläuterungen dazu.«

»Das ist mir bewußt, Sir, und ich bin bereit, sie Ihnen zu geben.« Dr. Lindquist zögerte, und seine bleichen Züge bekamen etwas Gequältes. Die Hände hatte er zu Fäusten geballt. »Ich hatte erfahren, daß Miss Odell mit einem gewissen Spotswoode zum Abendessen und ins Theater ausging, und dieser Gedanke zerrte an meinen Nerven. Spotswoode war der Mann, der dafür verantwortlich war, daß Miss Odells Zuneigung sich von mir abgewandt hatte, und die Einmischung hatte mich dazu verleitet, meine Drohung gegenüber der jungen Frau auszustoßen. An jenem Abend saß ich zu Hause und malte mir in düsteren Gedanken die Situation aus, und plötzlich packte mich der Impuls, diese Drohung in die Tat umzusetzen. Warum, sagte ich mir, sollte ich diesen unerträglichen Zustand nicht auf der Stelle beenden? Und warum sollte ich nicht Spotswoode in die Bluttat mit einschließen? ...«

Je mehr er sprach, desto erregter wurde er. Die Nerven rund um seine Augen hatten zu zucken begonnen, und er ruckte mit den Schultern wie jemand, der vergebens ein Frösteln vertreiben will.

»Vergessen Sie nicht, Sir, welche Qualen ich litt, und mein Haß auf Spotswoode vernebelte mir den Sinn. Ich begriff kaum, was ich tat, und handelte doch unter einem unwiderstehlichen Zwang. Ich steckte meine Pistole ein und stürmte aus dem Haus. Ich war im Glauben, Miss Odell und Spotswoode würden schon bald aus dem Theater zurückkehren, und ich wollte mir Zugang zu der Wohnung verschaffen und die Tat begehen, zu der ich entschlossen war ... Von der anderen Straßenseite sah ich, wie sie das Haus betraten – das war gegen elf Uhr –, doch als ich der Gelegenheit zur Tat ins Auge blickte, da zauderte ich. Ich schob den Augenblick, an dem ich Rache nehmen würde, noch hinaus; ich – ich spielte mit der Idee – sie bereitete mir eine wahnwitzige Befriedigung –, daß die beiden nun meiner Gnade ausgeliefert waren ...«

Seine Hände zitterten heftig, und das Zucken rund um die Augen hatte zugenommen.

»Eine halbe Stunde lang wartete ich, malte mir aus, was geschehen würde. Und dann, als ich mich fast dazu gebracht hatte, hineinzugehen und allem ein Ende zu machen, kam ein gewisser Cleaver und sah mich dort stehen. Er kam zu mir herüber, sprach mich an. Ich hatte den Eindruck, daß er Miss Odell aufsuchen wollte, und so erklärte ich ihm, daß sie schon einen Besucher habe. Er ging dann weiter in Richtung Broadway, und während ich noch wartete, daß er um die Ecke verschwand, kam Spotswoode aus dem Haus und stieg in ein Taxi, das eben vorgefahren war ... Mein Plan war vereitelt – ich hatte zu lange gezögert. Plötzlich war mir, als erwachte ich aus einem entsetzlichen Alptraum. Ich war dem Zusammenbruch nahe, aber ich schleppte mich doch nach Hause ... So hat es sich zugetragen – so wahr mir Gott helfe!«

Er sank erschöpft in seinen Sessel zurück. Die unterdrückte nervöse Erregung, die ihn angefeuert hatte, solange er sprach, war nun verloschen, und er schien teilnahmslos und abgespannt. Minutenlang saß er heftig atmend da, und zweimal fuhr er sich mit der Hand über die Stirn. Es wäre unmöglich gewesen, ihm in dieser Verfassung weitere Fragen zu stellen, und schließlich ließ Markham Tracey rufen und gab ihm Order, den Doktor nach Hause zu bringen.

»Vorübergehende hysterisch bedingte Erschöpfungszustände«, kommentierte Vance trocken. »Solche Paranoiker sind durchweg neurasthenisch. Noch ein Jahr, dann wird er in einer geschlossenen Anstalt sitzen.«

»Das mag sein, Mr. Vance«, sagte Heath, dem jedes Interesse an den Verirrungen der menschlichen Psyche abging. »Aber was mich im Augenblick mehr interessiert, das ist, wie die Geschichten von diesen drei Burschen zusammenhängen.«

»Ja«, nickte Markham. »Daß es einen wahren Kern in diesen Aussagen gibt, steht außer Zweifel.«

»Doch lassen Sie nicht außer acht«, ermahnte Vance sie, »daß ihre Geschichten keinen von ihnen als möglichen Täter ausschließen. Die Geschichten passen, wie Sie ganz richtig sagen, wunderbar zusammen. Und trotzdem könnte jeder von den dreien, auch wenn sie sich noch so schön gegenseitig bestätigen, an jenem Abend in die Odellsche Wohnung gekommen sein. Zum Beispiel: Mannix könnte aus Apartment 2 gekommen sein, bevor Cleaver kam und an der Tür horchte; und er hätte sehen können, wie Cleaver fortging, als er selbst aus der Wohnung kam. – Cleaver könnte um halb zwölf mit dem Doktor gesprochen haben, könnte zum Ansonia gegangen und kurz vor zwölf zurückgekehrt sein, in die Wohnung der jungen Dame gegangen und in just dem Moment wieder herausgekommen sein, als Mannix Miss Frisbees Wohnungstür öffnete. – Und auch unser leicht erregbarer Doktor könnte hineingegangen sein, nachdem Spotswoode um halb zwölf abgefahren war, könnte an die zwanzig Minuten geblieben und wieder fortgewesen sein, bevor Cleaver vom Ansonia zurückkehrte ... Nein; so gut ihre Geschichten auch zusammenpassen – entlastet wird keiner von ihnen dadurch.«

»Und dieser Ruf ›O mein Gott!‹«, fügte Markham noch hinzu, »könnte von Mannix wie auch von Lindquist gekommen sein – wenn denn Cleaver tatsächlich einen solchen Ruf hörte.«

»Daran würde ich nicht zweifeln«, sagte Vance. »Jemand war um Mitternacht in dieser Wohnung und flehte zu seinem Schöpfer. Cleaver hätte nicht genug dramatischen Sinn, sich eine so wirksame *bonne bouche* einfallen zu lassen.«

»Aber wenn Cleaver tatsächlich solche Rufe hörte«, wandte Markham ein, »dann kommt er nicht mehr als Täter in Betracht.«

»Oh, so einfach ist das nicht, mein Alter. Er könnte es zum Beispiel gehört haben, nachdem er aus der Wohnung kam, und erst da begriffen haben, daß ihn jemand bei seinem Besuch beobachtet hatte.«

»Das wäre also wieder Ihr Mann im Kleiderschrank?«

»Aber natürlich, Markham ... Stellen Sie sich doch unseren Skeel vor, wie er entsetzt aus seinem Versteck gewankt kommt, Mord und Verwüstung erblickt und jenen frommen Ruf gen Himmel schickt.«

»Nur daß Skeel mir nicht gerade fromm vorkommt«, gab Markham sarkastisch zu bedenken.

»Nicht?« Vance zuckte die Schultern. »Nur eine Bestätigung. Die Ungläubigen führen Gott viel häufiger im Munde als die Gläubigen. Die einzigen wirklich konsequenten Theologen, das wissen Sie ja, sind die Atheisten.«

Heath hatte in düstere Betrachtungen versunken dagesessen, und nun nahm er die Zigarre aus dem Mund und stieß einen tiefen Seufzer aus.

»Gut«, brummte er, »ich will Ihnen zugestehen, daß außer Skeel noch jemand in der Wohnung Odell war und daß der Dandy sich im Kleiderschrank versteckt hatte. Aber wenn das so war, dann hat der andere Bursche Skeel nicht gesehen, und es wird uns nicht groß weiterhelfen, wenn wir herausbekommen, wer er war.«

»Sergeant«, tröstete Vance ihn, »lassen Sie sich deswegen keine grauen Haare wachsen. Wenn Sie erst einmal wissen, wer dieser andere war, dann werden Sie staunen, wie schnell all Ihr anderer Kummer verfliegt. Sie werden jauchzen und frohlocken, wenn Sie ihn gefunden haben. Sie werden Luftsprünge machen. Sie werden eine Tarantella tanzen.«

»Den Teufel werd' ich tun!« sagte Heath.

Swacker kam mit einem maschinengeschriebenen Blatt und legte es dem Bezirksstaatsanwalt auf den Tisch.

»Der telefonische Bericht des Architekten.«

Markham überflog ihn; es waren nur wenige Zeilen.

»Das hilft uns nichts«, sagte er. »Alle Wände massiv. Keine Hohlräume. Keine verborgenen Eingänge.«

»Pech für Sie, Sergeant«, seufzte Vance. »Sie werden Ihre Idee aus dem Kintopp fallenlassen müssen ... Ein Jammer.«

Heath quittierte es mit einem Brummen und sah unglücklicher denn je aus.

»Aber auch ohne andere Ein- oder Ausgänge«, sagte er zu Markham, »könnten wir da nicht jetzt, wo wir wissen, daß die Seitentür am Montag abend offen war, einen Haftbefehl gegen Skeel bekommen?«

»Wahrscheinlich schon, Sergeant. Aber wir hätten große Mühe zu erklären, warum sie anfangs unverschlossen war und warum jemand sie dann von innen verschloß, nachdem Skeel fort war. Das wäre der Punkt, an dem Abe Rubin sich festbeißen würde. – Nein, wir warten lieber noch eine Weile und sehen zu, was sich ergibt.«

Und schon im nächsten Moment ergab sich etwas. Swacker kam herein und informierte den Sergeant, daß Snitkin ihn dringend sprechen wolle.

Snitkin trat ein, sichtlich erregt, und bei sich hatte er einen runzligen, schäbig gekleideten kleinen Mann von etwa sechzig Jahren, der vor Angst fast zu vergehen schien. In der Hand hatte Snitkin ein kleines, in Zeitungspapier gewickeltes Bündel, das er mit triumphierender Miene auf den Schreibtisch des Bezirksstaatsanwalts legte.

»Der Schmuck des Canary«, verkündete er. »Ich habe die Sachen nach der Aufzählung, die ich von dem Dienstmädchen habe, überprüft, und es ist alles da.«

Heath sprang auf, doch Markham hatte bereits begonnen, das Päckchen mit nervösen Fingern zu öffnen. Als die Bögen auseinandergeschlagen waren, hatten wir vor uns eine Ansammlung erlesener Schmuckstücke – mehrere ausgezeichnet gearbeitete Ringe, drei wunderbare Armreifen, einen glitzernden Anhänger und eine reichgeschmückte Lorgnette. Die Steine waren allesamt groß und in ungewöhnlichen Formen geschliffen.

Markham blickte fragend auf, und Snitkin hob ohne weitere Aufforderung mit seiner Erklärung an.

»Dieser Mann hier, Potts, hat sie gefunden. Er arbeitet bei der Straßenreinigung und sagt, sie steckten in einem Abfallkorb in der 23. Straße, nicht weit vom Flatiron Building. Er fand sie gestern nachmittag, sagt er, und nahm sie mit nach Hause. Und dann bekam er es mit der Angst zu tun und brachte sie heute morgen auf die Wache.«

Mr. Potts zitterte am ganzen Leibe.

»Genauso war es, Sir, genauso«, versicherte er Markham mit dem Übereifer des Ängstlichen. »Wenn ich irgendwo was eingewickelt finde, sehe ich immer nach, was drin ist. Ich hab' mir wirklich nichts Böses dabei gedacht, als ich's mit nach Hause genommen hab'. Ich hätte die Sachen nie behalten. Ich hab' die ganze Nacht wachgelegen und mir Gedanken gemacht, und heute morgen, sowie ich wegkonnte, hab' ich sie zur Polizei gebracht.« Er zitterte so heftig, daß ich befürchtete, er werde jeden Moment in Tränen ausbrechen.

»Schon in Ordnung, Potts«, sagte Markham mit freundlicher Stimme. Und zu Snitkin: »Der Mann kann gehen – lassen Sie sich nur vorher seinen vollen Namen und Adresse geben.«

Vance hatte sein Interesse der Zeitung zugewandt, in der die Juwelen verpackt gewesen waren.

»Sagen Sie«, wandte er sich an Potts, »ist das die Zeitung, in der Sie den Schmuck gefunden haben?«

»Jawohl, Sir – genau die Zeitung. Ich hab' nichts angerührt.«

»Gut gemacht.«

Mr. Potts, mächtig erleichtert, schlurfte davon.

»Das Flatiron Building liegt dem Stuyvesant-Club gegenüber«, sagte Markham und runzelte die Stirn, »auf der anderen Seite des Madison Square.«

»So ist es«, bestätigte Vance und wies auf den linken Rand des Zeitungsbogens, auf dem der Schmuck lag. »Und Ihnen wird aufgefallen sein, daß dieser gestrige *Herald* an drei Stellen durchlöchert ist, ganz offensichtlich von den Zapfen eines hölzernen Zeitungshalters, wie man sie allgemein in den Leseräumen der Clubs findet.«

»Sie haben einen scharfen Blick, Mr. Vance«, sagte Heath anerkennend und musterte die Zeitung.

»Darum kümmere ich mich sofort.« Markham drückte energisch den Klingelknopf. »Die Zeitungen im Stuyvesant-Club werden immer eine Woche lang aufgehoben.«

Als Swacker erschien, trug er ihm auf, sofort den Steward des Clubs ans Telefon zu holen. Es dauerte nicht lange, bis die Verbindung hergestellt war. Markham sprach fünf Minuten, dann legte er auf und warf Heath einen ratlosen Blick zu.

»Der Club legt jeweils zwei Exemplare des *Herald* aus. Beide gestrigen Exemplare sind noch da.«

»Hat Cleaver uns nicht gesagt, er läse nie etwas anderes als den *Herald* – den und eine Sportzeitung am Abend?« fragte Vance beiläufig.

»Ich glaube schon.« Markham dachte über die Idee nach. »Aber das ändert nichts daran, daß beide *Heralds* des Clubs noch im Regal liegen.« Er wandte sich an Heath. »Als Sie Informationen über Mannix eingeholt haben, haben Sie da auch ermittelt, zu welchen Clubs er gehört?«

»Sicher.« Der Sergeant zückte sein Notizbuch und blätterte ein oder zwei Minuten darin. »Furriers und Cosmopolis.«

Markham schob das Telefon zu ihm hin.

»Versuchen Sie mal Ihr Glück.«

Das hielt Heath die nächste Viertelstunde beschäftigt.

»Fehlanzeige«, verkündete er schließlich. »Im Furriers werden keine Halter verwendet, und der Cosmopolis hebt die alten Nummern nicht auf.«

»Wie steht es mit Mr. Skeels Clubs, Sergeant?« fragte Vance lächelnd.

»Ich weiß schon, daß ich mir jetzt, wo wir die Juwelen gefunden haben, meine schöne Idee mit Skeel abschminken kann«, sagte er säuerlich. »Aber müssen Sie denn auch noch den Finger in die Wunde legen? Und wenn Sie denken, ich lasse den Burschen laufen, nur weil die Klunker von der Odell plötzlich in einem Papierkorb stecken, dann kennen Sie mich aber schlecht. Vergessen Sie nicht, daß wir den Dandy ständig unter Beobachtung haben. Vielleicht hat er Wind bekommen und einem von seinen Kumpanen, wo er die Sachen gerade hatte, einen Tip gegeben.«

»Ich würde ja doch vermuten, daß ein erfahrener Mann wie Skeel seine Beute einem Hehler anvertraut hätte, der sein Handwerk versteht. Aber selbst wenn er sie einem Freund weitergegeben hätte, hätte dieser Freund sie dann wirklich fortgeworfen, nur weil Skeel es mit der Angst bekam?«

»Vielleicht nicht. Aber irgendeine Erklärung dafür, daß wir an diesen Schmuck gekommen sind, gibt es, und wenn wir sie finden, dann wird sie mit Sicherheit nicht Skeels Unschuld beweisen.«

»Nein; seine Unschuld beweisen wird die Erklärung gewiß nicht«, sagte Vance; »aber glauben Sie mir, sein *locus standi* wird nicht mehr derselbe sein.«

Heath betrachtete ihn ganz genau. Etwas an Vance' Tonfall hatte offenbar seine Neugier geweckt, und nun überlegte er, worauf Vance hinauswollte. Vance hatte schon zu oft in seiner Einschätzung von Personen und Sachlagen recht gehabt, als daß Heath es sich leisten konnte, ihn einfach zu ignorieren.

Doch bevor er etwas antworten konnte, kam Swacker energischen Schrittes und mit leuchtenden Augen herein.

»Tony Skeel ist am Apparat, Chef, und möchte Sie sprechen.«

Der sonst so reservierte Markham sprang auf.

»Hier, Sergeant«, sagte er eilig. »Nehmen Sie den zweiten Hörer und passen Sie genau auf.« Er nickte Swacker zu, der in sein Büro zurückkehrte, um das Gespräch durchzustellen. Markham nahm den Hörer ab und sprach mit Skeel.

Eine gute Minute lang hörte er nur zu. Dann, nach einem kurzen Wortwechsel, stimmte er einem Vorschlag zu, den Skeel offenbar gemacht hatte, und damit war das Telefonat zu Ende.

»Skeel begehrt eine Audienz, nehme ich an«, sagte Vance. »Ich warte schon eine ganze Weile darauf.«

»Sie haben recht. Morgen früh um zehn kommt er her.«

»Und er machte Andeutungen, er wisse, wer dem Canary den Hals umgedreht hat, nicht wahr?«

»Genau das waren seine Worte. Morgen will er mir die ganze Geschichte erzählen.«

»Wenn jemand das kann, dann er«, murmelte Vance.

»Aber Mr. Markham«, sagte Heath, der noch immer ganz verdattert mit seinem Hörer in der Hand dasaß, »ich verstehe nicht, warum Sie ihn nicht gleich hierherbringen lassen.«

»Wie Sie selbst gehört haben, Sergeant, bestand Skeel auf dem morgigen Vormittag und drohte damit, nichts zu sagen, wenn ich drängte. Wenn ich ihn jetzt mit Gewalt herbringen ließe, würden wir uns vielleicht eine gute Gelegenheit verderben, ein paar Aufschlüsse über den Fall zu bekommen. Und morgen paßt mir gut. Da wird uns niemand hier stören. Und Sie haben Skeel ja unter Beobachtung – wir brauchen nicht zu befürchten, daß er untertaucht.«

»Sie haben recht, Sir. Der Dandy ist empfindlich; der kann stumm sein wie ein Fisch, wenn ihm danach zumute ist.« Der Sergeant sprach aus Erfahrung.

»Ich lasse Swacker morgen früh herkommen, damit er die Aussage aufnehmen kann«, fuhr Markham fort; »und Sie postieren lieber einen Ihrer Männer am Aufzug; sonntags ist ja niemand hier. Stellen Sie auch einen Mann auf dem Flur auf, und einen in Swackers Büro.«

Vance streckte sich ausgiebig und erhob sich dann.

»Sehr rücksichtsvoll von dem Gentleman, schon so früh anzurufen. Mich plagt eine Sehnsucht nach den Monets in der Galerie Durand-Ruel, und ich hatte schon befürchtet, daß ich mich nicht von diesem faszinierenden Fall würde losreißen können. Nun, wo der Termin für die Apokalypse angesetzt ist, kann ich mich für den Rest des Tages ganz den Impressionisten hingeben ... *À demain,* Markham. Bye-bye, Sergeant.«

Kapitel XXIII

Die Verabredung um zehn
(Sonntag, 16. September, 10 Uhr vormittags)

Als wir am nächsten Morgen aufstanden, nieselte es leicht, und die Luft war kalt – die ersten Vorboten des Winters. Wir frühstückten um halb neun in der Bibliothek, und um neun Uhr stand der Wagen bereit, den Vance am Vorabend bestellt hatte. Wir fuhren die Fifth Avenue hinunter, die beinahe menschenleer im gelben Nebel lag, und holten Markham an seiner Wohnung in der 12. Straße ab. Er wartete schon vor der Haustür und stieg eilig ein, mit nur einem knappen Wort zur Begrüßung. Aus seiner angespannten, sorgenvollen Miene schloß ich, daß er große Hoffnungen auf das setzte, was Skeel ihm mitzuteilen hatte.

Wir waren schon zum westlichen Broadway und zur Trasse der Hochbahn gekommen, bevor jemand etwas sagte. Dann offenbarte Markham, was ihm auf der Seele lag.

»Ich frage mich, ob dieser Skeel uns tatsächlich etwas Wichtiges erzählen kann. Sein Betragen am Telefon war merkwürdig. Aber daß er etwas zu sagen hatte, davon war er überzeugt. Kein großer Auftritt, keine Forderung nach Straffreiheit – nur die knappe, klare Mitteilung, daß er wisse, wer die junge Odell umgebracht habe, und beschlossen habe, es zu sagen.«

»Daß er nicht selbst der Täter war, steht fest«, sagte Vance. »Ich selbst neige, wie Sie wissen, zu der Ansicht, daß er im Kleiderschrank versteckt war, als die Untat begangen wurde, und ich klammere mich zärtlich an den Gedanken, daß er geheimer Zeuge des gesamten Verbrechens war. Das Schlüsselloch des Schrankes liegt auf Höhe der Sofakante, und das Ende des Sofas, an dem die junge Dame erwürgt wurde, liegt der Schranktür gegenüber; und wenn ein Rivale am Werke war, während Skeel dort drinnen saß, dann darf man doch annehmen, daß er auch einen Blick hinauswarf – meinen Sie nicht auch? Sie wissen ja, ich habe ihn danach gefragt, und er hörte die Frage gar nicht gern.«

»Aber in diesem Falle –«

»Oh, ich weiß, der hochgelehrten Einwände gegen meinen Fiebertraum sind viele. – Warum hat er nicht Alarm geschlagen? Warum hat er es nicht von Anfang an gebeichtet? Warum dies? Warum das? ... Ich bin ja nicht allwissend; ich will nicht einmal behaupten, daß ich eine logische Erklärung für die diversen *traits d'union* meiner Spekulationen habe. Es ist, könnte man sagen, nur die Skizze einer Theorie. Doch trotzdem bin ich überzeugt, daß unser modischer Tony weiß, wer seine *bona roba* auf dem Gewissen und wer ihre Wohnung verwüstet hat.«

»Doch von den drei Personen, die an jenem Abend in die Odellsche Wohnung gekommen sein könnten – nämlich Mannix, Cleaver und Lindquist –, kennt Skeel doch offenbar nur einen – Mannix.«

»Das ist wahr. Und Mannix ist allem Anschein nach der einzige des Trios, der Skeel kennt ... Ein interessanter Punkt.«

Heath erwartete uns am Eingang Franklin Street des Gerichtsgebäudes. Auch er war unruhig und bedrückt, und die abwesende Art, in der er uns die Hand reichte, hatte gar nichts von seiner sonstigen Herzlichkeit.

»Snitkin betreut den Aufzug«, sagte er nach ein paar wenigen Begrüßungsworten. »Burke hält oben auf dem Flur Wache, und Emery wartet, daß er in Swackers Büro kann.«

Wir betraten das menschenleere Gebäude, in dem fast vollkommene Stille herrschte, und fuhren zum dritten Stock hinauf. Markham schloß seine Bürotür auf, und wir traten ein.

»Guilfoyle«, erklärte Heath, als wir Platz genommen hatten, »– das ist der Mann, der Skeel beschattet – meldet es telefonisch im Präsidium, sobald der Dandy das Haus verläßt.«

Es war inzwischen zwanzig vor zehn. Fünf Minuten darauf traf Swacker ein. Er nahm seinen Stenoblock und bezog Posten hinter der Schwingtür zu Markhams Privatgemach, von wo er alles, was gesagt wurde, hören konnte, ohne daß er gesehen wurde. Markham steckte sich eine Zigarre an, und Heath tat es ihm gleich. Vance rauchte bereits friedlich vor sich hin. Er war der einzige im Raum, der nicht aufgeregt zu sein schien. Er hatte sich verträumt in einem der schweren Ledersessel zurückgelehnt, als ob all die Sorgen und Ängste ihm überhaupt nichts anhaben könnten. Doch an der allzu bedachtsamen Art, mit der er seine Asche im Aschenbecher abstreifte, erkannte ich, daß auch er unruhig war.

Fünf oder sechs Minuten verstrichen in vollkommener Stille. Dann stieß der Sergeant ein ärgerliches Schnauben aus.

»Nein, Sir«, sagte er, als ob er das Ende eines Gedankengangs plötzlich laut ausspreche, »ich verstehe diese Geschichte einfach nicht. Wieso gerade jetzt der Schmuck wieder auftaucht, zu einem hübschen Paket verschnürt ... und wieso der Dandy jetzt plötzlich reden will ... Das ergibt einfach alles keinen Sinn.«

»Es ist eine Qual, Sergeant, ich weiß; aber durch und durch sinnlos ist es nicht.« Vance blickte zur Decke. »Der Bursche, der diese Preziosen konfisziert hat, hatte keine Verwendung dafür. Er wollte sie nicht – sie machten ihm nichts als Sorgen.«

Dieses Argument war zu komplex für Heath. Die Entwicklungen des Vortages hatten seine Ansichten in den Grundfesten erschüttert, und nun verfiel er wieder in finsteres Brüten.

Um zehn Uhr erhob er sich ungeduldig, ging zur Flurtür und blickte hinaus. Er verglich seine Taschenuhr mit der Wanduhr und begann dann ungeduldig auf- und abzugehen. Markham versuchte einige Papiere auf seinem Schreibtisch zu sortieren, doch gleich darauf schob er sie mit einer ungeduldigen Handbewegung wieder beiseite.

»Na, allmählich könnte er kommen«, sagte er und mühte sich um einen heiteren Tonfall.

»Der kommt schon«, knurrte Heath. »Wenn nicht, dann gehe ich ihn holen.« Dann nahm er seine Wanderungen wieder auf.

Ein paar Minuten darauf machte er abrupt kehrt und stürmte hinaus auf den Flur. Wir konnten ihn hören, wie er durch den Aufzugsschacht zu Snitkin hinunterrief, doch sein Gesicht, als er zurückkehrte, verriet uns, daß bisher nichts von Skeel zu sehen war.

»Ich rufe mal im Präsidium an«, beschloß er, »und höre nach, was Guilfoyle berichtet hat. Dann wissen wir wenigstens, wann der Dandy aufgebrochen ist.«

Doch im Präsidium erfuhr der Sergeant, daß Guilfoyle sich bisher nicht gemeldet hatte.

»Komische Sache«, meinte er, als er den Hörer auflegte.

Es war inzwischen zehn Minuten nach zehn. Markham wurde zusehends unruhiger. Die Art, wie jeder seiner Versuche scheiterte, Licht in den Mordfall Canary zu bringen, nahm ihm allmählich den Mut, und er hatte sich mit beinahe verzweifelter Hoffnung an den Glauben geklammert, daß die Unterhaltung mit Skeel das Rätsel aufklären oder doch zumindest zu Erkenntnissen führen würde, mit denen er zur Tat schreiten konnte. Nun, wo Skeel zu dieser Verabredung, auf deren Ergebnis alles ankam, bisher nicht erschienen war, waren seine Nerven zum Zerreißen gespannt.

Er schob unruhig seinen Stuhl zurück, ging zum Fenster und blickte hinaus in den trüben Nieselregen. Als er zum Schreibtisch zurückkehrte, hatte er eine Entscheidung gefällt.

»Ich gebe unserem Freund noch bis halb elf«, sagte er grimmig. »Wenn er dann nicht da ist, dann rufen Sie auf der dortigen Wache an, Sergeant, und lassen ihn bringen.«

Wieder herrschte einige Minuten lang Schweigen. Vance ruhte mit halb geschlossenen Augen in seinem Sessel, doch mir fiel auf, daß er seine Zigarette zwar noch in der Hand hielt, doch nicht mehr rauchte. Er hatte die Stirn in tiefe Falten gelegt und war vollkommen reglos. Ich wußte, er war in Überlegungen vertieft, die seine Gedanken stärker beanspruchten als sonst. Seine Reglosigkeit verriet höchste Anspannung und Konzentration.

Noch während ich ihn betrachtete, richtete er sich plötzlich kerzengerade auf, die Augen nun weit offen. Die ruckartige Bewegung, mit der er die erloschene Zigarette in den Aschenbecher warf, zeugte von großer innerer Erregung.

»Liebe Güte!« rief der. »Das kann doch einfach nicht sein! Und doch« – er errötete –, »und doch, beim Zeus, das ist die Lösung! ... Was bin ich doch für ein Dummkopf gewesen – was für ein unaussprechlicher Dummkopf! ... Oh!«

Er sprang auf; dann stand er da und blickte zu Boden wie benommen, wie jemand, der nicht wagt zu denken, was ihm durch den Kopf geht.

»Markham, das gefällt mir gar nicht – das gefällt mir ganz und gar nicht.« Es klang beinahe ängstlich. »Ich sage Ihnen, etwas Entsetzliches geht hier vor – etwas Unheimliches. Wenn ich nur daran denke, läuft es mir kalt den Rücken herunter ... Ich werde wohl alt und sentimental«, versuchte er es ins Scherzhafte umzubiegen, doch sein Blick verriet, wie ihm wirklich zumute war. »Warum habe ich das nicht gestern schon begriffen ... Ich habe es einfach weiterlaufen lassen ...«

Aller Augen waren verblüfft auf ihn gerichtet. Ich hatte ihn noch nie von etwas so ergriffen gesehen, und die Tatsache, daß er sonst so zynisch und distanziert war, so emotionslos und gefeit gegen alle äußerlichen Einflüsse, machten seine jetzigen Worte und sein Benehmen nur umso zwingender und eindrucksvoller.

Gleich darauf schüttelte er sich, so als ob er den Schauder abwerfen wolle, der sich seiner bemächtigt hatte, trat zu Markham an den

Schreibtisch, faßte die Tischplatte mit beiden Händen und beugte sich vor.

»Verstehen Sie denn nicht?« fragte er. »Skeel wird nicht kommen. Sinnlos, noch weiter zu warten – es war sinnlos, daß wir überhaupt hierher gekommen sind. Wir müssen zu ihm. Er erwartet uns ... Kommen Sie! Holen Sie Ihren Hut.«

Markham hatte sich erhoben, und Vance faßte ihn energisch am Arm.

»Widerspruch können Sie sich sparen«, sagte er mit Nachdruck. »Früher oder später müssen Sie zu ihm. Da können Sie ebensogut jetzt gleich gehen. – Liebe Güte! Was für eine Sache!«

Er hatte Markham, der verdutzt dreinblickte und Anstalten machte zu widersprechen, in die Mitte des Raumes geführt, und nun winkte er mit der anderen Hand Heath heran.

»Sie auch, Sergeant. Ich muß Sie um Verzeihung bitten, daß Sie soviel Mühe damit hatten. Mein Fehler. Eine Schande ist das; aber gestern nachmittag hatte ich meine Gedanken bei den Monets ... Haben Sie Skeels Adresse?«

Heath nickte mechanisch. Er war von Vance' plötzlichem und unerklärlichem Tatendrang wie gebannt.

»Dann nicht gezögert! Und nehmen Sie Burke oder Snitkin mit, Sergeant. Hier werden die beiden nicht gebraucht – hier wird heute überhaupt niemand mehr gebraucht.«

Heath blickte ratsuchend Markham an; er war so verdattert, daß er nicht wußte, wie er sich weiter verhalten sollte. Markham nickte zum Zeichen, daß er mit Vance' Vorschlägen einverstanden war, und streifte ohne ein weiteres Wort seinen Regenmantel über. Wenige Minuten darauf saßen wir vier, dazu Snitkin, in Vance' Wagen und fuhren in voller Fahrt stadtauswärts. Swacker war nach Hause geschickt worden, das Büro verschlossen, und Burke und Emery waren zum Büro der Mordkommission zurückgekehrt, wo sie auf weitere Instruktionen warten würden.

Skeel wohnte in der 35. Straße nicht weit vom East River in einem heruntergekommenen, doch ehemals grandiosen Haus, das einmal einer der wohlhabenderen Familien der Stadt gehört hatte. Nun war es halbverfallen, im Vorgarten lag Unrat, und in einem Fenster des Erdgeschosses verkündete ein großes Schild, daß Zimmer zu vermieten seien.

Als der Wagen gehalten hatte, sprang Heath hinaus auf die Straße und sah sich aufmerksam um. Gleich darauf hatte er einen Mann mit zottigen Haaren ausgemacht, der in der Einfahrt eines Lebensmittelladens schräg gegenüber lungerte, und winkte ihn zu sich herüber. Der Mann kam verstohlen herangeschlurft.

»Schon gut, Guilfoyle«, begrüßte der Sergeant ihn. »Wir kommen zu einem Freundschaftsbesuch zum Dandy. – Was ist denn los? Warum haben Sie sich nicht gemeldet?«

Guilfoyle machte große Augen.

»Man hat mir gesagt, ich solle mich melden, wenn er das Haus verläßt, Sir. Aber bis jetzt ist er nicht rausgekommen. Mallory ist ihm gestern abend gegen zehn bis hierher gefolgt, und ich habe Mallory heute morgen um neun abgelöst. Der Dandy ist noch im Haus.«

»Aber natürlich ist er im Haus, Sergeant«, sagte Vance ein wenig ungeduldig.

»Wo liegt sein Zimmer, Guilfoyle?« erkundigte sich Heath.

»Erster Stock, nach hinten raus.«

»Gut. Wir gehen rein. – Sie passen hier auf.«

»Sehen Sie sich vor, Sir«, warnte Guilfoyle. »Er hat eine Kanone.«

Heath übernahm die Führung die ausgetretenen Stufen hinauf, die von der Straße zu dem kleinen Vordach führten. Ohne zu läuten griff er zum Türknauf und rüttelte daran. Die Tür war nicht verschlossen, und wir betraten den stickigen Flur.

Eine schmuddelige Frau von vielleicht vierzig Jahren in einem unansehnlichen Morgenrock und mit strähnigem, über die Schultern herabhängendem Haar erschien in einer der hinteren Türen, kam mit unsicheren Schritten auf uns zu und blickte uns aus verquollenen, doch drohenden Augen an.

»He!« rief sie mit heiserer Stimme. »Was soll das heißen, einfach so ins Haus einer Dame einzudringen?« Und es folgte ein ganzer Strom abscheulicher Beschimpfungen.

Heath, der ihr am nächsten stand, legte ihr die mächtige Hand vors Gesicht und drückte sie mit einem sanften, doch energischen Schubs fort.

»Sie halten sich da raus, Cleopatra!« riet er ihr, und dann stieg er die Treppen hinauf.

Der Flur im ersten Stock war nur spärlich von einer kleinen flackernden Gaslampe erhellt, doch am Hinterende, in der Mitte der Wand, konnten wir eine einzelne Tür ausmachen.

»Das müßte dann Mr. Skeels Quartier sein«, folgerte Heath.

Er ging zu der Tür hin, steckte die rechte Hand in die Jackentasche und drehte den Knauf. Doch die Tür war verschlossen. Er pochte nun heftig und legte dann sein Ohr lauschend an die Tür. Snitkin hatte unmittelbar hinter ihm Aufstellung genommen, ebenfalls die Hand in der Tasche. Wir anderen hielten ein wenig Abstand.

Heath hatte ein zweites Mal geklopft, da erhob Vance im Halbdunkel die Stimme.

»Mit solchen Formalien vergeuden Sie nur Ihre Zeit, Sergeant.«

»Da haben Sie wohl recht«, kam die Antwort nach einem schier unerträglichen Augenblick des Schweigens.

Heath kniete sich nieder und begutachtete das Schloß. Dann holte er etwas aus der Tasche und steckte es hinein.

»Sie haben recht«, sagte er noch einmal. »Der Schlüssel steckt nicht.«

Er trat einen Schritt zurück, wiegte sich auf den Zehen wie ein Sprinter und warf sich dann mit der Schulter gegen die Tür, auf eine Stelle oberhalb des Knaufes. Doch das Schloß hielt.

»Helfen Sie mir mal, Snitkin«, kommandierte er.

Die beiden Polizisten warfen sich gemeinsam gegen die Tür. Beim dritten Anlauf hörte man, wie das Holz splitterte und die Zunge des Schlosses über den Putz schleifte. Wie betrunken schlingerte die Tür nach innen.

Im Zimmer war es stockdunkel. Wir hielten allesamt an der Schwelle inne, dann schlich Snitkin sich vorsichtig zu einem der Fenster und löste das Springrollo, das unter großem Getöse nach oben schnellte. Sogleich nahm die Einrichtung des Zimmers in dem graugelben Licht Gestalt an. Ein großes altmodisches Bett stand an der rechten Wand.

»Da!« rief Snitkin und zeigte mit dem Finger, und etwas in seiner Stimme ließ mich erschaudern.

Wir drängten vor. Am Fuße des Bettes, auf der zur Tür gewandten Seite, lag gekrümmt der Leichnam Skeels. Wie den Canary hatte der Mörder ihn erdrosselt. Der Kopf hing über das Fußende nach hinten, das Gesicht war grausig verzerrt. Die Arme hatte er ausgestreckt, und ein Bein hing seitlich hinunter bis zum Boden.

»Erwürgt«, murmelte Vance. »Wie Lindquist schon sagte. – Kurios!«

Heath starrte die Leiche an, die Schultern zusammengezogen. Seine frische Gesichtsfarbe war verflogen, und er stand da wie hypnotisiert.

»Heilige Muttergottes!« hauchte er entsetzt. Und unwillkürlich bekreuzigte er sich.

Auch Markham war erschüttert. Seine Lippen waren fest zusammengepreßt.

»Sie haben recht, Vance.« Seine Stimme klang angespannt und unnatürlich. »Etwas Finsteres, Grausiges geht hier vor ... Ein Teufel geht in dieser Stadt um – ein Werwolf.«

»Das ist nun auch wieder übertrieben, mein Alter.« Vance betrachtete den ermordeten Skeel kritisch. »Nein, das wäre übertrieben. Kein Werwolf. Nur ein verzweifelter Mensch. Ein Mann, der zu Extremen neigt, zugegeben – aber ein rationaler, logisch denkender Mann – o ja, verteufelt logisch!«

Kapitel XXIV

Eine Festnahme

(Sonntag nachmittag und Montag vormittag, 16./17. September)

Die Ermittlungen wegen Skeels Tod wurden mit Macht vorangetrieben. Doktor Doremus, der Polizeiarzt, ließ nicht lange auf sich warten und befand, daß das Verbrechen sich am Vorabend zwischen zehn Uhr und Mitternacht zugetragen habe. Vance bestand darauf, daß alle, die Miss Odell näher gekannt hatten – Mannix, Lindquist, Cleaver und Spotswoode – sofort nach jenen zwei Stunden befragt werden müßten. Markham stimmte ohne Einwand zu und beauftragte Heath, der sogleich vier Männer losschickte.

Mallory, der Beamte, der Skeel am Vorabend beschattet hatte, wurde herbeigeholt, um Auskünfte über mögliche Besucher zu geben; doch das Haus hatte über zwanzig Bewohner, die zu allen erdenklichen Zeiten kamen und gingen, und von dort war mit Aufschlüssen nicht zu rechnen. Mit Bestimmtheit konnte Mallory nur sagen, daß Skeel gegen zehn Uhr nach Hause gekommen war und das Haus nicht wieder verlassen hatte. Die Zimmerwirtin, durch die tragischen Ereignisse ernüchtert und still geworden, beteuerte, sie wisse von nichts. Seit dem gestrigen Abend habe sie »krank« in ihrem Zimmer gelegen, und dort sei sie geblieben, bis wir sie am nächsten Morgen in ihrer Genesung störten. Die Haustür war offenbar stets unverschlossen, da keiner der Hausbewohner das Verschließen der Mühe wert fand. Auch die Hausbewohner wurden befragt, doch ohne Erfolg: Es waren durchweg nicht die Leute, die der Polizei jemals etwas gesagt hätten, selbst wenn sie denn etwas zu sagen gehabt hätten.

Die Fingerabdruck-Experten untersuchten das Zimmer gründlich, fanden jedoch nichts außer Skeels eigenen Abdrücken. Die Durchsuchung der Besitztümer des Toten dauerte mehrere Stunden, förderte jedoch nichts zutage, was Aufschlüsse über die Identität des Mörders hätte geben können. Ein geladener .38er Colt-Automatic fand sich unter dem Kopfkissen; in einer hohlen Vorhangstange steckten elfhundert Dollar in großen Scheinen, und unter einer losen Fußbodendiele kam auch der gesuchte Meißel mit der schartigen Klinge zum Vorschein. Doch diese Funde halfen nicht, Skeels Mörder zu finden, und um vier Uhr nachmittags wurde das Zimmer mit einem Vorhängeschloß gesichert, und eine Wache bezog Posten davor.

Markham, Vance und ich waren, nachdem wir die Leiche gefunden hatten, noch mehrere Stunden lang am Tatort geblieben. Markham hatte sofort die Leitung der Ermittlungen übernommen und die Befragung der Hausbewohner persönlich durchgeführt. Vance hatte die Routinearbeit der Polizei mit ungewohnter Aufmerksamkeit verfolgt und sogar bei der Durchsuchung selbst mit Hand angelegt. Besonderes Interesse hatte er an Skeels Abendgarderobe gehabt und hatte sie Stück für Stück untersucht. Heath hatte ihm von Zeit zu Zeit zugeschaut, doch der Blick des Sergeants hatte weder etwas Verächtliches noch etwas Amüsiertes gehabt.

Um halb drei verabschiedete sich Markham von Heath, sagte ihm, er sei für den Rest des Tages im Stuyvesant-Club zu erreichen, und Vance und ich gingen mit ihm. Wir nahmen ein spätes Mittagessen im verlassenen Grillroom ein.

»Diese Sache mit Skeel zieht uns auch noch den letzten Boden unter den Füßen weg«, sagte Markham entmutigt, als der Kaffee kam.

»O nein – das nicht«, widersprach Vance. »Sagen wir eher, es fügt dem wackligen Gebäude meiner Theorie noch eine weitere Säule hinzu.«

»Stimmt, Ihre Theorie. Die ist jetzt so ziemlich alles, was wir noch haben.« Markham seufzte. »Und sie hat ja heute morgen Bestätigung bekommen, das muß man schon sagen ... Bemerkenswert, wie Sie die Situation durchschaut haben, als Skeel nicht erschien.«

Doch auch das wollte Vance nicht gelten lassen.

»Dichten Sie mir kein zu großes forensisches Meisterstück an, mein Lieber. Ich bin einfach nur davon ausgegangen, daß der Mörder der jungen Dame von dem Angebot wußte, das Skeel Ihnen gemacht hatte. Dieses Angebot hatte Skeel vermutlich mit einer Drohung oder etwas in dieser Art verbunden; jedenfalls wüßte ich keine andere Erklärung, warum er sein Geständnis im voraus für einen bestimmten Termin ankündigte. Gewiß hatte er dem Bedrohten eine Frist gesetzt, in der dieser es sich anders überlegen sollte. Wo wir nun auch noch Geld in der Vorhangstange gefunden haben, nehme ich an, daß Skeel den Würger des Canary erpreßte und daß dieser ihm, bevor Skeel Sie gestern anrief, weitere Zahlungen verweigert hatte. Das würde auch erklären, warum er bis dahin für sich behalten hatte, was er wußte.«

»Das leuchtet ein. Trotzdem stehen wir schlechter da denn je – nun haben wir nicht einmal mehr Skeel, der uns zum Täter führen könnte.«

»Immerhin hat unser unbekannter Bösewicht ein zweites Verbrechen begehen müssen, um die Spuren des ersten zu verwischen. Und wenn wir erst einmal wissen, was die diversen Verehrer des Canary gestern abend zwischen zehn und zwölf getrieben haben, dann haben wir vielleicht auch eine Ahnung, wie wir weiter verfahren können. – Was meinen Sie, wann können wir mit diesen aufregenden Neuigkeiten rechnen?«

»Das kommt darauf an, ob Heath' Männer Glück haben. Irgendwann am Abend, wenn alles gutgeht.«

Es wurde halb neun, bis Heath anrief und seinen Bericht durchgab. Und wieder hatte Markham allem Anschein nach nur Nieten gezogen. Ein weniger befriedigendes Ergebnis hätte man sich kaum vorstellen können. Dr. Lindquist hatte am Nachmittag des Vortages einen »Nervenschock« erlitten, und man hatte ihn ins Episcopal-Krankenhaus gebracht. Dort wurde er von zwei angesehenen Ärzten betreut, deren Wort niemand anzweifeln konnte, und es würde noch mindestens eine Woche dauern, bis er an seine Arbeitsstätte zurückkehrte. Dieser Bericht war der einzig schlüssige von den vieren, und damit war der Doktor von jedem Verdacht befreit, er könne etwas mit dem Verbrechen des Vorabends zu tun haben.

Es war ein merkwürdiger Zufall, daß weder Mannix noch Cleaver noch Spotswoode mit einem schlüssigen Alibi aufwarten konnten. Alle drei gaben an, sie hätten den Abend zu Hause verbracht. Das Wetter war unfreundlich gewesen, und Mannix und Cleaver sagten zwar, sie seien am frühen Abend ausgewesen, beteuerten jedoch, daß sie vor zehn wieder nach Hause gekommen seien. Mannix wohnte in einem Apartmenthotel, und am Samstagabend herrschte in einem solchen Hotel viel zuviel Betrieb, als daß er bei seiner Rückkehr jemandem aufgefallen wäre. Cleaver hatte seine Wohnung in einem kleinen Apartmenthaus, wo es keinen Portier und keine Pagen gab, die ihn hätten sehen können. Spotswoode wohnte im Stuyvesant-Club, und da seine Zimmer im zweiten Stock lagen, nahm er meist die Treppe und nicht den Aufzug. Außerdem hatte am Abend im Club ein politischer Empfang mit Tanz stattgefunden, und er hätte ein dutzendmal aus- und eingehen können, ohne daß es auffiel.

»Nicht gerade aufschlußreich«, meinte Vance, als Markham ihm weitergab, was er erfahren hatte.

»Immerhin ist Lindquist damit aus dem Rennen.«

»Das allerdings. Und damit scheidet er automatisch auch als Verdächtiger für den Mord am Canary aus, denn diese beiden Verbrechen bilden ein Ganzes – zwei Aspekte desselben Rätsels. Sie ergänzen sich. Das zweite nimmt Bezug auf das erste – ja, es ist dessen logische Folge.« Markham nickte.

»Das klingt durchaus vernünftig. Ich habe ohnehin allen Widerstand aufgegeben. Ich glaube, ich lasse mich erst einmal für eine Weile auf dem Strom Ihrer Theorie treiben und warte ab, was geschieht.«

»Nur daß ich das quälende Gefühl habe, daß nicht das geringste geschehen wird, solange wir die Sache nicht selbst in die Hand nehmen. Der Bursche, der die beiden ins Jenseits befördert hat, ist mit allen Wassern gewaschen.«

Währenddessen war Spotswoode eingetreten und blickte suchend in die Runde. Als er Markham sah, kam er sogleich mit fragender, verwirrter Miene auf ihn zu.

»Verzeihen Sie, Sir, wenn ich störe«, begrüßte er Markham und nickte Vance und mir freundlich zu, »aber am Nachmittag war ein Polizeibeamter hier und wollte von mir wissen, wo ich den gestrigen Abend verbracht habe. Ich fand es seltsam, aber ich dachte mir nichts weiter dabei, bis ich zufällig am Abend den Namen Tony Skeel in der Schlagzeile eines Extrablatts sah und erfuhr, daß er erwürgt wurde. Ich erinnere mich, daß Sie mich im Zusammenhang mit Miss Odell nach einem Mann dieses Namens gefragt haben, und ich frage mich, ob womöglich eine Verbindung zwischen den beiden Morden besteht und ich nun doch noch in die Affäre hineingezogen werde.«

»Ich glaube nicht«, antwortete Markham. »Es schien denkbar, daß eine Verbindung zwischen den beiden Verbrechen besteht, und deshalb hat die Polizei routinemäßig jeden befragt, der mit Miss Odell enger befreundet war, in der Hoffnung, auf etwas zu stoßen, was bei den Ermittlungen weiterhilft. Machen Sie sich weiter keine Gedanken darum. Ich will doch nicht hoffen«, fügte er noch hinzu, »daß der Beamte unfreundlich war.«

»O nein.« Spotswoodes besorgte Miene war verflogen. »Er war ausgesprochen höflich, nur ein wenig geheimnistuerisch. – Wer war dieser Skeel?«

»Eine Gestalt aus der Halbwelt, aktenkundiger Einbrecher. Er hatte etwas gegen Miss Odell in der Hand und erpreßte sie, vermute ich.«

Nun blickte Spotswoode wütend und angewidert drein.

»So jemand verdient es nicht besser, als daß er so endet.«

Wir unterhielten uns noch bis zehn Uhr über dieses und jenes, dann erhob sich Vance und bedachte Markham mit einem tadelnden Blick.

»Ich werde versuchen, ein wenig von dem Schlaf nachzuholen, den Sie mich gekostet haben. Ich habe einfach nicht die Konstitution für ein Polizistenleben.«

Doch so ernst konnte es ihm mit dieser Klage nicht gewesen sein, denn um neun Uhr am nächsten Morgen saß er wieder im Büro des Bezirksstaatsanwalts. Er hatte mehrere Zeitungen mitgebracht und las mit großem Vergnügen die ersten ausführlichen Meldungen über den Mord an Tony Skeel. An Montagen hatte Markham stets viel zu tun, und er war schon vor halb neun im Büro gewesen, um noch einige dringende Routinesachen aus dem Weg zu räumen, bevor er sich wieder dem Mordfall Odell zuwandte. Ich wußte, daß er Heath für zehn Uhr zur Besprechung bestellt hatte. Bis dahin mußte Vance mit Zeitungslektüre vorlieb nehmen, und ich vertrieb mir mit derselben Beschäftigung die Zeit.

Pünktlich um zehn trat Heath ins Zimmer, und an seinem Auftreten war deutlich zu sehen, daß sich etwas ergeben haben mußte, was ihn enorm beflügelte. Er war beinahe übermütig, und die überschwengliche Art, in der er Vance begrüßte, hatte etwas von einem Eroberer, der einem besiegten Feind die Hand reicht, und auch der Händedruck mit Markham fiel umständlicher aus als sonst.

»Unsere Sorgen sind ausgestanden, Sir«, sagte er und hielt zunächst inne, um seine Zigarre zu entzünden. »Ich habe Jessup verhaftet.«

Erst Vance brach das dramatische Schweigen, das auf diesen Paukenschlag gefolgt war.

»Gütiger Himmel – weswegen?«

Heath wandte sich ihm bedächtig zu, nicht im mindesten verunsichert von Vance' Tonfall.

»Wegen Mordes an Margaret Odell und Tony Skeel.«

»Beim Barte meiner Schwiegermutter!« Vance richtete sich in seinem Sessel auf und starrte ihn fassungslos an. »Himmlische Heerscharen, steht mir bei!«

Heath' Stolz war ungebrochen.

»Da brauchen Sie keine Engel und auch keine Schwiegermutter, wenn Sie erst mal hören, was ich über den Burschen rausgefunden habe. Den hab' ich fix und fertig – den können Sie, wie er ist, den Geschworenen übergeben.«

Markham hatte sich ein wenig von seiner Verblüffung erholt.

»Dann erzählen Sie mal, Sergeant.«

Heath ließ sich auf einem Sessel nieder. Er brauchte eine kleine Weile, um seine Gedanken zu ordnen.

»Es geht um folgendes, Sir. Gestern nachmittag saß ich da und hab' über die ganze Sache nachgedacht. Da lag nun Skeel ermordet, genauso erwürgt wie die Odell, und das, nachdem er uns versprochen hatte zu singen; und es sah doch sehr danach aus, als ob ein und derselbe sie beide erdrosselt hätte. Das war für mich der Beweis, daß am Montag abend zwei Personen in der Wohnung gewesen sein mußten – der Dandy und der Mörder –, genau wie Mr. Vance ja von Anfang an vermutet hat. Dann kam ich darauf, daß die beiden sich ziemlich gut gekannt haben müssen, denn der andere Bursche hat gewußt, wo der Dandy wohnte, und er muß auch gewußt haben, daß er uns gestern alles ausplaudern wollte. Für mich, Sir, sah das ganz so aus, als ob sie die Sache bei der Odell gemeinsam gemacht hätten – das erklärt, weshalb der Dandy anfangs den Mund gehalten hat. Aber als der andere erst mal die Nerven verloren und den Schmuck weggeworfen hatte, dachte Skeel, er geht lieber auf Nummer Sicher und wird Kronzeuge, und dann hat er Sie angerufen.«

Der Sergeant nahm einen Zug aus seiner Zigarre.

»Ich hab' nie dran geglaubt, daß Mannix oder Cleaver oder der Doc es waren. Einfach nicht die Art von Leuten, die sowas machen, und so jemand würde sich auch nicht mit einem Knastbruder wie Skeel einlassen. Die drei habe ich also erstmal beiseite gelassen und mich dann umgeschaut, wen wir sonst noch als Kandidaten haben – jemand, den man sich wirklich als Skeels Komplizen vorstellen kann. Vorher habe ich mich aber noch mit dem beschäftigt, was man vielleicht die praktische Seite bei dem ganzen Problem nennen könnte – das heißt den Schwierigkeiten, die wir bei unserem Versuch hatten, das Verbrechen zu rekonstruieren.«

Wieder machte er eine Kunstpause.

»Was uns am meisten Sorgen gemacht hat, ist die Geschichte mit der Seitentür. Wie ist sie nach sechs Uhr wieder entriegelt worden? Und wer verriegelte sie nach dem Verbrechen von neuem? Skeel muß vor elf durch diese Tür ins Haus gekommen sein, denn er war ja in der Wohnung, als Spotswoode und die Odell aus dem Theater zurückkehrten; und vermutlich ging er auch wieder durch diese Tür hinaus, nachdem Cleaver gegen Mitternacht vor der Wohnungstür gestanden hatte. Aber was uns nach wie vor fehlte, war eine Erklärung, wie sie danach wieder von innen verschlossen wurde. Nun, Sir, wegen dieser Frage habe ich mir gestern lange den Kopf zerbrochen, und dann bin ich zum Haus gefahren und habe mir die Tür noch einmal angesehen. Der junge Spively saß in der Telefonistenloge, und ich fragte ihn nach Jessup, dem ich noch ein paar Fragen stellen wollte. Und Spively eröffnete mir, Jessup habe am Tag zuvor gekündigt – am Samstag nachmittag!«

Heath hielt inne, damit dieses Faktum auch seine Wirkung tun konnte.

»Auf der U-Bahnfahrt in die Innenstadt kam mir dann die Erleuchtung. Schlagartig wußte ich, wie die ganze Geschichte sich abgespielt hatte! – Mr. Markham, niemand außer Jessup kann diese Seitentür geöffnet und wieder verschlossen haben – niemand. Denken Sie noch einmal darüber nach – obwohl Sie das sicher längst getan haben. Skeel kann es nicht gewesen sein. Und sonst war ja niemand da.«

Markham begann sich für die Sache zu interessieren und lehnte sich vor.

»Als ich auf diesen Gedanken erst einmal gekommen war«, fuhr Heath fort, »dachte ich, jetzt gehe ich ihm auch nach. Also bin ich an der Penn Station ausgestiegen, habe bei Spively angerufen und mir die Adresse von Jessup geben lassen. Das war die erste gute Nachricht: Jessup wohnte an der Second Avenue, gleich bei Skeel um die Ecke! Ich nahm mir ein paar Männer von der dortigen Wache und ging zum Haus. Wir erwischten ihn, wie er gerade seine Sachen packte; er wollte sich nach Detroit verdrücken. Wir haben ihn eingelocht, und ich hab' seine Fingerabdrücke genommen und hab' sie rüber zu Dubois geschickt. Ich dachte, vielleicht erfahre ich auf die Weise etwas über ihn, denn ein Ganove fängt ja normalerweise nicht mit einem so großen Ding wie dieser Sache mit dem Canary an.«

Heath gestattete sich ein zufriedenes Grinsen.

»Und tatsächlich, Sir, Dubois hat ihn festgenagelt! Er heißt überhaupt nicht Jessup. Die erste Hälfte stimmt, William heißt er tatsächlich, aber sein echter Name ist Benton. 1909 ist er in Oakland wegen tätlichen Angriffs verurteilt worden und war ein Jahr in San Quentin, zur gleichen Zeit, zu der auch Skeel dort einsaß. Dann wurde er 1914 bei einem Bankraub in Brooklyn gefaßt, wo er den Aufpasser spielte – deswegen haben wir im Präsidium seine Fingerabdrücke –, aber es kam nicht zum Prozeß. Wir haben ihn uns gestern abend vorgeknöpft, doch alles, was wir aus ihm herausbekamen, war, daß er nach der Geschichte in Brooklyn seinen Namen geändert und sich zum Militär gemeldet hat. Das war alles, aber mehr brauchen wir ja auch nicht. – Also, die Fakten wären wie folgt: Jessup war wegen tätlichen Angriffs im Gefängnis. Er hatte mit einem Bankraub zu tun. Skeel war ein Mitgefangener von ihm. Er hat kein Alibi für den Samstag abend, als Skeel umkam, und er wohnt gleich um die Ecke. Am Samstag nachmittag hat er aus heiterem Himmel seine Arbeitsstelle gekündigt. Er ist bärenstark und könnte ohne weiteres jemanden erwürgen. Er wollte sich eben verdrücken, als wir ihn schnappten. *Und* – er ist der einzige, der am Montag abend die Seitentür geöffnet und wieder verschlossen haben kann ... Und ich frage Sie, Mr. Markham, sind das Beweise oder nicht?«

Markham dachte eine Weile darüber nach.

»Die Beweise sind durchaus schlüssig«, sagte er zögernd. »Aber welches Motiv hatte er, das Mädchen zu erdrosseln?«

»Das ist leicht beantwortet. Mr. Vance hat es schon am ersten Tag vorgeschlagen. Wissen Sie noch, wie er Jessup nach seinen Gefühlen für die Odell fragte, und Jessup wurde rot und verlegen?«

»Lieber Himmel!« rief Vance. »Wollen Sie am Ende mich für diese Hirngespinste verantwortlich machen? ... Zugegeben, ich habe nachgehört, was der Bursche für die junge Dame empfand; aber das war, bevor wir das geringste über den Fall wußten. Einfach nur eine vorsorgliche Frage – ich wollte keine Möglichkeit ungenutzt lassen, die sich ergab.«

»Na, es war trotzdem eine gute Frage.« Heath wandte sich wieder Markham zu. »Ich sehe die Sache so: Jessup schwärmte für die Odell, und sie hat ihm gesagt, er kann ihr mal im Mondschein begegnen. Und dann hat er sich in seine Wut reingesteigert, hat Nacht für Nacht da gesessen und mit ansehen müssen, wie all die Kerle zu ihr kamen. Und dann kommt Skeel, erkennt ihn wieder und schlägt ihm vor, die Wohnung von der Odell auszuräumen. Skeel kann es nicht ohne Hilfe tun, denn er muß ja, wenn er kommt und geht, am Telefonisten vorbei, und da er schon früher dort gewesen ist, würde der Telefonist ihn wiedererkennen. Jessup sieht seine Chance, es der Odell heimzuzahlen und den Verdacht auf jemand anderen zu lenken, und die beiden legen sich ihren Plan für den Montag abend zurecht. Als die Odell das Haus verlassen hat, öffnet Jessup die Seitentür, und der Dandy geht in die Wohnung, zu der er ja einen Schlüssel hatte. Aber die Odell und Spotswoode kommen früher zurück als erwartet.

Skeel versteckt sich im Schrank, und als Spotswoode wieder fort ist, verrät er sich durch ein Geräusch, und die Odell schreit. Er kommt heraus, und als sie sieht, wer es ist, ruft sie, es sei alles in Ordnung. Jessup weiß nun, daß Skeel entdeckt ist, und beschließt, diesen Umstand zu nutzen. Gleich nachdem Spotswoode fort ist, betritt er die Wohnung mit einem Passepartout. Skeel, der glaubt, es sei jemand anderes, versteckt sich ein zweites Mal im Schrank; und dann greift Jessup sich das Mädchen und erwürgt es. Er will die Tat Skeel anhängen, aber Skeel kommt aus seinem Versteck, und sie diskutieren die Sache. Am Ende einigen sie sich und wenden sich dann wieder ihrem eigentlichen Plan zu, die Wohnung auszuplündern. Jessup will den Schmuckkasten mit dem Schüreisen aufbrechen, aber dann kommt Skeel mit seinem Meißel. Anschließend verlassen sie die Wohnung. Skeel verschwindet durch die Seitentür, die Jessup danach wieder verschließt. Am nächsten Tag bringt Skeel Jessup die Beute, damit er sie aufbewahrt, bis Gras über die Sache gewachsen ist; aber Jessup bekommt es mit der Angst zu tun und schmeißt alles weg. Die beiden streiten sich. Skeel beschließt, lieber zu beichten, weil er sonst bei der Geschichte der Dumme ist; und Jessup, der sich denken kann, was er vorhat, geht am Samstag abend zu ihm auf sein Zimmer und erwürgt ihn, genau wie er die Odell erwürgt hatte.«

Mit einer Handbewegung gab Heath uns zu verstehen, daß damit der Fall gelöst sei, und ließ sich in seinen Sessel zurücksinken.

»Raffiniert«, murmelte Vance, »verdammt raffiniert. Sergeant, ich muß mich für meinen kleinen Wutausbruch von vorhin entschuldigen. Ihre Schlußfolgerungen sind untadelig. Sie haben eine wunderbare Rekonstruktion des Verbrechens geliefert ... Sie haben den Fall gelöst. Ein Meisterstück – wirklich ein Meisterstück. Nur ist Ihre Lösung falsch.«

»Meine Lösung ist richtig genug, um Mr. Jessup auf den elektrischen Stuhl zu bringen.«

»Das ist ja das Entsetzliche an der Logik«, erwiderte Vance. »Sie führt einen so oft unweigerlich zu falschen Schlüssen.«

Er stand auf und ging durch das Zimmer, die Hände in der Jackentasche. Als er an Heath' Sessel vorüberkam, hielt er inne.

»Sagen Sie, Sergeant: Wenn jemand anderes in Frage käme, der die Seitentür hätte öffnen und nach dem Verbrechen wieder schließen können – das würde doch Ihre Beweisführung gegen Jessup schwächen, nicht wahr?«

Heath war in großzügiger Stimmung.

»Sicher. Zeigen Sie mir jemanden, der das gekonnt hätte, und ich gestehe Ihnen ein, daß es auch anders gewesen sein könnte.«

»Skeel hätte es gekonnt, Sergeant. Und er war es auch, der es getan hat – ohne daß es jemand bemerkte.«

»Skeel! – Also an Wunder glaube ich nicht, Mr. Vance.«

Vance machte auf dem Absatz kehrt und blickte Markham an.

»Glauben Sie mir! Jessup ist unschuldig!« Über die Vehemenz, mit der er das sagte, konnte ich nur staunen. »Und ich werde es Ihnen beweisen – irgendwie werde ich es beweisen. Ich habe meine Theorie beinahe beisammen; nur ein oder zwei kleine Punkte fehlen noch; und ich muß gestehen, daß ich nach wie vor nicht weiß, wer der Täter war. Aber ich bin davon überzeugt, daß meine Theorie stimmt, Markham, und sie ist das genaue Gegenteil dessen, was der Sergeant vorschlägt. Sie müssen mir Gelegenheit geben, sie Ihnen zu erläutern, bevor Sie Jessup zum Schuldigen stempeln. Aber ich kann sie nicht hier erläutern; Sie und Heath müssen mit mir zum Haus Odell kommen. Es dauert höchstens eine Stunde. Aber selbst wenn es eine Woche dauerte, müßten Sie mitkommen.« Er kam zu Markham an den Schreibtisch.

»Ich weiß, daß Skeel und nicht Jessup vor dem Verbrechen die Tür geöffnet hat – und er war es auch, der später den Riegel wieder vorlegte.«

Markham war beeindruckt.

»Das wissen Sie – das ist eine Tatsache?«

»Ja! Und ich weiß, wie er es angestellt hat!«

Kapitel XXV

Vance führt vor

(Montag, 17. September, 11.30 Uhr vormittags)

Eine halbe Stunde darauf betraten wir das kleine Apartmenthaus an der 71. Straße. So plausibel Heath' Beweisführung gegen Jessup auch war, war Markham doch nicht ganz glücklich damit, daß er ihn verhaftet hatte, und die Sicherheit, mit der Vance seine Gegenthese vertrat, gab seinen Zweifeln noch Nahrung. Das zwingendste Indiz gegen Jessup war der Umstand, daß nur er die Seitentür hatte öffnen und wieder verschließen können; und als Vance ihm versicherte, er könne beweisen, daß Skeel auch ohne fremde Hilfe hinein- und wieder herausgelangt sei, da war Markham, obwohl er ihm nicht recht glaubte, doch bereit gewesen, mit zur Wohnung zu kommen. Auch Heath war gespannt und begleitete uns, doch mit nach wie vor triumphierender Miene.

Spively saß in seinem schicken schokoladenbraunen Anzug in der Telefonistenloge und blickte uns ängstlich an. Doch als Vance ihm gutgelaunt vorschlug, er solle sich doch einmal die Beine vertreten und einen kleinen Spaziergang um den Block machen, da war er sehr erleichtert und nahm den Vorschlag gerne an.

Der Polizeibeamte, der die Odellsche Wohnung bewachte, kam uns entgegen und salutierte.

»Wie stehen die Dinge?« fragte Heath. »Irgendwelche Besucher?«

»Nur einer – so ein geschniegelter Bursche, der mir erzählt hat, er hätte den Canary gekannt und wollte gern die Wohnung nochmal sehen. Ich hab' ihm gesagt, er braucht eine Erlaubnis von Ihnen oder vom Bezirksstaatsanwalt.«

»Das war korrekt, Officer«, sagte Markham, und dann zu Vance: »Spotswoode wahrscheinlich – der arme Kerl.«

»Da haben Sie recht«, murmelte Vance. »Eine treue Seele. Blumen aufs Grab und all das ... Rührend.«

Heath gab dem Beamten für eine halbe Stunde frei, und damit waren wir allein.

»Ich bin sicher, Sergeant«, hob Vance gutgelaunt an, »Sie wissen, wie man mit einer Schalttafel umgeht. Seien Sie doch bitte so nett und übernehmen Sie für ein paar Minuten Spivelys Part – tun Sie uns den Gefallen ... Aber zuerst legen Sie bitte noch an der Seitentür den Riegel vor – und vergewissern Sie sich, daß der Riegel gut sitzt, so wie es in der Mordnacht war.«

Heath grinste gutmütig.

»Wird gemacht.« Er legte den Finger geheimnisvoll an die Lippen und schlich sich dann, gebückt und auf Zehenspitzen, den Flur hinunter wie ein Detektiv in einer Komödie. Ein paar Augenblicke darauf kam er zurückgetrippelt, den Finger noch immer an den Lippen. Dann blickte er sich verstohlen lauschend um und flüsterte dann Vance etwas ins Ohr.

»Psst!« flüsterte er. »Die Tür ist verschlossen. Grrr ...« Er nahm an der Schalttafel Platz.

»Wann hebt sich der Vorhang, Mr. Vance?« fragte er.

»Er ist schon oben, Sergeant.« Vance ließ sich von Heath' übermütiger Stimmung anstecken. »Aufgepaßt! Es ist Montag abend, halb zehn. Sie sind Spively – zugegeben, Ihr Kostüm läßt zu wünschen übrig, und das Bärtchen haben Sie auch vergessen –, aber trotz allem sind Sie Spively. Und ich bin der elegante Skeel. Um es so realistisch wie möglich zu machen, versuchen Sie bitte, sich mich in cremefarbenen Handschuhen und plissiertem Seidenhemd vorzustellen. Mr. Markham und Mr. Van Dine stehen für das ›vielköpf'ge Ungeheuer in den Rängen‹. – Und den Schlüssel zur Odellschen Wohnung brauche ich noch, Sergeant: Skeel hatte ja schließlich auch einen.«

Heath holte den Schlüssel hervor und überreichte ihn, nach wie vor bester Laune.

»Noch eine Regieanweisung«, fuhr Vance fort. »Wenn ich die Haustür hinter mir geschlossen habe, warten Sie exakt drei Minuten, dann klopfen Sie an die Wohnungstür des verblichenen Canary.«

Er schlenderte zur Haustür, machte dort kehrt und kam zur Telefonistenloge. Markham und ich hatten uns hinter Heath in den Alkoven gestellt, mit dem Blick zum Vordereingang.

»Auftritt Mr. Skeel«, verkündete Vance. »Vergessen Sie nicht, es ist halb zehn.« Und dann, als er an der Schalttafel anlangte: »Teufel nochmal, Sergeant, Sie haben Ihren Text vergessen! Sie hätten mir sagen sollen, daß Miss Odell ausgegangen ist. Aber sei's drum ... Mr. Skeel geht weiter zur Wohnungstür der jungen Dame ... nämlich so.«

Er ging an uns vorbei, und dann hörten wir, wie er an der Wohnungstür läutete. Nach einer kurzen Pause klopfte er. Dann kam er wieder den Flur hinunter.

»Tja, Sie hatten wohl doch recht«, sagte er mit den Worten Skeels, so wie Spively sie uns berichtet hatte, und ging weiter zur Haustür. Er trat auf die Straße und wandte sich in Richtung Broadway.

Wir warteten genau drei Minuten lang. Keiner sprach ein Wort. Heath war nun wieder ernst, und die Art, wie er an seiner Zigarre paffte, zeugte davon, wie gespannt er war. Markham runzelte stoisch die Stirn. Als die drei Minuten um waren, sprang Heath auf und eilte ans Hinterende des Flurs, mit Markham stoisch und mir auf den Fersen. Er klopfte, die Wohnungstür öffnete sich von innen, und wir sahen Vance in dem kleinen Vorraum stehen.

»Und damit endet der erste Akt«, begrüßte er uns munter. »Das ist die Methode, nach der Mr. Skeel am Montag abend in das Boudoir der jungen Dame schlüpfte, obwohl die Seitentür verschlossen war und ohne daß der Telefonist es bemerkte.«

Heath kniff die Augen zusammen, sagte jedoch nichts. Dann drehte er sich plötzlich um und blickte den schmalen Gang mit der Eichentür am hinteren Ende hinunter. Der Griff, mit dem der Riegel vorgelegt wurde, stand aufrecht, ein Zeichen, daß jemand die Sperre gelöst und den Riegel zurückgezogen hatte. Heath blickte die Tür eine ganze Weile lang an; dann wanderte sein Blick wieder zu der Schalttafel. Gleich darauf stieß er einen übermütigen Jauchzer aus.

»Sehr gut, Mr. Vance – sehr gut!« sagte er und nickte wissend mit dem Kopf. »Obwohl das ja nicht schwer war. Und Sie brauchten auch keine Psychologie, um das zu erklären. – Nachdem Sie geläutet hatten, sind Sie den hinteren Flur hinuntergelaufen und haben den Riegel zurückgezogen. Dann liefen Sie wieder zur Wohnungstür und klopften. Anschließend verließen Sie das Haus durch die Haustüre, wandten sich in Richtung Broadway, gingen um die Ecke die Gasse hinein, zur Seitentür und von da klammheimlich hinter unserem Rücken in die Wohnung.«

»Einfach, nicht wahr?« stimmte Vance ihm zu.

»Sicher.« Der Sergeant sagte es beinahe verächtlich. »Aber das hilft Ihnen überhaupt nichts. Da hätte jeder drauf kommen können, wenn das das einzige gewesen wäre, was es für den Montag abend zu erklären gab. Aber was mich beschäftigt hat, das war die Frage, wie die Tür wieder verschlossen wurde, nachdem Skeel fort war. Skeel könnte – *könnte*, wohlgemerkt – nach der Methode hereingekommen sein, die

Sie uns gerade vorgeführt haben. Aber er könnte nicht wieder herausgekommen sein, weil ja am nächsten Morgen der Riegel vorgelegt war. Und wenn jemand hier war, der die Tür hinter ihm verschlossen hat, dann kann dieser Jemand sie ja auch für ihn geöffnet haben, und er hätte sich den Sprint über den hinteren Flur sparen können. Ihr hübsches kleines Theaterstück nützt Jessup also überhaupt nichts.«

»Oh, das Spiel ist noch nicht vorüber«, erwiderte Vance. »Gleich hebt sich der Vorhang zum zweiten Akt.«

Heath sah ihn aufmerksam an.

»Ach ja?« Sein Ton hatte nun schon beinah etwas Höhnisches, doch auf seinem Gesicht spiegelte sich etwas wie Besorgnis. »Und jetzt führen Sie uns vor, wie Skeel rausging und dann ohne Jessups Hilfe die Tür von innen verschloß?«

»Genau das habe ich vor, mein Sergeant.«

Heath öffnete den Mund, um etwas zu sagen, überlegte es sich dann jedoch anders. Statt dessen zuckte er nur die Schultern und warf Markham einen vielsagenden Blick zu.

»Wir wollen uns in das Atrium begeben«, fuhr Vance fort und führte uns in den kleinen Empfangsraum schräg gegenüber der Telefonistenloge. Dieser Raum lag, wie ich bereits erläutert habe, direkt hinter der Treppe, und entlang der seitlichen Wand verlief der Durchgang zur Seitentür. (Ein Blick auf die beigefügte Zeichnung wird die Einteilung verdeutlichen.)

Vance geleitete uns formvollendet jeden zu einem Sessel und sah dann den Sergeant eindringlich an.

»Sie sind bitte so freundlich und warten hier, bis Sie mich an die Seitentür klopfen hören. Dann kommen Sie und öffnen mir.« Er begab sich zum Durchgang. »Wiederum verkörpere ich den verblichenen Mr. Skeel; stellen Sie sich mich also *en grande tenue* vor, im Fulminantesten, was das Schneidergewerbe zu bieten hat ... Der Vorhang hebt sich.«

Er verbeugte sich, trat vom Empfangszimmer wieder hinaus auf den Hauptflur und verschwand um die Ecke in den hinteren Flur.

Heath rutschte unruhig auf seinem Sessel hin und her und betrachtete Markham mit fragender, sorgenvoller Miene.

»Was meinen Sie, Sir, wird er es schaffen?« Aller Übermut war verflogen.

»Ich kann es mir nicht vorstellen«, antwortete Markham finster, »aber wenn es ihm gelingt, dann fällt die Hauptstütze Ihrer Jessup-Theorie.«

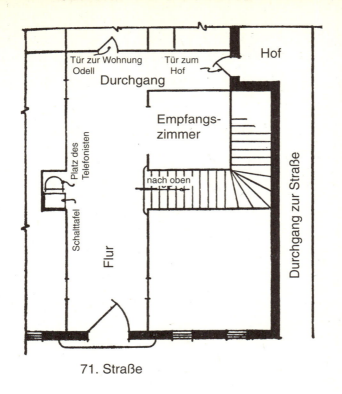

»Da brauchen wir uns keine Sorgen zu machen«, verkündete Heath. »Mr. Vance ist ein kluger Mann; er hat Phantasie. Aber wie zum Teufel will er –«

Ein lautes Klopfen an der Seitentür unterbrach ihn. Wir sprangen alle drei zugleich auf und stürmten hinaus auf den Flur. Der Gang zur Seitentür war leer. Es gab an diesem Gang keine weiteren Türen oder sonstigen Öffnungen – es waren einfach nur zwei schmucklose Wände, und die schmale Stirnwand wurde fast ganz von der Eichentür hinaus auf den Hof eingenommen. Vance konnte nur durch diese Tür verschwunden sein. Und was wir alle drei sofort bemerkten – denn es war das erste, wonach wir sahen –, das war der querstehende Griff des Riegels. Daß er horizontal stand, bedeutete, daß die Tür verriegelt war.

Heath war nicht einfach nur verblüfft – er war wie vor den Kopf gestoßen. Markham war abrupt stehengeblieben und starrte den leeren Gang hinunter, als hätte er ein Gespenst gesehen. Nach einem kurzen Zögern ging Heath beherzt auf die Tür zu. Aber er öffnete sie nicht sogleich. Er kniete vor dem Schloß nieder und untersuchte es sorgfältig. Dann holte er sein Taschenmesser hervor und steckte die Klinge in die Spalte zwischen Tür und Rahmen. Die Spitze stieß an die innere Leiste, und die Klinge kratzte am runden Bolzen. Daß die schweren eichenen Rahmen und Leisten der Tür solide gebaut und sorgfältig eingesetzt waren, daran konnte kein Zweifel bestehen – der Riegel war von innen vorgelegt und saß fest in seiner Fassung. Doch Heath blieb nach wie vor mißtrauisch, griff den Türknauf und zog heftig daran. Aber die Tür hielt. Nun drehte er den Griff wieder in die vertikale Stellung und öffnete die Tür. Vance stand auf dem Hof, friedlich rauchend, und betrachtete das Mauerwerk der Seitenwand.

»Sehen Sie sich das mal an, Markham«, sagte er. »Diese Mauer muß uralt sein. Das ist keine Arbeit unserer rast- und seelenlosen Zeit. Der Maurer, der diese Wand errichtete, hatte noch Sinn für Schönheit. Er legte die Backsteine im flämischen, nicht einfach nur im Läuferverband unserer Tage. Und ein wenig weiter hinten« – er wies in Richtung Garten – »haben wir polnischen und märkischen Verband. Sehr hübsch, sehr geschickt – noch angenehmer anzusehen als der allseits beliebte englische Verband. Und die Fugen mit Hohleisen gestrichen ... Stellen Sie sich das vor!«

Markham kochte.

»Zum Teufel damit, Vance! Lassen Sie mich mit Ihren Backsteinen in Ruhe! Ich will wissen, wie Sie hier herausgekommen sind und trotzdem die Tür von innen verschlossen haben.«

»Ach das!« Vance trat seine Zigarette aus und kam wieder ins Haus. »Da habe ich mir einfach nur einen hübschen kleinen Trick zu eigen gemacht. Er ist lächerlich einfach, wie alle wirklich guten Handgriffe – Sie werden staunen, wie einfach er ist. Es treibt mir die Schamesröte ins Gesicht ... Sehen Sie hin!«

Aus der Tasche holte er eine winzige Pinzette hervor, an deren Ende ein etwa anderthalb Meter langes Stück violetter Bindfaden befestigt war. Er klemmte die Pinzette über den aufrecht stehenden Griff, drehte ihn ein klein wenig nach links und zog dann den Faden unter der Tür durch, so daß ein gutes Stück über die Schwelle hinausragte. Er trat wieder hinaus auf den Hof und schloß die Tür. Die Pinzette hielt den Griff nach wie vor fest wie ein Schraubstock, und der Faden lief gerade herunter und verschwand durch die Türritze nach draußen. Wir drei standen da, betrachteten fasziniert den Hebel und ließen ihn keine Sekunde lang aus den Augen. Langsam spannte sich der Faden, als Vance vorsichtig am anderen Ende zog, und dann zog er den Hebel Stück für Stück nach unten. Als der Riegel vorgelegt war, befand sich der Griff wieder in horizontaler Stellung, und ein leichter Ruck am Faden zog die Pinzette nun von ihm ab, und sie fiel lautlos auf den mit Teppich belegten Boden. Der Faden wurde von draußen herausgezogen, und die Pinzette verschwand durch den Ritz unter der Tür.

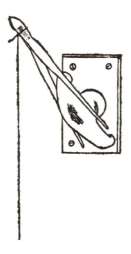

»Kinderleicht, was?« kommentierte Vance, als Heath ihn wieder hereingelassen hatte. »Und so albern, nicht wahr? Aber genau so, Sergeant, hat der verblichene Tony am Montag abend die hiesigen Örtlichkeiten verlassen ... Aber lassen Sie uns in die Wohnung der jungen Dame gehen, dann will ich Ihnen noch etwas erzählen. Wie ich sehe, ist Mr. Spively von seinem Spaziergang zurück; er kann also seine telefonistischen Pflichten wieder aufnehmen, und wir gestatten uns eine *causerie*.«

»Wann haben Sie sich diesen Hokuspokus mit der Pinzette und dem Faden ausgedacht?« fragte Markham ärgerlich, als wir in Miss Odells Wohnzimmer Platz genommen hatten.

»Ich habe ihn mir überhaupt nicht ausgedacht«, erwiderte Vance nonchalant und suchte so bedächtig, daß es einen zur Weißglut treiben konnte, eine Zigarette aus seinem Etui aus. »Es war Mr. Skeels Idee. Einfallsreicher Bursche, finden Sie nicht auch?«

»Kommen Sie!« Markham fiel es zusehends schwerer, den Gleichmütigen zu spielen. »Woher wollen Sie denn mit Sicherheit wissen, daß Skeel ausgerechnet nach dieser Methode die Tür geschlossen hat?«

»Ich habe die kleine Apparatur gestern vormittag in seinem Abendanzug gefunden.«

»Was!« donnerte Heath. »Und Sie haben sie gestern morgen, als wir Skeels Zimmer durchsuchten, einfach mitgenommen, ohne jemandem etwas davon zu sagen?«

»Oh, erst nachdem Ihre Spürhunde sie übersehen hatten. Ich habe mir die Kleider ja erst angesehen, als Ihre Profischnüffler mit der Garderobe fertig waren und den Schrank wieder geschlossen hatten. Dies kleine Werkzeug, Sergeant, steckte nämlich in Skeels Westentasche unter dem Zigarettenetui. Ich habe mir seinen Abendanzug mit einiger Muße angesehen, das muß ich schon sagen. Er trug ihn schließlich an jenem Abend, an dem die junge Dame ihr Leben aushauchte, und ich hoffte auf ein winziges Indiz, das mir verraten würde, welche Rolle er bei diesem Drama spielte. Als ich dies kleine Kosmetikutensil fand, war ich zunächst ratlos, wozu es wohl gedient haben mochte. Und der violette Bindfaden bereitete mir ein schreckliches Kopfzerbrechen. Ich konnte mir ja denken, daß Mr. Skeel sich nicht die Augenbrauen zupfte; und selbst wenn er dieser Praxis gehuldigt hätte, wozu dann der Bindfaden? Die Pinzette ist ein zierliches Stück, vergoldet – genau, was man sich im Necessaire der hinreißenden Margaret vorstellen könnte; und am Dienstag morgen war mir auf dem Frisiertisch gleich neben dem Schmuckkasten ein Lacktablett mit ganz ähnlichen Utensilien aufgefallen. – Aber das war noch nicht alles.«

Er wies auf den kleinen Pergament-Papierkorb neben dem Sekretär, den ein großer zusammengeknüllter Bogen schweren Packpapiers fast ganz ausfüllte.

»Mir war auch jenes Einwickelpapier eines bekannten Geschenkartikelladens an der Fifth Avenue aufgefallen, und heute morgen hielt ich auf dem Weg in die Stadt an jenem Laden an, und ich erfuhr, daß es dort üblich ist, die Päckchen mit violettem Bindfaden zu verschnüren. So schloß ich denn, daß Skeel die Pinzette und den Faden an jenem schicksalhaften Abend hier in der Wohnung fand ... Die Frage lautete also: Warum hatte er seine Zeit damit verbracht, violetten Bindfaden an Augenbrauenpinzetten zu knoten? Mit mädchenhafter Scham gestehe ich es – ich wußte keine Antwort. Doch heute morgen, als Sie Jessups Verhaftung verkündeten und die Tatsache, daß die Tür nach Skeels Aufbruch wieder von innen verschlossen wurde, eine so gewichtige Rolle dabei spielte, hob sich der Nebel, die Sonne strahlte, die Vöglein sangen. Meine seherische Natur bemächtigte sich meiner: Ich hatte eine Vision. Auf – wie man zu sagen pflegt – auf einen Schlag hatte ich den ganzen *modus operandi* vor Augen ... Markham, mein Alter, ich habe es Ihnen ja von Anfang an gesagt – um diesen Fall zu lösen, da brauchten Sie ein Medium.«

Kapitel XXVI

Die Rekonstruktion
(Montag, 17. September, mittags)

Als Vance mit seinen Erläuterungen zu Ende war, herrschte minutenlang Schweigen. Markham saß tief in seinen Sessel versunken und blickte finster in die Ferne. Heath hingegen betrachtete Vance mit einer Art Bewunderung wider Willen. Der Eckstein in dem Gedankengebäude, das zu Jessups Verhaftung geführt hatte, war herausgestoßen, und das ganze Gebäude war gefährlich ins Wanken geraten. Markham wußte das, und wieder waren alle seine Hoffnungen zunichte geworden.

»Ich wünschte, Sie würden bei Ihren Inspirationen einmal etwas Hilfreicheres finden«, brummte er, an Vance gewandt. »Dieser neueste Geistesblitz wirft uns praktisch ganz an den Anfang zurück.«

»Ach, nun seien Sie nicht so pessimistisch. Lassen Sie uns strahlenden Auges in die Zukunft blicken ... Wollen Sie meine Theorie hören? Sie quillt geradezu über vor Möglichkeiten.« Er machte es sich in seinem Sessel bequem. »Skeel brauchte Geld – ich nehme an, die Seidenhemden wurden knapp –, und nachdem er eine Woche vor ihrem Ableben erfolglos versucht hatte, der jungen Dame Mittel zu entlocken, kam er am Montag abend wieder. Er hatte erfahren, daß sie ausgehen würde, und wollte hier auf sie warten; wahrscheinlich hatte sie sich geweigert, ihn noch einmal in konventionellerer Form zu empfangen. Er wollte nicht, daß jemand ihn ins Haus kommen sah, und er wußte, daß die Seitentür nachts verschlossen ist; also ersann er seinen kleinen Plan, nach dem er unter dem Vorwand, er komme um halb zehn vergebens zu Besuch, den Riegel öffnete. Als das erst einmal geschehen war, konnte er über die Gasse zurückkehren und mit Hilfe seines eigenen Schlüssels vor elf Uhr die Wohnung betreten. Als die junge Dame mit einem Begleiter zurückkehrte, versteckte er sich eilends im Kleiderschrank, wo er verharrte, bis der Begleiter gegangen war. Dann kam er hervor, und die junge Dame, erschrocken über dies unvermutete Ereignis, schrie auf. Doch als sie erst einmal sah, wer es war, da sagte sie Spotswoode, der inzwischen heftig an die Tür pochte, es sei ein Versehen gewesen. Spotswoode trottete also davon zu seinem Pokerspiel. Es folgte eine Diskussion finanzieller Angelegenheiten zwischen Skeel und der jungen Dame – wir dürfen annehmen, daß sie ohne große Herzlichkeit geführt wurde. Mitten in dieser Diskussion klingelte das Telefon, Skeel griff zum Hörer und schnauzte den Anrufer an, der Canary sei nicht zu Hause. Weiter ging es im Streit, doch es dauerte nicht lange, bis ein weiterer Verehrer die Bühne betrat. Ob er läutete oder ob er ebenfalls einen eigenen Schlüssel hatte, weiß ich nicht – wahrscheinlich letzteres, denn der Telefonist bemerkte nichts von seinem Besuch. Skeel sprang zum zweiten Mal in den Schrank und war so umsichtig, ihn von innen zu verschließen. Außerdem spähte er, was ja nur natürlich war, durchs Schlüsselloch, um zu sehen, wer dieser zweite Eindringling war.«

Vance wies auf die Schranktür.

»Das Schlüsselloch ist, wie Sie sehen, auf einer Höhe mit dem Sofa; und als Skeel hindurchblickte, da sah er etwas, was ihm das Blut in den Adern gefrieren ließ. Dieser Neuankömmling faßte – und das womöglich inmitten der anmutigsten Konversation – die Dame am Halse und drückte zu, bis sie verschied … Stellen Sie sich vor, wie Skeel zumute war, mein lieber Markham. Da hockte er in einem finsteren Wandschrank, und nur ein paar Schritte von ihm stand ein Mörder, der eben eine junge Dame erdrosselte! *Pauvre Antoine!* Es wundert mich überhaupt nicht, daß er sich nicht von der Stelle rührte und daß es ihm die Sprache verschlug. Er sah, in seiner Phantasie zumindest, das irrsinnige Glitzern in den Augen des Mörders; und der Würger muß ja auch ein recht kräftiger Mann gewesen sein, wohingegen Skeel schmal, um nicht zu sagen schmächtig war … *Non, merci.* Da mischte Skeel sich lieber nicht ein. Er war mäuschenstill. Und das kann man dem Gauner auch nicht verdenken, oder?«

Er machte eine Geste, als werde ihm eine Frage gestellt.

»Was der Würger als nächstes tat? Tja, das werden wir vielleicht niemals erfahren, nun wo Skeel, der entsetzte Augenzeuge, zu seinem Schöpfer gegangen ist. Aber ich könnte mir vorstellen, daß er die schwarze Dokumentenkassette hervorholte, sie mit einem Schlüssel, den er in der Handtasche der jungen Dame fand, aufschloß und ihr ein gutes Bündel belastender Papiere entnahm. Dann, nehme ich an, kam das große Feuerwerk. Der Gentleman begann die Wohnung zu verwüsten, um dadurch seine Tat als das Werk eines berufsmäßigen

Einbrechers hinzustellen. Er riß die Spitze am Kleid der jungen Dame auf und den Träger ab, griff sich das Sträußchen am Ausschnitt und warf es ihr in den Schoß, streifte Ringe und Armreifen ab und riß den Anhänger von der Kette. Dann warf er die Lampe um, durchwühlte den Sekretär, räumte das Intarsien-Schränkchen aus, zerschlug den Spiegel, warf Stühle um, riß Vorhänge herunter ... Und während all dessen blieb Skeels Auge ans Schlüsselloch geheftet, er war entsetzt und doch fasziniert, traute sich nicht, sich zu regen, in der ständigen Furcht, entdeckt und dorthin geschickt zu werden, wohin seine einstige *inamorata* ihm vorausgegangen war, denn inzwischen konnte es für ihn ja keinen Zweifel mehr geben, daß der Mann, der dort draußen tobte, von Sinnen war. – Ich kann nicht sagen, daß ich mit Skeel in dieser Zwangslage hätte tauschen wollen. Wirklich! – Und der Wahnsinnige tobte weiter – er konnte es ja immer noch hören, auch als dieser aus seinem Blickfeld verschwunden war. Und er saß in seinem Schrank wie die Ratte in der Falle – jede Flucht war unmöglich. Er muß Höllenqualen gelitten haben – ich muß schon sagen!«

Vance nahm einen Zug von seiner Zigarette und rückte ein wenig in seinem Sessel hin und her.

»Ich male mir aus, Markham, daß der schlimmste Augenblick in Skeels schillerndem Dasein gekommen sein muß, als der satanische Zerstörer kam und die Tür öffnen wollte, hinter der er kauerte. Stellen Sie sich das vor! Da hockte er, und keine zwei Handbreit von ihm stand ein – wie er annehmen mußte – wahnsinniger Mörder und riß an der dünnen Trennwand aus Fichtenholz ... Können Sie sich ausmalen, wie erleichtert der arme Teufel gewesen sein muß, als der Mörder schließlich den Türknauf losließ und sich abwandte? Ein Wunder, daß er nicht die Besinnung verlor. Aber er hielt sich wacker. Er horchte und beobachtete weiter in einer Art hypnotischer Panik, bis er hörte, daß der Eindringling die Wohnung verließ. Dann kam er, schweißgebadet und mit weichen Knien, aus seinem Versteck hervor und betrachtete das Schlachtfeld.«

Vance sah sich um.

»Kein schöner Anblick, der sich ihm da bot, was? Und dort auf dem Sofa die Leiche der erwürgten Dame. Das war für Skeel das Entsetzlichste. Er wankte zu dem Tisch, um einen Blick auf sie zu werfen, und mußte sich mit der rechten Hand abstützen – so kamen Sie zu Ihrem Abdruck, Sergeant. Und dann ging ihm auf, in welcher Lage er selbst nun war. Hier stand er, allein mit der Ermordeten. Es war kein Geheimnis, daß er mit der Dame gut bekannt war, und er hatte

Vorstrafen wegen Einbruchs. Wer hätte ihm da geglaubt, daß er unschuldig war? Und auch wenn er wahrscheinlich den Täter erkannt hatte, brauchte er gar nicht erst zu versuchen, seine Geschichte der Polizei zu erzählen. Alles sprach gegen ihn – die Art, wie er unbemerkt hereingekommen war, sein vorheriger Besuch um halb zehn, seine Beziehung zu dem Mädchen, seine Arbeit, sein Ruf. Er hatte nicht die geringste Chance ... Sagen Sie selbst, Markham, hätten *Sie* ihm seine Geschichte geglaubt?«

»Das steht jetzt nicht zur Debatte«, erwiderte Markham. »Erzählen Sie weiter.« Er und Heath lauschten Vance' Darlegungen wie gebannt.

»Von hier an«, nahm Vance den Faden wieder auf, »entwickelt sich meine Theorie wie von selbst. Aus ihrer eigenen Trägheit heraus, könnte man sagen. – Skeel mußte sich dringend etwas einfallen lassen, wie er aus der Wohnung kam und dabei seine Spuren verwischte. In dieser Notlage arbeitete sein Hirn fieberhaft – er würde es mit seinem Leben bezahlen müssen, wenn ihm nichts einfiel. Er überdachte seine Lage ganz genau. Er hätte sofort durch die Seitentür verschwinden können, ohne daß ihn jemand gesehen hätte; doch dann hätte man die Tür unverschlossen gefunden. Und dieser Umstand und die Tatsache seines Besuches früher am Abend hätte vielleicht jemanden auf die Methode gebracht, nach der er hereingekommen war ... Nein, diese Möglichkeit der Flucht schied aus – schied mit Sicherheit aus. Er konnte sich denken, daß man ihn ohnehin der Tat verdächtigen würde, seines dubiosen Verhältnisses zu der jungen Dame und seiner ganzen Persönlichkeit wegen. Motiv, Ort, Gelegenheit, Zeit, Mittel, sein Betragen, die Vorstrafen – alles sprach gegen ihn. Entweder mußte er seine Spuren verwischen, oder mit der Karriere als Lothario war es zu Ende. Ein schönes Dilemma! Andererseits begriff er auch, daß er, wenn es ihm gelang, herauszukommen und es so einzurichten, daß die Seitentür von innen verschlossen war, in vergleichsweiser Sicherheit war. Niemand konnte dann erklären, wie er herein- und wieder hinausgekommen war. Das war das einzige Alibi, auf das er hoffen konnte – gewiß, es war kein Beweis, aber wenn er einen guten Anwalt hatte, konnte er damit durchkommen. Mit Sicherheit hat er sich Gedanken gemacht, ob es andere Fluchtmöglichkeiten gab, doch was er auch überlegte, er fand nur unüberwindliche Hindernisse. Die Seitentür war seine einzige Hoffnung. Wie konnte er das bewerkstelligen?«

Vance erhob sich und gähnte.

»Das wäre meine langgehätschelte Theorie. Skeel saß in der Falle, und gerissen wie er war, ließ er sich etwas einfallen, um aus ihr herauszukommen. Nicht ausgeschlossen, daß er stundenlang hier auf- und abging, bevor ihm der entscheidende Gedanke kam, und man kann sich gut vorstellen, daß er dabei seinen Schöpfer mit einem gelegentlichen ›O mein Gott‹ anflehte. Doch ich würde vermuten, daß ihm die Idee zur Vorrichtung mit der Pinzette relativ bald kam. – Wissen Sie, Sergeant, eine Tür so zu präparieren, daß es aussieht, als sei sie von innen verschlossen worden, das ist ein alter Trick. In der kriminologischen Literatur Europas ist eine ganze Reihe von Fällen verzeichnet. Im Handbuch von Professor Hans Groß gibt es ein ganzes Kapitel über die Tricks, mit denen Kriminelle sich Zugang zu Gebäuden verschaffen und sie wieder verlassen.[1] Aber durchweg ist es bisher um Schlösser gegangen und nicht um Riegel. Das Prinzip ist natürlich dasselbe, doch die Technik unterscheidet sich. Um eine Tür von innen zu verschließen, steckt man einen dünnen Nagel oder eine kräftige Nadel durch das Loch des Schlüssels und zieht dann mit einem Bindfaden abwärts. Aber im vorliegenden Fall haben wir es nicht mit einem Schloß zu tun, und beim Hebel eines solchen Riegels gibt es kein Loch. – Nun, der findige Skeel schritt also nervös in diesen beiden Zimmern auf und ab, auf der Suche nach Inspiration, und sah die Pinzette wahrscheinlich auf dem Frisiertisch der jungen Dame liegen – keine Dame ist dieser Tage ohne Augenbrauenpinzette, müssen Sie wissen – und erkannte sogleich, daß sein Problem gelöst war. Nun mußte sich seine Apparatur nur noch in der Praxis bewähren. Bevor er sich verabschiedete, stemmte er noch schnell den Schmuckkasten auf, den der andere Besucher nur verbogen hatte, und fand den einen verbliebenen Diamantring, den er später versetzen wollte. Dann beseitigte er all seine Fingerabdrücke – oder glaubte zumindest, daß er das tat, denn er vergaß den Griff auf der Innenseite der Schranktür und übersah den Abdruck auf der Tischplatte. Danach verließ er in aller Stille die Wohnung und verschloß die Seitentür von innen, wie ich es Ihnen vorhin vorgeführt habe; die Pinzette steckte er in die Westentasche und vergaß sie dort.«

Heath nickte vielsagend.

»Ganz egal, wie raffiniert die Burschen sind, irgendwas übersehen sie immer.«

---

[1] Vance bezieht sich hier auf das »Handbuch für Untersuchungsrichter als System der Kriminalistik«.

»Warum diese Erkenntnis auf Ganoven beschränken, Sergeant?« fragte Vance träge. »Kennen Sie denn jemanden auf dieser unvollkommenen Welt, der nicht irgend etwas immer vergißt?« Er bedachte Heath mit einem wohlwollenden Lächeln. »Schließlich haben ja Ihre Beamten auch die Pinzette übersehen.«

Heath brummte. Seine Zigarre war ausgegangen, und er steckte sie gründlich und bedachtsam wieder an.

»Was halten Sie von der Sache, Mr. Markham?«

»Die Situation wird dadurch nicht viel klarer«, antwortete Markham düster.

»Ich habe ja auch nicht behauptet, daß meine Theorie Ihnen strahlende Lichter aufsteckt«, sagte Vance. »Aber daß alles in undurchdringlicher Dunkelheit steckt, das würde ich nun auch wieder nicht behaupten. Gewisse Folgerungen lassen sich aus meinen Gedankengängen durchaus ziehen. Und zwar: Der Mörder war jemand, den Skeel kannte oder erkannte; und als er erst einmal sicher aus der Wohnung heraus war und ein gewisses Maß an Selbstvertrauen wiedererlangt hatte, da machte er sich ohne Zweifel daran, seinen meuchlerischen Zimmergenossen zu erpressen. Daß er dafür mit dem Leben bezahlen mußte, ist nur ein weiterer Beweis für die Neigung unseres Unbekannten, sich Menschen vom Halse zu schaffen, die ihm lästig werden. Des weiteren liefert meine Theorie die Erklärungen für den aufgestemmten Schmuckkasten, die Fingerabdrücke, den nicht verwüsteten Schrank, die Juwelen im Abfallkorb – dem Mörder war es ja nicht auf den Schmuck angekommen – und für Skeels Stillschweigen. Und sie erklärt, wie die Seitentür geöffnet und wieder verschlossen wurde.«

»Stimmt«, seufzte Markham. »Sie klärt offenbar alles auf bis auf den einen Punkt, auf den es ankommt – nämlich wer denn nun der Mörder war.«

»So ist es«, bestätigte Vance. »Lassen Sie uns essen gehen.«

Heath machte sich mürrisch und ratlos auf den Weg zum Polizeipräsidium, und Markham, Vance und ich fuhren zu Delmonico, wo wir uns im großen Speisesaal niederließen.

»Es scheint, daß unsere beiden Hauptverdächtigen damit Cleaver und Mannix sind«, sagte Markham, als er sein Mahl beendet hatte. »Wenn Ihre Theorie stimmt, daß der Mann, der den Canary auf dem Gewissen hat, auch Skeel tötete, dann kommt Lindquist nicht mehr in Frage, denn am Samstag abend lag er nachweislich im Krankenhaus.«

»Vollkommen richtig«, stimmte Vance zu. »Der Doktor ist nicht mehr im Rennen ... Ja; Cleaver und Mannix – auf diese beiden müssen wir unsere Hoffnung setzen. Ich wüßte nicht, wer sonst noch in Frage käme.« Er runzelte die Stirn und nahm einen Schluck von seinem Kaffee. »Mein altes Quartett schwindet dahin, und das gefällt mir gar nicht. Es engt die Sache zu sehr ein – wenn es nur noch zwei Alternativen gibt, bleibt dem Geist nicht genügend Bewegungsfreiheit. Was sollen wir tun, wenn wir Cleaver und Mannix auch noch ausschließen können? Was bliebe dann noch übrig, hm? Nichts – nicht das geringste. Aber einer aus unserem Quartett muß der Schuldige sein; lassen Sie uns wenigstens bei diesem Faktum Trost suchen. Spotswoode kann es nicht sein und Lindquist kann es nicht sein. Bleiben Cleaver und Mannix: vier minus zwei sind zwei. Einfache Rechnung, was? Aber es gibt nichts, was an diesem Fall einfach ist. Lieber Himmel, nein! – Wie ginge denn die Rechnung auf, wenn wir statt der Arithmetik Algebra oder Trigonometrie oder Differentialrechnung nähmen? Projizieren wir es in die vierte Dimension, oder die fünfte, die sechste ...« Er hielt sich den Kopf mit beiden Händen. »Versprechen Sie es mir, Markham – versprechen Sie, daß Sie einen freundlichen, sanften Wärter für mich finden.«

»Ich weiß, wie Ihnen zumute ist. Ich bin in dieser Verfassung schon seit einer Woche.«

»Dieses Quartett treibt mich in den Wahnsinn«, stöhnte Vance. »Das will mir einfach nicht in den Kopf, daß meine Tetrade nun plötzlich so brutal halbiert sein soll. All mein kindliches Vertrauen habe ich auf dieses Quartett gesetzt, und plötzlich ist nur noch ein Paar übrig. Mein Sinn für Ordnung und Proportion ist gestört ... Ich will mein Quartett wiederhaben!«

»Ich fürchte, Sie werden sich mit zweien begnügen müssen«, erwiderte Markham müde. »Einer kann es rein logisch nicht gewesen sein, und einer liegt krank zu Bett. Sie können ja einen Blumenstrauß ins Hospital schicken, wenn Sie das aufmuntert.«

»Einer krank zu Bett«, wiederholte Vance, »einer zu Bett. Aber hören Sie! Vier minus eins macht drei. Wieder die Arithmetik. Drei! ... Andererseits – so etwas wie eine gerade Linie gibt es nicht. Alle Linien sind gekrümmt; sie umschreiben Krümmungen im Raum. Sie wirken gerade, aber sie sind es nicht. Sie wissen ja, wie sie trügen kann, die Erscheinung ... Lassen Sie uns eine Weile schweigen – setzen wir innere Versenkung an die Stelle des äußeren Scheins!«

Er blickte durch die großen Fenster hinaus auf die Fifth Avenue. Eine Zeitlang saß er da und rauchte nachdenklich. Als er wieder sprach, da war es mit fester, entschlossener Stimme.

»Markham, würde es Ihnen schwerfallen, Mannix, Cleaver und Spotswoode für einen Abend – sagen wir, den heutigen Abend – zu sich in die Wohnung einzuladen?«

Markham setzte seine Tasse mit einem Scheppern nieder und betrachtete Vance mit zusammengekniffenen Augen.

»Was ist denn das nun schon wieder für eine Narretei?«

»Also hören Sie! Antworten Sie auf meine Frage.«

»Nun – sicher könnte ich das arrangieren«, antwortete Markham zögernd. »Ich habe sie ja im Augenblick alle drei sozusagen in der Hand.«

»So daß eine solche Einladung, so wie die Dinge stehen, sogar etwas sehr Passendes hätte – finden Sie nicht auch? Und die drei würden sich wohl kaum trauen, bei Ihnen nein zu sagen, was, mein Alter?«

»Nein; das kann ich mir nicht vorstellen ...«

»Und wenn die drei es sich in Ihrer Wohnung gemütlich gemacht hätten und Sie dann vorschlügen, daß man doch eine Runde Poker oder zwei spielen könnte, dann hätte ein solcher Vorschlag nichts Unnatürliches, nicht wahr?«

»Nein, wohl kaum«, erwiderte Markham, verblüfft über Vance' merkwürdiges Ansinnen. »Cleaver und Spotswoode spielen beide, das weiß ich, und Mannix wird wohl zumindest wissen, wie es gespielt wird. Aber warum Poker? Ist es Ihnen ernst damit, oder ist das schon der befürchtete Wahn, der sich Ihrer bemächtigt?«

»O nein, das ist mir todernst.« Sein Tonfall ließ keinen Zweifel daran, daß Vance meinte, was er sagte. »Das Pokerspiel ist das Entscheidende an diesem Plan. Ich weiß ja, daß Cleaver ein alter Hase in diesem Geschäft ist; und Spotswoode hat schließlich letzte Montagnacht mit Richter Redfern gepokert. Das ist die Basis für meinen Plan. Lassen Sie uns davon ausgehen, daß Mannix ebenfalls spielt.«

Er lehnte sich vor und fuhr eindringlich fort.

»Neun Zehntel am Pokerspiel, Markham, sind Psychologie; und wenn man die Zeichen zu deuten versteht, dann kann man in einer Stunde am Pokertisch mehr über einen Mann erfahren als in einem ganzen Jahr freundlicher Konversation. Sie haben sich seinerzeit über mich lustig gemacht, als ich Ihnen sagte, ich könne Sie zum Täter jedes Verbrechens führen, indem ich einfach nur die Eigenart des Verbrechens selbst analysierte. Aber natürlich muß ich den Mann kennen, zu dem ich Sie führe; sonst kann ich ja nicht die Verbindung zwischen den psychologischen Faktoren des Verbrechens und dem

Charakter des Täters herstellen. Im vorliegenden Fall weiß ich, was für eine Art Mann der Täter gewesen sein muß; doch ich kenne die Verdächtigen nicht gut genug, um Ihnen den Richtigen zu zeigen. Aber ich bin guter Hoffnung, daß ich Ihnen nach unserem Pokerspiel werde sagen können, wer den Mord am Canary plante und beging.«[2]

Markham betrachtete ihn mit verblüffter Miene. Er wußte, daß Vance ein außerordentlich geschickter Pokerspieler war und auf eine geradezu angsteinflößende Weise die psychologischen Aspekte des Spiels beherrschte; aber die Ankündigung, er gedenke den Mordfall Odell mittels eines Pokerspiels zu lösen, überraschte ihn doch. Aber es war Vance so unmißverständlich ernst mit diesem Vorschlag gewesen, daß er Markham beeindruckt hatte. Ich konnte mir gut ausmalen, was in seinem Kopf vorging, so gut, daß es war, als spräche er seine Gedanken laut aus. Er dachte daran, wie Vance bei einem früheren Fall durch ganz ähnliche psychologische Schlußfolgerungen exakt den Schuldigen benannt hatte. Und er sagte sich, daß letzten Endes hinter jeder Bitte von Vance, so unverständlich und abwegig sie auf den ersten Blick auch sein mochte, ein vernünftiger Grund steckte.

»Hol's der Teufel«, brummte er am Ende. »Der ganze Plan kommt mir idiotisch vor ... Aber wenn Sie wirklich mit den Leuten Poker spielen wollen, dann habe ich nichts dagegen. Sie werden nichts damit bezwecken – das sage ich Ihnen gleich. Es ist der reine Unsinn, wenn Sie wirklich meinen, Sie könnten mit dermaßen abstrusen Mitteln den Schuldigen finden.«

---

2 Kürzlich stieß ich in einer Fachzeitschrift auf einen Aufsatz von Dr. George A. Dorsey, Professor für Anthropologie an der Universität Chicago und Verfasser von »Warum wir uns wie Menschen benehmen«, und dieser Artikel bescheinigte mir aufs schönste, wie wissenschaftlich korrekt Vance' Ansichten waren. Dr. Dorsey schreibt: »Ein Pokerspiel ist ein Querschnitt durch das Leben. So wie ein Mann sich in einem Pokerspiel verhält, verhält er sich auch im Leben [...] Ob er Erfolg hat oder nicht, hängt davon ab, ob sein physischer Organismus auf die Stimuli anspricht, die das Spiel ihm liefert [...] Mein Leben lang habe ich Menschen vom Standpunkt des Anthropologen und Psychologen beobachtet. Ich wüßte kein Laborexperiment, das besser wäre, um das Verhalten von Menschen zu studieren, als zu sehen, wie sie reagieren, wenn ich meinen Einsatz erhöhe [...] Nirgends kann der Psychologe verbale, unbewußte und körperliche Reaktionen besser sehen als bei einer Pokerpartie. Es ist nicht übertrieben zu sagen, daß ich durch Pokerspiel die Menschen kennengelernt habe.«

»Nun denn«, erwiderte Vance mit einem Seufzen, »wenigstens werden wir bei einem hübschen Spiel ein wenig unsere Sorgen vergessen.«

»Aber warum wollen Sie Spotswoode dabeihaben?«

»Ach, eigentlich kein bestimmter Grund – aber er gehört nun einmal zu meinem Quartett. Außerdem würde uns sonst ein Spieler fehlen.«

»Nicht daß Sie mir hinterher kommen und sagen, ich solle ihn als Mörder einsperren. Da müßte ich mich dann doch weigern. So abwegig solche Skrupel Ihrem Laienverstand auch vorkommen mögen, möchte ich doch nicht gern einen Mann anklagen, bei dem es physisch unmöglich ist, daß er die Tat begangen hat.«

»Was die physische Unmöglichkeit angeht«, schwadronierte Vance, »sind die einzigen Hinderungsgründe die materiellen Fakten. Und jeder weiß, wie sehr materielle Fakten oft in die Irre führen. Das Vernünftigste für einen Juristen wäre, wenn er sie vollkommen ignorierte.«

Markham zog es vor, auf solche lästerlichen Worte nichts zu entgegnen, doch der Blick, mit dem er Vance bedachte, sprach Bände.

Kapitel XXVII

Ein Pokerspiel
(Montag, 17. September, 9 Uhr abends)

Nach dem Essen gingen Vance und ich nach Hause, und gegen vier Uhr rief Markham an, daß er mit Spotswoode, Mannix und Cleaver die erforderlichen Arrangements getroffen habe. Unmittelbar darauf verließ Vance das Haus und kehrte erst kurz vor acht zurück. Ich verging fast vor Neugier, was dieser geheimnisvolle Ausflug zu bedeuten hatte, aber er klärte mich nicht auf; doch als wir um viertel vor neun hinuntergingen, wo der Wagen auf uns wartete, saß ein mir unbekannter Mann auf dem Rücksitz, und ich nahm an, daß er mit Vance' geheimen Machenschaften zu tun hatte.

»Ich habe Mr. Allen gebeten, uns heute abend Gesellschaft zu leisten«, erklärte er, als er uns vorstellte. »Sie spielen ja nicht, und wir brauchen einfach noch einen Mann mehr, damit das Spiel wirklich interessant wird. Mr. Allen ist übrigens ein alter Widersacher von mir.«

Daß Vance offenbar ohne Markham um Erlaubnis zu bitten einen weiteren Gast mitbrachte, verblüffte mich, doch noch mehr verblüffte mich die Erscheinung des Mannes. Er war eher klein, mit scharfen, gerissenen Zügen, und unter dem in keckem Winkel aufgesetzten Hut sah ich glattes schwarzes Haar, ein wenig wie das aufgemalte Haar bei Japanpuppen. Mir fiel auch auf, daß seine Krawatte mit einem winzigen weißen Vergißmeinnichtmuster bestickt war, und die Hemdbrust zierten Diamantknöpfe.

Der Kontrast zu dem makellos eleganten und durch und durch korrekten Vance hätte nicht größer sein können. Ich fragte mich, in welcher Beziehung die beiden wohl zueinander standen. Sie konnte weder gesellschaftlicher noch intellektueller Natur sein.

Cleaver und Mannix waren bereits zugegen, als wir in Markhams Wohnzimmer geführt wurden, und Spotswoode traf wenige Minuten später ein. Als die Formalitäten der Begrüßung erst einmal erledigt waren, hatten wir uns bald vor dem offenen Kamin niedergelassen, rauchten und tranken ausgezeichnete Scotch-Highballs. Markham hatte den unvermutet hinzugekommenen Mr. Allen natürlich herzlich begrüßt, doch die gelegentlichen Blicke, die er in seine Richtung warf, verrieten mir, daß er nicht recht wußte, wie er die Erscheinung dieses Mannes und die Tatsache, daß Vance ihn mitgebracht hatte, in Einklang bringen sollte.

Unter der oberflächlichen und aufgesetzten Heiterkeit dieser kleinen Zusammenkunft herrschte eine angespannte Atmosphäre. Die Situation lud ja auch nicht zu Ungezwungenheit ein. Hier waren drei Männer beisammen, von denen jeder wußte, daß die beiden anderen sich für dieselbe Frau interessiert hatten wie er, und alle drei wußten, daß sie nicht zusammengekommen wären, wäre diese Frau nicht ermordet worden. Doch Markham führte die Unterhaltung mit soviel Takt, daß es ihm die meiste Zeit gelang, jedem das Gefühl zu geben, daß er im Grunde als neutraler Beobachter ein akademisches Problem diskutiere. Er erklärte gleich zu Anfang rundheraus, daß ihm die Idee zu dieser ›Konferenz‹ gekommen sei, weil bisher alle Versuche fehlgeschlagen seien, dem Mörder auf die Spur zu kommen. Er hoffe, daß eine lockere Unterhaltung, bei der es nichts Offizielles, nichts Gezwungenes geben solle, vielleicht den Samen zu einem erfolgreicheren Ansatz für die Ermittlungen ausstreuen könnte. So wie er es darstellte, klang es nach einer freundlichen Bitte, und als er mit seinen Einführungsbemerkungen zu Ende gekommen war, hatte sich die allgemeine Stimmung schon spürbar entspannt.

Bei der Diskussion, die folgte, war es interessant zu sehen, welche Haltungen die einzelnen Beteiligten einnahmen. Cleaver sprach von dem Part, den er in der Affäre gespielt hatte, mit Bitterkeit, und alles, was er sagte, waren Vorwürfe, die er sich machte. Mannix war selbstgefällig und auf eine affektierte Weise offen, doch unter all seinen Offenbarungen spürte man stets das Bemühen, sich in gutes Licht zu setzen. Anders als bei Mannix schien es Spotswoode unangenehm, über die Dinge zu sprechen, und er blieb sehr zurückhaltend. Er antwortete höflich auf Markhams Fragen, doch konnte er nicht ganz verbergen, wie ärgerlich er war, daß er in eine solche Diskussion hineingezogen wurde. Vance sagte kaum etwas, und seine wenigen Bemerkungen waren stets an Markham gerichtet. Allen blieb still, beobachtete jedoch die anderen mit listiger, amüsierter Miene.

Die ganze Unterhaltung kam mir entsetzlich sinnlos vor. Hätte Markham sich wirklich Aufklärung davon versprochen, so wäre er nur von neuem enttäuscht worden. Ich wußte jedoch, daß es ihm nur darum ging, seine ungewöhnliche Einladung glaubwürdig zu machen und das Pokerspiel vorzubereiten, um das Vance ihn gebeten hatte. Doch als die Zeit kam, das Thema zur Sprache zu bringen, ging alles wie von selbst.

Um punkt elf Uhr unterbreitete er den Vorschlag. Er sagte es freundlich und bescheiden, doch indem er es formulierte, als handle es sich um einen Gefallen, den sie ihm persönlich täten, schloß er jede Ablehnung praktisch aus. Allerdings wäre, schien mir, soviel rhetorische Taktik gar nicht notwendig gewesen. Cleaver und Spotswoode waren beide sichtlich froh, daß sie die quälende Diskussion sein lassen und statt dessen Karten spielen konnten, und Vance und Allen stimmten natürlich sogleich zu. Nur Mannix lehnte ab. Er sei kein erfahrener Pokerspieler, sagte er, und spiele es nicht gern; er wolle jedoch mit Freuden dabeibleiben und den anderen zusehen. Vance drängte ihn, es sich noch anders zu überlegen, doch ohne Erfolg, und so gab Markham schließlich seinem Hausdiener Order, einen Kartentisch für fünf vorzubereiten.

Mir fiel auf, daß Vance wartete, bis Allen sich einen Platz gesucht hatte, und dann den Stuhl zu seiner Rechten nahm. Cleaver kam links von Allen zu sitzen, Spotswoode rechts von Vance, und Markham schloß den Kreis. Mannix bezog als Kiebitz zwischen Markham und Cleaver Position.

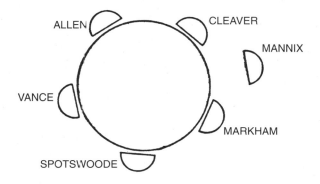

Cleaver schlug ein recht bescheidenes Limit vor, doch Spotswoode forderte sogleich einen weit höheren Betrag. Vance ging gar noch höher, und da Markham und Allen ihr Einverständnis signalisierten, wurde Vance' Vorschlag akzeptiert. Mir verschlug es fast den Atem, mit welchen Werten die Chips belegt wurden, und sogar Mannix stieß einen leisen Pfiff aus.

Binnen nicht einmal zehn Minuten war offensichtlich, daß fünf wirklich ausgezeichnete Spieler zusammenwaren. Zum ersten Mal an diesem Abend schien Vance' Freund Allen in seinem Metier und fühlte sich sichtlich wohl.

Allen gewann die ersten beiden Partien, Vance die beiden nächsten. Spotswoode hatte eine kurze Glückssträhne, und kurz darauf ging ein großer Jackpot an Markham, so daß dieser nun leicht in Führung lag. Cleaver war der einzige, der bisher nur verloren hatte; doch binnen der nächsten halben Stunde konnte er einen Großteil seines Verlusts wieder zurückgewinnen. Danach ging Vance in Führung, nur um sich bald darauf von Allen überflügeln zu lassen. Eine Weile lang waren Gewinn und Verlust recht gleichmäßig verteilt, doch später begannen Cleaver und Spotswoode beide große Summen zu verlieren. Als es halb eins wurde, hatte sich eine grimmige Atmosphäre breitgemacht, denn so hoch waren die Einsätze und so sehr suchten sich alle gegenseitig zu überbieten, daß selbst für wohlhabende Männer – wie sie alle fünf unbestreitbar waren – die Summen, die ihren Besitzer wechselten, beängstigende Höhen annahmen.

Kurz vor ein Uhr, als das Spielfieber einen Höhepunkt erreicht hatte, sah ich, wie Vance einen raschen Blick zu Allen hinüberwarf und sich dann mit dem Taschentuch über die Stirne fuhr. Für einen Fremden hätte die Geste vollkommen natürlich gewirkt; doch für mich, der ich jede von Vance' Eigenarten kannte, war das Aufgesetzte unverkennbar. Mir fiel auf, daß Allen an der Reihe war, für das nächste Spiel die Karten zu mischen. Offenbar kam ihm dabei Zigarrenrauch ins Auge, denn er blinzelte, und eine Karte fiel zu Boden. Er hob sie sogleich auf, mischte neu und schob dann die Karten zu Vance hinüber, der abhob.

Beim nächsten Spiel ging es um einen Jackpot, und ein kleines Vermögen an Chips lag bereits auf dem Tisch. Cleaver, Markham und Spotswoode gaben kein Gebot ab. Die Entscheidung lag also bei Vance, und er eröffnete mit einer ungewöhnlich großen Summe. Allen stieg sofort aus, doch Cleaver ging mit. Als nächstes stiegen Markham und Spotswoode aus, so daß nur noch Vance und Cleaver im Rennen blieben. Cleaver nahm eine Karte auf, und Vance, der eröffnet hatte, nahm zwei. Vance begann mit einem nominellen Einsatz, und Cleaver erhöhte beträchtlich. Vance erhöhte wiederum, doch wieder nur um eine kleine Summe, und Cleaver überbot ihn um einen noch größeren Betrag. Vance zögerte, dann wollte er sehen. Cleaver legte triumphierend seine Karten auf den Tisch.

»Straight flush«, verkündete er. »Können Sie da mithalten?«

»Ich hätte wohl doch noch eine dritte kaufen sollen«, sagte Vance reumütig. Er legte die Karten nieder. Es waren vier Könige.

Etwa eine halbe Stunde später zückte Vance von neuem das Taschentuch und wischte sich die Stirn. Wie schon beim vorigen Mal war wiederum Allen an der Reihe, die Karten zu geben, und auf dem Spiel stand ein Jackpot, der schon zweimal liegengeblieben war. Allen hielt inne, nahm einen Schluck von seinem Highball und zündete seine Zigarre wieder an. Dann ließ er Vance abheben und teilte die Karten aus.

Cleaver, Markham und Spotswoode paßten, und wieder war es Vance, der eröffnete, und zwar über den vollen Betrag des Jackpots. Niemand ging mit außer Spotswoode – diesmal war es ein Zweikampf zwischen diesen beiden. Spotswoode kaufte eine Karte; Vance behielt sein Blatt. Es folgte ein Augenblick beinahe atemloser Stille. Die Luft war wie elektrisch geladen, und ich glaube, das spürten auch die anderen, denn sie verfolgten das Spiel mit einer seltsamen Anspannung. Vance und Spotswoode hingegen schienen die Ruhe selbst. Ich studierte sie genau, doch keiner von beiden zeigte auch nur das kleinste Anzeichen einer Gefühlsregung.

Vance erhöhte zum ersten Mal. Wortlos schob er einen Stapel gelber Chips in die Mitte des Tisches – mit Abstand die größte Summe des bisherigen Abends. Doch ohne zu zögern setzte Spotswoode einen gleichhohen Stapel daneben. Dann zählte er mit gleichmütiger Miene alles, was er an Chips noch hatte, schob sie mit der Handfläche zur Mitte und sagte mit ruhiger Stimme:

»Das Limit.«

Vance zuckte kaum merklich die Schultern.

»Der Jackpot gehört Ihnen, Sir.« Er lächelte Spotswoode freundlich an. Dann legte er sein Blatt ab, damit wir sehen konnten, womit er eröffnet hatte. Es waren vier Asse!

»Mann!« rief Allen und kicherte dabei. »Das ist Poker!«

»Poker?« fragte Markham. »Vier Asse abzuwerfen, wo soviel Geld im Spiel ist?«

Cleaver quittierte es nur mit einem verblüfften Grunzlaut, und Mannix schürzte ungläubig die Lippen.

»Ich will Ihnen nicht hineinreden, Mr. Vance«, sagte er, »aber wenn ich mir Ihr Blatt so ansehe, dann würde ich sagen, Sie haben zu früh kalte Füße bekommen.«

Spotswoode blickte auf.

»Da tun Sie Mr. Vance unrecht, meine Herren«, sagte er. »Er hat ausgezeichnet gespielt. Daß er paßte, selbst mit vier Assen, war wissenschaftlich korrekt.«

»Mit Sicherheit«, stimmte Allen zu. »Donnerwetter! War das ein Spiel!«

Spotswoode nickte und fuhr, wieder an Vance gewandt, fort:

»Da wir eine solche Situation wahrscheinlich nie wieder erleben werden, will ich zum Zeichen der Anerkennung Ihrer bemerkenswerten Auffassungsgabe wenigstens Ihre Neugier befriedigen. – Ich hatte absolut nichts in der Hand.«

Spotswoode legte seine Karten nieder und wies mit einer eleganten Handbewegung darauf. Es waren Pik Fünf, Sechs, Sieben und Acht und ein Herzbube.

»Ich verstehe Ihre Logik nicht, Mr. Spotswoode«, gestand Markham ein. »Mr. Vance hätte Sie geschlagen – und gab auf.«

»Führen Sie sich die Situation vor Augen«, erwiderte Spotswoode mit gleichmäßiger Stimme. »Einen so wohlgefüllten Pott hätte ich mir doch, als Mr. Cleaver und Sie gepaßt hatten, mit Sicherheit nicht entgehen lassen, wenn ich die Karten zum Eröffnen gehabt hätte. Doch als ich trotzdem mitging, nachdem Mr. Vance mit einer so großen Summe eröffnete, da konnte er davon ausgehen, daß ich entweder einen Four-straight, einen Four-flush oder einen Four-straight-flush hatte. Ich glaube, ich kann ohne zu prahlen sagen, daß ich ein zu guter Spieler bin, als daß ich unter anderen Bedingungen mitgegangen wäre ...«

»Und ich meinerseits«, unterbrach Vance, »versichere Ihnen, Markham, daß Mr. Spotswoode ein zu guter Spieler ist, als daß er dabeigeblieben wäre, wenn er nicht tatsächlich einen Four-straight-flush in der Hand gehabt hätte. Das war die einzige Hand, die es rechtfertigte, ein Risiko von zwei zu eins einzugehen. – Sehen Sie, ich hatte mit dem Betrag eröffnet, der im Pott war, und Mr. Spotswoode mußte die Hälfte dessen, was er hatte, setzen, um im Spiel zu bleiben – das bedeutet ein Risiko von zwei zu eins. Nun waren das natürlich gar keine so schlechten Chancen, und wenn er eine Hand hatte, die zwar nicht eröffnen konnte, aber auch nicht weniger wert war als einen Four-straight-flush, lohnte es sich, das Risiko einzugehen. Indem er noch eine Karte kaufte, hatte er eine Chance von zwei zu siebenundvierzig, einen Straight-flush zu bekommen, neun zu siebenundvierzig, einen Flush zu erreichen und acht zu siebenundvierzig für einen Straight; von den siebenundvierzig Möglichkeiten konnten ihm also neunzehn – eine Chance von mehr als eins aus dreien – seine Hand zu einem Straight-flush, einem Flush oder einem Straight verbessern.«

»Ganz genau«, bestätigte Spotswoode. »Doch nachdem ich meine eine Karte gekauft hatte, gab es für Mr. Vance nur noch eine einzige Frage, nämlich, ob ich meinen Straight-flush bekommen hatte oder nicht. Wenn ich kein Glück gehabt hatte oder es nur zum Straight oder zum Flush gebracht hatte, dann wäre ich, wie Mr. Vance vermutete – und zu Recht vermutete –, bei seiner Erhöhung nicht mitgegangen und hätte nicht das Limit gefordert. Das unter diesen Umständen zu tun wäre unvernünftig gewesen. Nicht einer unter tausend Pokerspielern wäre ein solches Risiko eingegangen, wenn er nur geblufft hätte. Wenn also Mr. Vance trotz seiner vier Asse nicht gepaßt hätte, dann wäre das außerordentlich halsstarrig von ihm gewesen. Es stellte sich natürlich heraus, daß ich tatsächlich bluffte; aber das ändert nichts an der Tatsache, daß es korrekt und logisch von Mr. Vance war aufzugeben.«

»Vollkommen richtig«, stimmte Vance zu. »Wie Mr. Spotswoode ganz richtig sagt, nicht einer unter tausend Spielern hätte, wo ich keine Karten gekauft hatte, das Limit gesetzt, ohne daß er seinen Straight-flush wirklich komplett gehabt hätte. Man könnte fast sagen, daß Mr. Spotswoode mit dieser Tat die psychologischen Dimensionen des Spiels um eine Dezimalstelle vorgerückt hat, denn sehen Sie, er hat nicht nur meine Gedankengänge analysiert, er ist mit seinen eigenen um eine Stufe darüber hinausgegangen.«

Spotswoode nahm das Kompliment mit einer leichten Verbeugung auf, und Cleaver griff zu den Karten, um neu zu mischen, doch die Spannung war gebrochen, und sie nahmen das Spiel nicht noch einmal auf.

Vance machte einen unglücklichen Eindruck. Lange Zeit saß er da, betrachtete mit gerunzelter Stirn seine Zigarette und trank geistesabwesend von seinem Highball. Am Ende erhob er sich, ging hinüber zum Kamin und studierte ein Aquarell von Cézanne, das er Markham Jahre zuvor geschenkt hatte. Es war ein typisches Zeichen, daß er zutiefst ratlos war.

Bald darauf, als die Unterhaltung ein wenig abebbte, drehte er sich plötzlich um und sah Mannix an.

»Sagen Sie, Mr. Mannix« – er tat, als sei es nur eine ganz beiläufige Erkundigung –, »wie kommt es, daß Sie keinen Geschmack am Pokerspiel finden? Jeder gute Geschäftsmann ist doch im Grunde seines Herzens ein Spieler.«

»Da haben Sie recht, das können Sie mir glauben«, antwortete Mannix mit Nachdruck. »Aber Poker ist einfach nicht das, was ich so unter einem Spiel verstehe – ganz und gar nicht. Zu wissenschaftlich. Und es ist mir nicht schnell genug – kein richtiger Mumm, wissen Sie. Roulette, das ist mein Tempo. Letzten Sommer in Monte Carlo, da habe ich in zehn Minuten mehr auf dem Spieltisch gelassen, als Sie alle zusammen den ganzen Abend über verloren haben. Aber wenigstens war für mein Geld ordentlich was los.«

»Aus Karten machen Sie sich also überhaupt nichts?«

»Jedenfalls nicht aus Kartenspielen.« Mannix erklärte, was er meinte. »Ich hab' nichts gegen eine kleine Wette auf die höchste Karte. Aber nicht 17 und 4 und solche Sachen. Ich will Tempo für mein Geld.« Er schnippte ein paarmal hintereinander mit den dicken Fingern, um uns zu zeigen, wieviel Tempo er brauchte.

Vance schlenderte zum Tisch und nahm ein Spiel Karten in die Hand.

»Wollen wir einmal abheben – die höhere Karte gewinnt? Tausend Dollar?«

Mannix ging sofort darauf ein.

»Einverstanden!«

Vance reicht Mannix die Karten, und er mischte sie. Dann legte er sie auf den Tisch und hob ab. Die oberste Karte war eine Zehn. Nun hob Vance ab und zeigte einen König.

»Da schulde ich Ihnen also tausend«, sagte Mannix so unbekümmert, als seien es zehn Cent.

Vance entgegnete nichts, und Mannix sah ihn herausfordernd an.

»Wenn Sie's nochmal riskieren wollen – ich bin dabei. Diesmal zweitausend. Ja?«

Vance hob die Augenbrauen. »Sie verdoppeln? ... Dann auf alle Fälle.« Er mischte, hob ab und zeigte eine Sieben.

Mannix' Hand fuhr herunter, und er bekam eine Fünf.

»Tja, damit wären es dreitausend«, sagte er. Seine kleinen Augen waren zu Schlitzen zusammengezogen, und die Zigarre hatte er zwischen die Zähne geklemmt.

»Na, wie ist es?« fragte Vance. »Noch einmal verdoppeln? Viertausend diesmal?«

Markham betrachtete Vance mit ungläubiger Miene, und Allen machte ein so verblüfftes Gesicht, daß es schon komisch wirkte. Ich glaube, alle im Raum waren erstaunt über dieses Angebot, denn Vance mußte wissen, daß er durch dieses mehrfache Verdoppeln Mannix unverhältnismäßige Chancen einräumte. Auf lange Sicht konnte er nur verlieren. Ich glaube, Markham hätte protestiert, wenn Mannix nicht schon im selben Augenblick zu den Karten gegriffen und mit dem Mischen begonnen hätte.

»Viertausend, abgemacht!« rief er, legte die Karten nieder und hob ab. Er deckte die Karodame auf. »Gegen die Lady kommen Sie nicht an – keine Chance!« Er sagte es geradezu freundschaftlich.

»Da haben Sie wohl recht«, murmelte Vance und deckte eine Drei auf.

»Na, noch eine Runde?« fragte Mannix voller Enthusiasmus.

»Mir reicht's.« Vance schien es zu langweilen. »Zuviel Tempo für mich. Ich habe ja nicht Ihre eiserne Konstitution.«

Er ging zum Schreibtisch und stellte Mannix einen Scheck über tausend Dollar aus. Dann ging er zu Markham und streckte ihm die Hand entgegen.

»Unterhaltsamer Abend, mein Alter, Dank und alles ... Und vergessen Sie nicht: morgen mittag essen wir zusammen. Ein Uhr im Club, ist das recht?«

Markham zögerte. »Wenn nichts dazwischenkommt.«

»Das sollte es aber wirklich nicht«, beharrte Vance. »Sie haben ja gar keine Ahnung, wie sehr Sie darauf brennen, mich morgen zu sehen.«

Auf der Rückfahrt war er ungewöhnlich still und nachdenklich. Nicht ein einziges Wort der Erklärung konnte ich ihm entlocken. Doch als er mir eine gute Nacht wünschte, da sagte er: »Ein entscheidender Stein in unserem Puzzle fehlt noch immer, und solange wir den nicht gefunden haben, hat alles andere keinen Sinn.«

Kapitel XXVIII

Der Schuldige
(Dienstag, 18. September, 1 Uhr nachmittags)

Am nächsten Morgen schlief Vance lang, und die Stunde, die noch bis zum Mittagessen blieb, verbrachte er mit der Durchsicht eines Katalogs von Keramiken, die am nächsten Tag in den Anderson Galleries versteigert werden sollten. Um ein Uhr betraten wir den Grillroom des Stuyvesant-Clubs, wo Markham schon auf uns wartete.

»Das Essen geht auf Ihre Rechnung, mein Alter«, sagte Vance. »Aber ich will bescheiden sein. Für mich nur eine Scheibe gebratenen Speck, eine Tasse Kaffee und ein Croissant.«

Markham blickte ihn spöttisch an.

»Es wundert mich überhaupt nicht, daß Sie sparen müssen, nach dem Pech, das Sie gestern abend hatten.«

Vance hob die Augenbrauen.

»Ich hatte doch eher den Eindruck, mein Glück sei ganz außerordentlich gewesen.«

»Sie haben zweimal einen Vierer in der Hand gehabt und trotzdem verloren.«

»Aber verstehen Sie denn nicht«, gestand Vance ohne Umschweife, »ich habe beide Male genau gewußt, welche Karten meine Gegenspieler hatten.«

Markham sah ihn verblüfft an.

»Aber ja«, versicherte Vance. »Ich hatte es vorher abgesprochen, daß sie diese Karten bekamen.« Er lächelte gütig. »Ich kann Ihnen gar nicht sagen, mein Alter, wie sehr ich das Feingefühl bewundere, mit dem Sie über meine Taktlosigkeit hinwegsahen, ungefragt noch einen recht zwielichtigen Gast, meinen Mr. Allen, mit auf die Party zu bringen. Ich muß Sie um Verzeihung bitten und bin Ihnen eine Erklärung schuldig. Mr. Allen ist ja nicht gerade das, was man sich unter einem gepflegten Partygast vorstellt. Es fehlt ihm an Gewandtheit in vornehmen Manieren, und sein Geschmack in puncto Bijouterie ist ein wenig gewöhnlich – obwohl mir seine diamantenen Hemdknöpfe weniger Schmerz bereiteten als die gemusterte Krawatte. Doch Mr. Allen hat seine Vorzüge – ganz entschieden seine Vorzüge. Als Glücksritter des Spieltischs kann er es mit Andy Blakeley, Canfield und Honest John Kelly aufnehmen. Genauer gesagt ist unser Mr. Allen niemand anderes als Doc Wiley Allen, an den Sie sich vielleicht noch dunkel erinnern werden.«

»Doc Allen! Doch nicht der notorische Gauner, der früher den Eldorado-Club betrieb?«

»Genau der. Und, nebenbei gesagt, einer der klügsten Kartenkünstler, die es in diesem einst einträglichen, wenn auch nicht allzu angesehenen Erwerbszweig gab.«

»Soll das heißen, dieser Allen hat gestern abend die Karten gezinkt?« Markham war empört.

»Nur die zwei Spiele, von denen Sie eben sprachen. Sie werden sich vielleicht erinnern, daß in beiden Fällen Allen die Karten gab. Ich hatte mit Absicht den Platz zu seiner Rechten gewählt, so daß ich genau nach den Instruktionen abheben konnte, die er mir gegeben hatte. Und Sie müssen zugeben, daß es an meinem kleinen Betrug nichts Tadelnswertes gab, da Allens Manipulationen ja nur zum Vorteil der beiden Betroffenen, Cleaver und Spotswoode, waren. Zwar habe ich beide Male vier gleiche Karten bekommen, doch trotzdem schwer verloren.«

Markham betrachtete Vance einen Moment lang ratlos, dann lachte er gutmütig.

»Na, offenbar waren Sie gestern abend in Spendierlaune. Mannix haben Sie ja praktisch tausend Dollar geschenkt, als Sie erlaubten, bei jeder Runde den Einsatz zu verdoppeln. Gut überlegt war das nicht.«

»Wissen Sie, es kommt alles auf den Standpunkt an. Trotz meiner finanziellen Verluste – die ich, nebenbei gesagt, der Bezirksstaatsanwaltschaft als Spesen in Rechnung zu stellen gedenke – war es ein außerordentlich erfolgreiches Spiel ... Ich habe nämlich das, was das eigentliche Ziel unserer abendlichen Vergnügungen war, erreicht.«

»Ach ja, da war doch noch etwas«, sagte Markham unbestimmt, so als ob es sich um eine solche Belanglosigkeit handelte, daß sie ihm im Augenblick entfallen sei. »Wollten Sie nicht herausfinden, wer die junge Odell umgebracht hat?«

»Bewundernswert, Ihr Gedächtnis! ... Ja, ich hatte Andeutungen gemacht, daß ich heute in der Lage sein würde, das Rätsel zu lösen.«

»Und wen darf ich nun festnehmen?«

Vance nahm einen Schluck von seinem Kaffee und zündete sich bedächtig eine Zigarette an.

»Ich weiß, daß Sie mir nicht glauben werden«, erwiderte er in ruhigem, sachlichem Ton. »Aber der Mörder des Mädchens ist Spotswoode.«

»Was Sie nicht sagen!« Markham machte aus seinem Spott keinen Hehl. »Spotswoode war es also. Vance, mein Lieber, Sie sind wirklich umwerfend. Am liebsten würde ich ja sofort zum Telefon greifen und Heath sagen, er soll seine Handschellen polieren, doch leider hat unsere heutige Zeit den Glauben an Wunder – wie etwa, daß ein Mörder jemanden vom anderen Ende der Stadt aus telepathisch stranguliert – gänzlich eingebüßt ... Kommen Sie, ich bestelle Ihnen noch ein Croissant.«

Vance riß in einer theatralischen Geste der Verzweiflung die Hände in die Höhe.

»Markham, für einen kultivierten, gebildeten Menschen hat die Art, wie Sie sich an optische Täuschungen klammern, etwas geradezu Primitives. Sie sind wie ein kleiner Junge, der tatsächlich glaubt, daß ein Zauberer in seinem Hut aus dem Nichts ein Kaninchen entstehen läßt, nur weil er sieht, wie er es herauszieht.«

»Jetzt werden Sie beleidigend.«

»Aber ja«, gab Vance munter zu. »Ich muß schon zu drastischen Mitteln greifen, um Sie von Ihrer Lorelei der prozeßrelevanten Fakten loszukriegen. Ihr Mangel an Phantasie ist einfach himmelschreiend, mein Alter.«

»Sie möchten also, daß ich die Augen schließe und mir Spotswoode vorstelle, wie er hier im Stuyvesant-Club in einem der oberen Stockwerke sitzt und die Arme zur 71. Straße ausstreckt. Aber das kann ich nicht. Ich bin ein einfacher Mensch. Eine solche Vorstellung käme mir lächerlich vor; sie hätte etwas von einem Opiumtraum ... Sie nehmen doch nicht etwa selbst *Cannabis indica,* oder doch?«

»Das Bild, das Sie da malen, klingt denn doch ein wenig zu übernatürlich. Und doch: *Certum est quia impossibile est.* Ein Diktum, für das ich eine Schwäche habe; und im vorliegenden Fall ist ja tatsächlich das Unmögliche die Wahrheit. O ja, Spotswoode war es – daran besteht kein Zweifel. Und auch wenn diese Überzeugung Ihnen als Wahnvorstellung erscheint, werde ich nicht von ihr abgehen. Mehr noch, ich werde versuchen, Sie ebenfalls in ihre Arme zu locken, denn schließlich steht Ihr – wie die absurde Redewendung lautet – guter Name auf dem Spiel. Denn de facto, Markham, decken Sie in diesem Augenblick einen Mörder.«

Vance hatte das mit einer Selbstsicherheit gesagt, die keinen Widerspruch zuließ; und an Markhams veränderten Zügen konnte ich ablesen, daß diese letzten Worte ihm schon zu denken gaben.

»Verraten Sie mir«, sagte er, »wie Sie zu dem irrwitzigen Glauben gekommen sind, daß Spotswoode der Täter ist.«

Vance drückte seine Zigarette aus und legte beide Arme auf den Tisch.

»Beginnen wir noch einmal bei meinem Quartett möglicher Täter – Mannix, Cleaver, Lindquist und Spotswoode. Nachdem mir erst einmal klargeworden war, daß das Verbrechen sorgfältig vorgeplant war und daß es dabei ausschließlich um den Mord gegangen war, wußte ich auch, daß der Täter nur jemand gewesen sein konnte, der sich hoffnungslos im Netz der jungen Dame verstrickt hatte. Und außer meinem Quartett konnte es keine anderen Verehrer geben, die ihr so gründlich in dieses Netz gegangen waren – sonst hätten wir im Laufe der Ermittlungen von ihnen erfahren. Einer dieser vier Männer war also der Mörder. Lindquist schied in dem Augenblick aus, in dem wir hörten, daß er zum Zeitpunkt des zweiten Mordes in einem Krankenhausbett gelegen hatte, denn daß beide Verbrechen von ein und derselben Person –«

»Aber«, unterbrach Markham, »Spotswoodes Alibi für den Abend, an dem der Canary erwürgt wurde, war doch nicht schlechter als das des Doktors an jenem zweiten Abend. Warum den einen ausschließen und den anderen nicht?«

»Tut mir leid, da kann ich Ihnen nicht zustimmen. Krank darniederzuliegen, und das nicht nur während, sondern auch schon vor der Tatzeit, umgeben von unbestechlichen Zeugen, die von den Umständen nichts wissen – das ist etwas anderes als tatsächlich am Tatort zu sein, wie Spotswoode es in der Mordnacht war, und das noch wenige Minuten vor der vermuteten Tatzeit, und dann eine gute Viertelstunde lang nach dieser Zeit allein im Taxi zu sitzen. Niemand sah, soviel wir wissen, die junge Dame noch lebendig, nachdem Spotswoode aufgebrochen war.«

»Aber wir haben doch unbestreitbare Zeugenaussagen, daß sie noch am Leben war und durch die Tür zu ihm gesprochen hat.«

»Gut. Ich will Ihnen zugestehen, daß eine Tote nicht um Hilfe ruft und dann mit ihrem Mörder plaudert.«

»Verstehe.« Nun war Markham sarkastisch. »Sie meinen, in Wirklichkeit war es Skeel, der mit verstellter Stimme sprach.«

»Lieber Himmel, nein! Was für eine unerhörte Vorstellung! Für Skeel kam ja alles darauf an, nicht entdeckt zu werden. Warum sollte er sich da zu einer solchen Dummheit hinreißen lassen? Nein, das ist gewiß nicht die Erklärung. Wenn wir auf die Erklärung stoßen, wird sie einfach und vernünftig sein.«

»Das freut mich zu hören«, sagte Markham mit einem Lächeln. »Aber fahren Sie fort, legen Sie mir Ihre Gründe dar, warum Spotswoode der Täter sein muß.«

»Drei von meinen vieren«, nahm Vance den Faden wieder auf, »waren also potentielle Mörder. Also bat ich Sie um einen geselligen Abend mit den dreien, damit ich sie sozusagen unter die psychologische Lupe nehmen konnte. Spotswoode war zwar, allein schon von seiner Herkunft her, der schlüssigste Kandidat, doch trotzdem muß ich gestehen, daß ich damit rechnete, daß sich entweder Cleaver oder Mannix als Täter erweisen würde; denn in beiden Fällen bestätigten die eigenen Aussagen, daß jeder von ihnen es gewesen sein konnte, ohne daß sich ein Widerspruch zu den Tatsachen, soweit wir sie kannten, ergab. Als Mannix das Angebot zum Pokerspiel ablehnte, nahm ich mir also zunächst Cleaver vor. Ich gab Mr. Allen das verabredete Zeichen, und er lieferte uns sogleich die erste Probe seiner Fingerfertigkeit.«

Vance hielt inne und blickte auf.

»Sie werden sich vielleicht noch an die näheren Umstände erinnern? Es ging um einen Jackpot. Allen gab Cleaver einen Four-straight-flush und mir drei Könige. Alle anderen bekamen so schlechte Karten, daß sie passen mußten. Ich eröffnete, und Cleaver ging mit. Beim Kartenkaufen gab Allen mir einen weiteren König und Cleaver die Karte, die ihm noch zu einem Straight-flush fehlte. Zweimal setzte ich einen kleinen Betrag, und jedesmal erhöhte Cleaver. Dann wollte ich sehen, und natürlich gewann er. Er konnte gar nicht anders als gewinnen. Für ihn gab es ja kein Risiko. Da ich eröffnet und zwei Karten gekauft hatte, war das höchste, was ich in der Hand haben konnte, vier gleiche Karten. Cleaver wußte das, und er wußte schon bevor er erhöhte, daß er mich mit seinem Straight-flush auf alle Fälle schlagen würde. Ich begriff sofort, daß Cleaver nicht der Mann war, den ich suchte.«

»Und wie kamen Sie zu diesem Schluß?«

»Markham, ein Pokerspieler, der auf eine todsichere Sache setzt, das ist einer, dem das Selbstvertrauen des gewieften und wirklich fähigen Spielers fehlt. Das ist jemand, der keine Risiken oder Gefahren eingeht, denn er leidet in gewissem Grade an dem, was die Psychologen einen Minderwertigkeitskomplex nennen; instinktiv greift er nach jeder Möglichkeit, seine Stellung zu bessern und sich zu schützen. Kurz, im Grunde ist er kein wirklicher Spieler. Und der Mann, der die junge Odell umbrachte, war ein Spieler durch und durch, der alles auf eine einzige Karte setzt – denn genau das tat er, als er sie umbrachte. Und nur ein Spieler, der es aus grenzenlosem Selbstvertrauen verachtet hätte, zu setzen, wo er nicht verlieren konnte, der konnte eine solche Tat begangen haben. – Deshalb schied ich Cleaver als Verdächtigen aus.«

Markham hörte nun aufmerksam zu.

»Der Test, dem ich kurz darauf Spotswoode unterzog«, fuhr Vance fort, »war eigentlich für Mannix gedacht, doch Mannix spielte ja nicht mit. Das war jedoch nicht weiter von Bedeutung, denn wenn es mir gelungen wäre, Cleaver und Spotswoode auszuscheiden, dann wäre ohne Zweifel er der Schuldige gewesen. Natürlich hätte ich mir dann noch etwas einfallen lassen, um diese Erkenntnis zu belegen; aber das erwies sich ja dann als überflüssig ... Den Test, den ich mit Spotswoode machte, hat er uns selbst recht gut erläutert. Wie er ganz richtig sagte, nicht einer unter tausend Spielern hätte das Limit gegen einen Gegner gesetzt, der keine Karte gekauft hatte, während er selbst praktisch nichts in der Hand hatte. Es war eine Leistung – es war meisterhaft! Vielleicht der größte Bluff, der je in einem Pokerspiel riskiert wurde. Ich habe ihn wirklich bewundert, als er in aller Seelenruhe seine sämtlichen Chips zur Mitte schob, denn ich wußte ja schließlich, daß seine Karten wertlos waren. Verstehen Sie, er riskierte alles, weil er fest davon überzeugt war, daß er meine Gedanken Schritt für Schritt nachvollziehen und mich beim letzten Schritt überlisten konnte. Dazu brauchte man schon Mut und Nerven. Jemand mit solchem Selbstvertrauen, der hätte es für unter seiner Würde gehalten, auf einen sicheren Sieg zu setzen. Er spielte das Spiel nach den gleichen psychologischen Prinzipien, nach denen auch der Odell-Mord geschehen war. Ich bedrohte Spotswoode mit einer guten Hand – einer auf Anhieb guten Hand –, genau wie das Mädchen ihn zweifellos bedrohte; und statt einen Kompromiß einzugehen – zu sagen, daß er sehen will, oder zu passen – übertrumpfte er mich; er tat es mit einem einzigen großen Coup, auch wenn er alles dafür aufs Spiel setzte ... Sagen Sie selbst, Markham! Ist es nicht offensichtlich, wie der Charakter des Mannes, der sich in dieser Geste zeigte, haargenau zur Psychologie unseres Verbrechens paßt?«

Markham schwieg eine Weile; offenbar ließ er sich die Sache durch den Kopf gehen.

»Aber Sie selbst, Vance, waren doch gestern abend mit dem Ergebnis nicht zufrieden«, wandte er am Ende ein. »Sie sahen unschlüssig und ratlos aus.«

»Da haben Sie ganz recht, mein Alter. Die Sache bereitete mir beträchtlichen Kummer. Der psychologische Beweis, daß Spotswoode der Täter sein mußte, kam so verdammt unerwartet – ich hatte ja mit etwas anderem gerechnet. Nachdem ich Cleaver ausgeschlossen hatte, hatte ich, wenn ich so sagen darf, ein Auge auf Mannix geworfen; denn all die Fakten, die Spotswoodes Unschuld zu beweisen schienen – die Tatsache, daß es physisch unmöglich schien, daß er die junge Dame erwürgt hatte –, hatten mich, ich muß es gestehen, beeindruckt. Ich bin ja schließlich auch nicht vollkommen. Und da ich nun leider ein Mensch bin, bin auch ich empfänglich für den üblen animalischen Magnetismus, der von Fakten und Erscheinungen ausgeht und den Juristen wie Sie unablässig über dem Erdball absondern wie eine gewaltige alles erstickende Wolke. Und selbst als ich feststellen mußte, daß Spotswoodes Psyche im besten Einklang mit allem stand, was wir über das Verbrechen wissen, blieb immer noch der Zweifel, ob es nicht auch Mannix gewesen sein konnte. Auszuschließen war es ja nicht, daß er dieses Spiel genauso gespielt hätte, wie Spotswoode es spielte. Deshalb habe ich, als die Pokerrunde vorbei war, versucht, mit ihm über das Thema Spiel ins Gespräch zu kommen. Ich wollte sehen, welche Einstellung er dazu hat.«

»Aber er hat doch, wie Sie selbst gesagt haben, auch alles auf eine Karte gesetzt.«

»Ah! Aber nicht in dem Sinne, in dem Spotswoode das tat. Im Vergleich zu Spotswoode ist Mannix ein zurückhaltender, geradezu ängstlicher Spieler. Zunächst einmal standen die Chancen ja eins zu eins, während Spotswoode überhaupt keine Chancen hatte – seine Karten waren nichts wert. Und trotzdem setzte Spotswoode das Limit, allein auf der Basis einer angestellten Rechnung. Das war Kartenspiel in höchster Potenz. Mannix hingegen warf nur eine Münze – die Chancen zu gewinnen oder zu verlieren waren gleich groß. Außerdem stellte er keinerlei Berechnung an; er plante nicht, er kalkulierte nicht, er riskierte nichts. Und wie ich Ihnen ja von Anfang an erklärt habe, war der Odell-Mord vorausberechnet, außerordentlich ausgearbeitet, und der Täter riskierte viel ... Und welcher echte Spieler würde seinen Gegner auffordern, beim zweiten Wurf der Münze den Einsatz zu verdoppeln, und dann beim dritten Wurf das Angebot annehmen, noch einmal zu verdoppeln? Ich habe Mannix mit diesem Spiel auf die Probe gestellt, um ganz sicherzugehen, daß kein Irrtum möglich war. Nach diesem Versuch kam er nicht nur nicht mehr in Frage – er war eliminiert, ausradiert, ein Nichts geworden. Es hat mich tausend Dollar gekostet, doch danach war ich auch die letzten Zweifel los. Danach wußte ich, daß, auch wenn noch so viele Indizien dagegensprachen, Spotswoode die junge Dame ins Jenseits befördert hatte.«

»Sie stellen das theoretisch plausibel dar. Aber rein praktisch gesehen kann ich es, fürchte ich, nicht akzeptieren.« Markham war, schien mir, beeindruckter als er zugeben wollte. »Verdammt nochmal, Mann!« explodierte er gleich darauf. »Sie wollen mit Ihren Folgerungen alles außer Kraft setzen, was vernünftig und glaubwürdig ist. – Sehen Sie sich doch die Tatsachen an!« Nun war er soweit, daß er die Gegenargumente auffahren konnte. »Sie behaupten, Spotswoode sei der Täter. Und das, obwohl wir mit Sicherheit wissen, daß das Mädchen, fünf Minuten nachdem er aus der Wohnung kam, um Hilfe schrie. Er stand an der Telefonistenloge, und dann lief er zusammen mit Jessup zur Tür und wechselte einige Worte mit ihr. Das ist doch wohl ein Beweis, daß sie zu jenem Zeitpunkt noch am Leben war. Danach verließ Spotswoode das Haus durch die Vordertür, bestieg ein Taxi und fuhr davon. Eine Viertelstunde später kam Richter Redfern hinzu, als er hier vor dem Club aus dem Taxi stieg – fast vierzig Blocks von dem Apartmenthaus! Undenkbar, daß er die Fahrt in kürzerer Zeit geschafft haben könnte; außerdem haben wir die Aussage des Fahrers. Spotswoode hatte zwischen halb zwölf und zehn vor zwölf, als Richter Redfern ihn traf, schlicht und einfach weder Zeit noch Gelegenheit, den Mord zu begehen. Und vergessen Sie nicht daß er bis drei Uhr morgens hier im Club Poker spielte – bis zu einer Zeit, als der Mord längst geschehen war.«

Markham schüttelte nachdrücklich den Kopf.

»Vance, diese Fakten können Sie nicht ignorieren. Sie sind hieb- und stichfest; und sie schließen Spotswoode ebenso gründlich von der Täterschaft aus, als wäre er in dieser Nacht am Nordpol gewesen.«

Vance blieb unbeeindruckt.

»Ich gestehe Ihnen alles ein, was Sie sagen«, erwiderte er. »Doch wie gesagt, wenn materielle Fakten und psychologische Fakten im

Widerspruch stehen, dann sind es immer die materiellen Fakten, die nicht stimmen. Ich will nicht behaupten, daß sie in diesem konkreten Falle wirklich falsch sind, aber sie täuschen uns.«

»Nun gut, *magnus Apollo!*« Die Situation war zuviel für Markhams überreizte Nerven. »Beweisen Sie mir, wie Spotswoode das Mädchen erwürgt und ihre Wohnung verwüstet hat, und ich hole auf der Stelle Heath, damit er ihn verhaftet.«

»So leid es mir tut, das kann ich nicht«, erwiderte Vance. »Allwissenheit war mir nicht vergönnt. Aber zum Donnerwetter, habe ich denn nicht schon genug getan, daß ich für Sie herausgefunden habe, wer der Mörder ist? Ich habe nie behauptet, daß ich Ihnen auch noch die technischen Einzelheiten erklären kann.«

»So! Mehr als das geben also Ihre scharfsinnigen Schlüsse nicht her? Alle Achtung! Da lasse ich mich doch gleich selbst hier und jetzt zum Professor der spiritistischen Wissenschaften schlagen und verkünde feierlich, daß die junge Odell von Dr. Crippen ermordet wurde. Sicher, Dr. Crippen ist tot; aber das macht bei meinen neuartigen psychologischen Deduktionsmethoden überhaupt nichts aus. Crippens Charakter paßt nämlich hundertprozentig zu all den knifflichen und abwegigen Einzelheiten dieses Falles. Gleich morgen früh lasse ich ihn ausbuddeln.«

Vance betrachtete ihn mit schalkhaftem Tadel und seufzte dazu.

»So wird es auch mir ergehen – erst postum wird man meine Größe erkennen. *Omnia post obitum fingit majora vetustas.* In der Zwischenzeit ertrage ich den Spott der johlenden Massen gefaßten Herzens. Das Haupt zerschunden, doch ungebeugt.«

Er warf einen Blick auf seine Uhr; dann schien er über etwas nachzudenken.

Einige Minuten vergingen. »Markham«, sagte er dann, »um drei Uhr habe ich ein Konzert, aber bis dahin bleibt uns noch eine Stunde. Ich möchte noch einmal einen Blick auf die Wohnung und die diversen Zugänge werfen. Seinen Trick– und ich bin überzeugt, daß es nichts weiter als ein Trick war – hat Spotswoode dort inszeniert; und wenn wir jemals hinter die Erklärung kommen wollen, dann müssen wir auch dort nach ihr suchen.«

Ich hatte den Eindruck, daß Markham, so emphatisch er auch jede Möglichkeit leugnete, daß Spotswoode der Täter sein könne, Gefallen an der Idee gefunden hatte. Und so überraschte es mich nicht, als er sich, wenn auch unter halbherzigem Protest, bereit erklärte, sich noch einmal in der Odellschen Wohnung umzusehen.

Kapitel XXIX

Beethovens »Andante«
(Dienstag, 16. September, 2 Uhr nachmittags)

Eine knappe halbe Stunde darauf betraten wir von neuem den Flur des kleinen Apartmenthauses in der 71. Straße. Wie üblich saß Spively an der Schalttafel. Gleich hinter dem Eingang zum Empfangsraum hatte es sich in einem Sessel, Zigarre im Mund, der Polizeibeamte, der die Wohnung bewachte, bequem gemacht. Als er den Bezirksstaatsanwalt erblickte, erhob er sich blitzartig.

»Wann werden die Maßnahmen gelockert, Mr. Markham?« fragte er. »Die Liegekur hier ist nicht gut für meine Gesundheit.«

»Schon sehr bald, hoffe ich, Officer. Noch weitere Besucher?«

»Niemand, Sir.« Der Beamte unterdrückte ein Gähnen.

»Wir brauchen Ihren Schlüssel, Officer. – Haben Sie sich eigentlich mal drin umgesehen?«

»Nein, Sir. Ich habe Order, die Wohnung nicht zu betreten.«

Wir kamen ins Wohnzimmer der Toten. Die Rollos waren nach wie vor oben, und die Mittagssonne schien herein. Offenbar hatte wirklich niemand etwas angerührt: Nicht einmal die umgeworfenen Stühle waren aufgestellt. Markham ging zum Fenster und musterte von dort, die Hände hinter dem Rücken, die Szene mit kummervoller Miene. Er wurde sich zusehends unsicherer, und die zynische Heiterkeit, mit der er Vance beobachtete, war alles andere als spontan.

Vance zündete sich eine Zigarette an und begann dann, sich in den beiden Zimmern noch einmal umzusehen, wobei er manche Szenen der Verwüstung eindringlicher betrachtete. Dann ging er ins Badezimmer, wo er einige Minuten blieb. Als er zurückkehrte, hatte er ein Handtuch mit mehreren Schmutzflecken in der Hand.

»Damit hat Skeel seine Fingerabdrücke abgewischt«, erklärte er und warf es auf das Bett.

»Na wunderbar«, lästerte Markham. »Da hätten wir ja Spotswoode so gut wie überführt.«

»Also wirklich! Aber immerhin hilft es meine Theorie über den Ablauf des Verbrechens zu bestätigen.« Er ging zum Frisiertisch und schnüffelte an einem winzigen silbernen Zerstäuber. »*Chypre* von Coty«, murmelte er. »Ich verstehe einfach nicht, was sie alle daran finden.«

»Und was bestätigt Ihnen das nun wieder?«

»Mein lieber Markham, ich nehme die Atmosphäre in mich auf. Ich versuche, meine Seele in Einklang mit den Schwingungen dieser Wohnung zu bringen. Gönnen Sie mir Ruhe, damit ich die Schwingungen finden kann. Jeden Moment kann eine Vision über mich kommen – ein Zeichen vom Berg Sinai sozusagen.«

Er nahm seine Inspektionsrunde wieder auf und kam schließlich hinaus auf den Flur, wo er, mit einem Fuß in der Wohnungstür, stehenblieb und aufmerksam in alle Richtungen spähte. Dann kehrte er zurück ins Wohnzimmer, setzte sich auf die Kante des Rosenholztisches und überließ sich seinen düsteren Gedanken. Nach etlichen Minuten sah er Markham mit einem sardonischen Grinsen an.

»Also ich muß schon sagen! Das ist nicht leicht. Einfach nicht zu glauben!«

»Ich hatte doch gleich so ein Gefühl«, lästerte Markham, »daß Sie früher oder später Ihre Folgerungen in puncto Spotswoode revidieren würden.«

Vance starrte zur Decke.

»Sie sind wirklich ein sturer Hund, wissen Sie das? Da versuche ich, Sie aus einer verdammt unglücklichen Zwangslage herauszubekommen, und alles, was Sie können, ist mit miesepetrigen Bemerkungen meinen jugendlichen Eifer bremsen.«

Markham verließ seinen Platz am Fenster und setzte sich auf die Sofalehne, Vance gegenüber. Er sah ihn eindringlich an.

»Vance, bitte verstehen Sie mich nicht falsch. Spotswoode bedeutet mir nichts. Ich will ihn nicht schützen, wenn er wirklich der Schuldige ist. Wenn ich diesen Fall nicht lösen kann, werden die Zeitungen mich in der Luft zerreißen. Es wäre ganz und gar gegen meine Interessen, eine Lösung zu sabotieren. Aber Ihre Schlüsse bezüglich Spotswoode sind unmöglich. Es gibt zu viele Fakten, die dagegensprechen.«

»Das ist es ja gerade. Es spricht viel zuviel dagegen. Die Gegenargumente passen zu gut zusammen; sie sind so perfekt wie die Proportionen einer Michelangelo-Statue. Sie sind zu sorgfältig aufeinander abgestimmt, verstehen Sie, als daß sie nur ein willkürliches

Zusammentreffen von Zufällen sein könnten. Alles deutet darauf hin, daß sie geplant wurden.«

Markham erhob sich, ging langsam zurück zum Fenster und blickte hinaus in den kleinen Garten.

»Wenn ich Ihre Annahme gelten ließe, daß Spotswoode das Mädchen umgebracht hat«, sagte er, »dann könnte ich auch Ihren Schluß gelten lassen. Aber ich kann nicht einen Mann verurteilen, nur weil seine Verteidigung zu vollkommen ist.«

»Was wir brauchen, Markham, das ist Inspiration. Allein die Zukkungen der Sibylle reichen nicht.« Vance drehte eine Runde durch den Raum. »Was mich wirklich in Rage bringt, das ist, daß er mich überlistet hat. Überlistet von einem Fabrikanten von Autozubehör! ... Da muß man sich doch wirklich schämen.«

Er setzte sich an das Klavier und spielte die ersten Takte von Brahms' »Capriccio Nr. 1«.

»Müßte gestimmt werden«, murmelte er; dann schlenderte er zu dem Intarsien-Schränkchen und ließ die Finger über die Einlegearbeiten gleiten. »Hübsch«, sagte er, »ein wenig zu verspielt. Aber ein schönes Stück. Dafür sollte die Tante aus Seattle einen guten Preis bekommen.« Er betrachtete eine Girandola, die neben dem Schränkchen hing. »Sehr schön; nur schade, daß Glühbirnen an Stelle der originalen Kerzen eingesetzt sind.« Vor einer kleinen Porzellanuhr auf dem Kaminsims hielt er inne. »Entsetzlich. Und wahrscheinlich ging sie nach dem Mond.« Dann kam er zum Sekretär und untersuchte ihn kritisch. »Imitat, französische Renaissance. Aber recht putzig, was?« Als nächstes erregte der Papierkorb seine Aufmerksamkeit, und er nahm ihn in die Hand. »Alberne Idee«, meinte er, »– so einen Korb aus Pergament zu machen. Der künstlerische Triumph einer Inneneinrichterin, da möchte ich wetten. Soviel Pergament, man könnte den gesamten Epiktet darin einbinden. Aber warum hat sie den Effekt mit handgemalten Girlanden verdorben? Der künstlerische Sinn hat in unsere wackeren Staaten bisher keinen Einzug gehalten – ganz entschieden nicht.«

Er stellte den Korb wieder ab und betrachtete ihn noch einen Moment lang nachdenklich. Dann beugte er sich herunter und nahm den Bogen zerknüllten Einwickelpapiers heraus, der ihm am Vortag aufgefallen war.

»Hierin befand sich ohne Zweifel das letzte, was die junge Dame auf Erden erwarb«, sagte er nachdenklich. »Ergreifend. Kann man mit solchen Kleinigkeiten Ihr Herz rühren, Markham? Na jedenfalls war für Skeel der violette Bindfaden ein Geschenk des Himmels ... Was meinen Sie, was war es für ein Krimskrams, der dem verschreckten Tony den Weg in die Freiheit öffnete?«

Er schlug das Papier auseinander, und zum Vorschein kamen ein Stück geknickter Wellpappe und ein großer, quadratischer dunkelbrauner Umschlag.

»Ah, was sagt man dazu! Schallplatten.« Er sah sich in der Wohnung um. »Aber wo hat die junge Dame denn die alberne Apparatur versteckt?«

»Sie finden sie im Vorraum«, sagte Markham matt, ohne sich umzudrehen. Er wußte, daß Vance' Geplauder nur das äußere Zeichen angestrengten Nachdenkens war, und er wartete mit aller Geduld, die er noch aufbringen konnte, auf das, was dabei herauskommen würde.

Vance schlenderte durch die Glastür hinaus in den kleinen Vorraum und betrachtete verzückt eine Grammophonkommode im chinesischen Chippendalestil, die an einer der beiden Seitenwände stand. Das stämmige Schränkchen war halb mit einem Gebetsteppich bedeckt, und darauf stand eine Blumenschale aus polierter Bronze.

»Na, wenigstens sieht man ihm nicht gleich an, was es ist«, meinte er. »Aber wozu der Gebetsteppich?« Er warf einen Blick darauf. »Anatolisch – wahrscheinlich als Kayseri bezeichnet, dann verkauft er sich besser. Nicht viel wert – sieht zu sehr nach Usak aus ... Bin gespannt, was die junge Dame für einen musikalischen Geschmack hatte. Victor Herbert, es kann nichts anderes sein.« Er schlug den Teppich zurück und hob den Deckel. Es war eine Platte aufgelegt, und er beugte sich vor, um das Etikett zu lesen.

»Alle Achtung! Das »Andante« aus Beethovens c-moll-Symphonie!« rief er freudig. »Sie kennen den Satz natürlich, Markham. Das vollkommenste Andante, das je geschrieben wurde.« Er drehte die Kurbel. »Ich glaube, ein wenig gute Musik klärt die Stimmung und vertreibt die düsteren Gedanken, meinen Sie nicht auch?«

Markham kümmerte sich nicht um Vance' Monolog; er blickte nach wie vor verbittert aus dem Fenster.

Vance setzte das Federwerk in Gang, setzte die Nadel auf die Platte und kehrte zurück ins Wohnzimmer. Er stand da und betrachtete das Sofa, konzentrierte sich auf das Problem, das es zu lösen galt. Ich saß im Korbsessel an der Tür und wartete, daß die Musik begann. Die Situation zerrte auch an meinen Nerven, und ich wurde ein wenig unruhig. Eine Minute verging, dann zwei, doch das einzige, was vom Grammophon zu hören war, war ein leises Kratzen. Vance blickte fragend auf und ging wieder hinüber zu der Maschine. Er musterte sie kurz und setzte den Tonarm dann noch einmal neu auf, doch obwohl wir mehrere Minuten lang warteten, kam keine Musik.

»Da stimmt etwas nicht«, brummte er, wechselte die Nadel und zog das Federwerk neu auf.

Markham war vom Fenster herübergekommen und beobachtete ihn mit nachsichtiger Miene. Der Plattenteller drehte sich, die Nadel saß in der Rille, und trotzdem gab das Gerät keinen Laut von sich. Vance, mit beiden Händen auf das Schränkchen gestützt, betrachtete amüsiert und verwundert die sich lautlos drehende Platte.

»Wahrscheinlich liegt es an der Schalldose«, sagte er. »Albern, diese Maschinen.«

»Ich würde eher vermuten«, stichelte Markham, »daß es Ihre aristokratische Unfähigkeit ist, mit einem so volkstümlichen und demokratischen Gerät umzugehen. – Gestatten Sie, daß ich helfe.«

Er ging zu Vance und sah ihm neugierig über die Schulter. Alles war in Ordnung, und die Nadel hatte inzwischen fast das Ende der Platte erreicht. Doch nach wie vor hörte man nur das leise Kratzen.

Markham streckte die Hand aus, um den Tonarm abzuheben, doch es war eine Bewegung, die nie zu ihrem Abschluß kommen sollte.

Im selben Augenblick wurde die kleine Wohnung von mehreren markerschütternden Schreien erfüllt, und dann schrie die schrille Stimme zweimal um Hilfe. Ein kalter Schauder lief mir über den ganzen Körper, und es kribbelte mir in den Haarwurzeln.

Nach einer kurzen Pause, in der wir alle drei kein Wort sprachen, sagte dieselbe Stimme laut und deutlich: »Nein; es war nichts. Bitte verzeih'... Es ist alles in Ordnung... Du kannst beruhigt nach Hause fahren. Mach dir keine Sorgen.«

Die Nadel war am Ende der Schallplatte angelangt. Mit einem leisen Klicken schaltete eine automatische Vorrichtung das Federwerk ab. Die geradezu angsteinflößende Stille, die darauf folgte, wurde von Vance' spöttischem Glucksen gebrochen.

»Tja, mein Alter«, meinte er nonchalant und spazierte zurück ins Wohnzimmer, »da hätten Sie also Ihre unwiderlegbaren Indizien.«

Jemand pochte heftig an der Tür, und der Beamte, der draußen Wache stand, schaute mit erschrockener Miene herein.

»Schon in Ordnung«, sagte Markham mit heiserer Stimme. »Ich rufe Sie, wenn ich Sie brauche.«

Vance ließ sich auf dem Sofa nieder und holte eine neue Zigarette hervor. Nachdem er sie entzündet hatte, streckte er die Arme weit über den Kopf und streckt auch die Beine, wie jemand, von dem plötzlich eine schwere körperliche Anspannung genommen ist.

»Ich muß schon sagen, Markham, wir sind allesamt wie die unschuldigen Kindlein gewesen«, meinte er. »Ein unwiderlegbares Alibi – Donnerwetter! Wenn die Justiz so etwas glaubt, dann ist die Justiz, wie Mr. Bumble zu sagen pflegte, ein Dummkopf und ein Esel. – Aber Sammy, Sammy, wieso war denn da kein Alibi? ... Markham, es treibt mir die Schamesröte ins Gesicht, aber die Esel bei dieser Geschichte, das waren wir zwei.«

Markham stand noch immer am Grammophon, wie vor den Kopf gestoßen, die Augen wie hypnotisiert auf die trügerische Schallplatte geheftet. Langsam kam er zurück ins Zimmer und ließ sich verstört in einen Sessel fallen.

»Sie und Ihre wertvollen Fakten!« schlug Vance weiter in die Kerbe. »Nehmen Sie die geschickte Verkleidung weg, und was behalten Sie noch? – Spotswoode hat eine Schallplatte präpariert – eine simple Kleinigkeit. Jeder nimmt heutzutage Schallplatten auf –«

»Ja. Er hat mir selbst erzählt, er habe zu Hause auf Long Island eine Werkstatt, in der er gelegentlich bastle.«

»Eine Werkstatt brauchte er dazu wirklich nicht. Obwohl es ihm die Sache wahrscheinlich erleichtert hat. Die Stimme auf der Platte ist einfach seine eigene, nur im Falsett – besser für seine Zwecke geeignet als eine Frauenstimme, weil sie kräftiger und durchdringender ist. Das Etikett brauchte er nur von einer gewöhnlichen Platte abzulösen und auf seine eigene zu kleben. Er brachte der jungen Dame an jenem Abend eine Reihe neuer Platten mit und versteckte diese dazwischen. Nach dem Theater beging er die grausige Tat und präparierte dann die Bühne, so daß die Polizei es für den Auftritt eines gewöhnlichen Einbrechers halten sollte. Als er damit fertig war, legte er die Platte auf, brachte das Grammophon in Gang und spazierte in aller Ruhe hinaus. Er hatte den Gebetsteppich und den bronzenen Blumentopf auf dem Deckel des Schränkchens arrangiert, um den Eindruck zu erwecken, daß das Grammophon nur selten benutzt wurde. Und seine Rechnung ging auf, denn niemand kam auf den Gedanken hineinzusehen. Warum auch? ... Dann bat er Jessup, ihm ein Taxi zu rufen – alles vollkommen natürlich. Während er noch dort stand und wartete, kam die Nadel an die aufgezeichneten Schreie. Sie waren deutlich zu hören: der Klang war kräftig, und es war Nacht. Die Holztür half, das phonographische Timbre zu verschleiern. Und wenn Sie genau hinsehen: Das Schränkchen ist so gedreht, daß der eingebaute Trichter zur Tür weist – noch nicht einmal ein Meter bis dahin.«

»Aber wie hat er seine Fragen und die Antworten auf der Platte synchronisiert ...?«

»Nichts einfacher als das. Sie werden sich erinnern, daß Jessup aussagte, Spotswoode habe sich mit dem Arm auf seine Schalttafel gelehnt, als die Schreie erklangen. Das tat er, damit er seine Armbanduhr im Auge behalten konnte. Sobald er den Schrei hörte, begann er die Sekunden mitzuzählen und stellte seine Fragen an die vermeintliche Dame hinter der Tür genau im richtigen Augenblick für die Antworten von der Platte. Es war alles genau vorausgeplant, und zweifellos probte er es in seinem Laboratorium. Es war ein Kinderspiel, es konnte kaum fehlschlagen. Er nahm eine Platte im großen Format – dreißig Zentimeter Durchmesser –, und ich würde schätzen, daß die Spielzeit etwa fünf Minuten beträgt. Indem er die Schreie ganz ans Ende setzte, gab er sich mehr als genug Zeit, die Wohnung zu verlassen und sein Taxi zu bestellen. Als der Wagen kam, fuhr er unverzüglich zum Stuyvesant-Club, wo er Richter Redfern traf und bis drei Uhr Poker spielte. Sie können sicher sein, wenn er nicht zufällig dem Richter begegnet wäre, hätte er sich etwas anderes einfallen lassen, damit er jemandem im Gedächtnis blieb, der ihm später sein Alibi geliefert hätte.«

Markham schüttelte mit finsterer Miene den Kopf.

»Meine Güte! Kein Wunder, daß er mir ständig damit in den Ohren lag, er wolle die Wohnung noch einmal sehen. Ein so vernichtender Beweis wie diese Schallplatte muß ihm ja Tag und Nacht keine Ruhe gelassen haben.«

»Obwohl ich mir denke, daß er sie, wenn ich sie nicht gefunden hätte, leicht zurückbekommen hätte, sobald Sie Ihren *sergent-de-ville* abgezogen hätten. Es war lästig, plötzlich keinen Zutritt zu der Wohnung mehr zu haben, aber ich glaube nicht, daß er sich große Sorgen deswegen gemacht hat. Er hätte sich eingefunden, wenn die Tante des Canary ihr Erbe antrat, und dann wäre es nicht schwer gewesen, sich die Platte als Andenken auszubitten. Natürlich war sie ein Risiko, aber Spotswoode ist nicht die Art Mann, die sich von so etwas einschüchtern ließe. Nein; der ganze Mord war wissenschaftlich geplant. Daß sein Plan nun doch noch fehlschlug, ist reiner Zufall.«

»Und Skeel?«

»Ein weiterer unglücklicher Umstand. Er steckte im Schrank, als Spotswoode und die junge Dame um elf Uhr die Wohnung betraten.

Es war Spotswoode, dem er dabei zusah, wie er seine ehemalige *amoureuse* strangulierte und die Wohnung auf den Kopf stellte. Als Spotswoode ging, kam er aus seinem Versteck. Wahrscheinlich war er in die Betrachtung der jungen Dame versunken, als das Grammophon seine markerschütternden Schreie von sich gab ... Meine Güte! Stellen Sie sich das vor, Sie stehen gramgebeugt und blicken der Ermordeten ins Gesicht, und plötzlich ertönt hinter Ihrem Rücken ein solcher Schrei! Das war selbst für unseren hartgesottenen Tony zuviel. Kein Wunder, daß er sich am Tisch abstützen mußte ... Dann kam Spotswoodes Stimme durch die Tür, und das Grammophon antwortete. Das muß Skeel verblüfft haben. Ich könnte mir vorstellen, daß er einen Moment lang glaubte, er habe den Verstand verloren. Doch es dauerte nicht lange, bis er begriff, was gespielt wurde, und ich sehe sein Grinsen vor mir. Wir können davon ausgehen, daß er wußte, wer der Mörder war – es hätte gar nicht zu seinem Charakter gepaßt, wenn er sich nicht über die Liebhaber des Canary auf dem laufenden gehalten hätte. Und nun war ihm wie Manna vom Himmel die wunderbarste Gelegenheit zur Erpressung in den Schoß gefallen, die sich ein so bezaubernder junger Herr überhaupt nur vorstellen konnte. Wahrscheinlich tauchten vor seinem inneren Auge Visionen vom Leben in Wohlstand und Muße auf, und alles auf Spotswoodes Rechnung. Als Cleaver wenige Minuten darauf anrief, sagte er nur, die Lady sei nicht zu Hause, und machte sich dann an die Arbeit, sich seinen Fluchtweg zu suchen.«

»Ich verstehe nicht, warum er die Platte nicht mitgenommen hat.«

»Aber damit hätte er doch den einzigen eindeutigen Beweis vom Ort des Verbrechens entfernt ... Das wäre nicht klug gewesen, Markham. Wenn er später die Schallplatte präsentiert hätte, hätte Spotswoode behauptet, er habe sie noch nie gesehen, und es als erpresserischen Trick hingestellt. O nein; das einzig Vernünftige für Skeel war, sie zu lassen, wo sie war, und auf der Stelle von Spotswoode ein gewaltiges Schweigegeld dafür zu fordern. Und ich würde annehmen, daß er genau das tat. Spotswoode zahlte zweifellos eine gewisse Summe als Vorschuß und versprach, den Rest binnen kurzem parat zu haben – wobei er natürlich hoffte, in der Zwischenzeit die Platte aus der Wohnung zu holen. Als er nicht zahlte, rief Skeel bei Ihnen an und kündigte an, alles auszuplaudern, in der Hoffnung, daß er Spotswoode damit auf die Sprünge helfen würde ... Nun, das tat er ja auch, doch Spotswoodes Antwort war nicht ganz das, was er sich erhofft hatte. Wahrscheinlich trafen die beiden eine Verabredung für den

Samstag abend, Spotswoode machte ihm weis, er werde das Geld mitbringen, erdrosselte aber statt dessen den Burschen. Paßt ja auch ganz zu seinem Charakter ... Ein harter Bursche, dieser Spotswoode.«

»Das Ganze ist einfach ... unglaublich.«

»Also, das würde ich nicht sagen. Spotswoode hatte sich eine unangenehme Aufgabe gestellt, und er brachte sie auf kühle, logische, kompetente Art zu Ende. Er war zu dem Schluß gekommen, daß, wenn er seine Seelenruhe wiedererlangen wollte, sein kleiner Canary sterben mußte – sie wird ihren Teil dazu beigetragen haben, daß sie ihm eine solche Plage geworden war. Er legte also das Datum fest – genau wie ein Richter, der für einen Schuldigen das Urteil verkündet – und machte sich dann daran, ein Alibi zu fabrizieren. Und da er ja nun ein wenig von einem Mechaniker hatte, fabrizierte er ein mechanisches Alibi. Er wählte ein einfaches, naheliegendes Mittel – nichts Gekünsteltes oder Kompliziertes. Und es hätte funktioniert, wäre nicht das dazwischengekommen, was Versicherungen in ihrer Frömmigkeit höhere Gewalt nennen. Niemand kann einen Unfall voraussehen, Markham: Wenn man das könnte, wäre es ja kein Unfall. Doch ohne Zweifel traf Spotswoode jede Vorsichtsmaßnahme, die menschenmöglich war. Auf den Gedanken, daß Sie ihm keine Möglichkeit lassen würden, wieder hier hereinzukommen und die Platte verschwinden zu lassen, kam er nicht; und er konnte auch nicht meinen Musikgeschmack kennen oder voraussehen, daß ich Trost in schönen Klängen suchen würde. Und man rechnet, wenn man eine junge Dame besucht, ja auch nicht damit, daß ein weiterer Verehrer im Kleiderschrank steckt. So etwas macht man einfach nicht ... Alles in allem hat der arme Kerl ein wirklich unglaubliches Maß an Pech gehabt.«

»Vergessen Sie nicht ganz, daß es sich um ein abscheuliches Verbrechen handelt«, tadelte Markham ihn grimmig.

»Seien Sie doch nicht so entsetzlich moralisch, mein Alter. Jeder Mensch ist im Grunde seines Herzens ein Mörder. Ein Mensch, der noch nie das leidenschaftliche Bedürfnis verspürt hat, jemanden zu töten, muß gänzlich ohne Gefühlsleben sein. Und glauben Sie etwa, daß es Moral oder Religion sind, die den Mann auf der Straße davon abhalten zu morden? Liebe Güte, nein! Es ist Feigheit – die Angst, erwischt zu werden, es später zu bereuen, von Gewissensbissen geplagt zu werden. Sehen Sie doch nur, mit welcher Genugtuung das Volk *en masse* – in Gestalt des Staates nämlich – Menschen tötet und dann in den Zeitungen davon schwelgt. Ganze Nationen erklären sich unter den fadenscheinigsten Vorwänden den Krieg, nur damit sie straflos ihrem Blutrausch frönen können. Ich würde sagen, Spotswoode ist nichts weiter als ein rationales Wesen, das den Mut hat, zu seinen Überzeugungen zu stehen.«

»Leider ist die Welt für Ihre nihilistischen Anschauungen noch nicht reif«, erwiderte Markham. »Und in der Zwischenzeit müssen Menschenleben geschützt werden.«

Energisch erhob er sich aus seinem Sessel, ging zum Telefon und ließ sich mit Heath verbinden.

»Sergeant«, kommandierte er, »besorgen Sie sich einen offenen Haftbefehl und kommen Sie umgehend in den Stuyvesant-Club. Bringen Sie einen von Ihren Männern mit – es ist eine Festnahme zu machen.«

»Endlich hat Justitia Beweise nach ihrem Geschmack«, lästerte Vance, während er träge in seinen Mantel schlüpfte und zu Hut und Spazierstock griff. »Was sind Ihre juristischen Prozeduren doch für ein groteskes Theater, Markham! Wissenschaftliche Erkenntnisse – die Fakten der Psychologie – bedeuten euch weisen Solons nichts. Aber eine Schallplatte – ah! Da haben wir doch nun etwas Überzeugendes, Unbestreitbares, Endgültiges in der Hand, nicht wahr?«

Auf dem Weg nach draußen winkte Markham den Wachposten heran.

»Unter keinen Umständen«, sagte er, »darf jemand diese Wohnung betreten, bis ich zurück bin – nicht einmal, wenn er eine schriftliche Erlaubnis hat.«

Wir bestiegen das Taxi, und er wies den Fahrer an, uns zum Club zu fahren.

»So, die Zeitungen wollen also Taten sehen? Nun, die können sie haben ... Sie haben mir da aus einer ekligen Klemme herausgeholfen, mein Alter.«

Er blickte Vance an, und in seinen Augen stand mehr Dankbarkeit geschrieben, als je Worte ausdrücken können.

Kapitel XXX

Das Ende
(Dienstag, 18. September, 3.30 Uhr nachmittags)

Es war genau halb vier, als wir die Rotunde des Stuyvesant-Clubs betraten. Markham ließ sofort den Manager rufen und wechselte leise einige Worte mit ihm. Der Manager eilte davon, und es dauerte etwa fünf Minuten, bis er zurück war.

»Mr. Spotswoode ist in seinem Zimmer«, informierte er Markham. »Ich habe den Elektriker hinaufgeschickt, um die Beleuchtung zu prüfen. Er sagt, der Gentleman ist allein im Zimmer, sitzt am Schreibtisch und schreibt.«

»Welche Zimmernummer?«

»Einunddreißig.« Der Manager machte ein besorgtes Gesicht. »Es wird doch kein Aufsehen geben, Mr. Markham?«

»Ich will es nicht hoffen.« Markhams Ton war eisig. »Aber es geht hier um Dinge, die weitaus wichtiger sind als Ihr Club.«

»Das ist aber nun wirklich übertrieben!« seufzte Vance, als der Manager gegangen war. »Für mich ist es der Gipfel der Absurdität, Spotswoode zu verhaften. Der Mann ist doch kein Krimineller; er hat nichts gemein mit Lombrosos *Uomo delinquente*. Man könnte ihn einen philosophischen Verhaltensforscher nennen.«

Markham schnaubte, antwortete jedoch nichts. Er begann aufgeregt auf- und abzugehen und blickte immer wieder erwartungsvoll zum Haupteingang. Vance suchte sich einen bequemen Sessel und saß da, als ob das alles ihn nichts anginge.

Zehn Minuten darauf trafen Heath und Snitkin ein. Markham führte sie sogleich zu einer Nische und erklärte ihnen kurz, wozu er sie bestellt hatte.

»Spotswoode ist oben in seinem Zimmer«, sagte er. »Ich möchte, daß Sie ihn so unauffällig wie möglich verhaften.«

»Spotswoode!« rief Heath. »Aber ich verstehe nicht –«

»Das brauchen Sie auch nicht zu verstehen. Ich erkläre es Ihnen später«, schnitt Markham ihm das Wort ab. »Ich übernehme die Verantwortung für die Verhaftung. Aber Sie können die Ehre einstreichen – wenn Sie sie wollen. Ist das in Ordnung?«

Heath zuckte die Schultern.

»Für mich schon ... ich mache es ganz wie Sie wollen.« Er schüttelte verständnislos den Kopf. »Aber was ist mit Jessup?«

»Den behalten wir hinter Schloß und Riegel. Unser Hauptzeuge.«

Wir fuhren mit dem Aufzug hinauf zum zweiten Stock. Spotswoodes Räume lagen am Ende des Ganges, mit Blick auf den Platz. Mit grimmiger Miene führte Markham uns hinüber.

Er klopfte, und Spotswoode öffnete uns. Er begrüßte uns freundlich und trat zur Seite, damit wir eintreten konnten.

»Gibt es Neuigkeiten?« fragte er und zog Stühle für uns heran.

Das war der Augenblick, wo er zum ersten Mal deutlich Markhams Gesicht sehen konnte, und er begriff sofort, daß unser Besuch kein Freundschaftsbesuch war. Sein Ausdruck blieb unverändert, doch ich spürte die plötzliche Anspannung in seinem Körper. Seine kalten, unergründlichen Augen wanderten langsam von Markham hinüber zu Heath und Snitkin. Dann sah er Vance und mich an – wir waren ein wenig hinter den anderen stehengeblieben – und nickte steif.

Niemand sagte ein Wort, und doch spürte ich, daß eine komplette Tragödie gespielt wurde und daß jeder auf der Bühne jedes einzelne Wort hörte und verstand.

Markham blieb stehen, als ob er es nicht über sich bringe weiterzumachen. Ich wußte, daß ihm von allen Pflichten seines Amtes das Verhaften von Übeltätern die unangenehmste war. Er war ein Mann von Welt, und wie jeder Mann von Welt wußte er, daß man durch Unglück auf die schiefe Bahn geraten konnte. Heath und Snitkin waren vorgetreten und warteten geduldig, doch gespannt, daß der Bezirksstaatsanwalt den Haftbefehl aussprach.

Spotswoode sah nun wieder Markham an.

»Was kann ich für Sie tun, Sir?« Seine Stimme war ruhig, ohne das kleinste Zittern.

»Sie können diese beiden Beamten begleiten, Mr. Spotswoode«, antwortete Markham ruhig, mit einem leichten Nicken in Richtung der beiden Männer, die unerschütterlich an seiner Seite standen. »Ich verhafte Sie wegen Mordes an Margaret Odell.«

»Ah!« Spotswoode hob ein wenig die Augenbrauen. »Dann haben Sie also – etwas entdeckt?«

»Beethovens ›Andante‹.«

Kein Muskel in Spotswoodes Gesicht regte sich; doch nach einer kurzen Pause machte er eine kaum merkliche Geste der Resignation.

»Ich kann nicht sagen, daß es vollkommen unerwartet kommt«, sagte er mit dem tragischen Anflug eines Lächelns; »zumal Sie ja jeden meiner Versuche vereitelten, die Schallplatte zu beseitigen. Doch ob man in einem solchen Spiel nun Glück hat oder nicht, das weiß man eben nie.« Das Lächeln verflog, und er wurde ernst. »Mr. Markham«, sagte er, »Sie haben sich, indem Sie mich vor der Kanaille schützten, mir gegenüber großzügig gezeigt; und weil ich diese Höflichkeit zu schätzen weiß, möchte ich, daß Sie wissen, daß ich bei dem Spiel, das ich spielte, keine andere Wahl hatte.«

»Ihr Motiv, so zwingend es sein mag«, sagte Markham, »kann das Verbrechen nicht entschuldigen.«

»Meinen Sie, es geht mir um Entschuldigung?« Spotswoode verwarf den Gedanken mit einer verächtlichen Handbewegung. »Ich bin kein Schuljunge. Ich habe die Folgen meines Vorgehens kalkuliert, und nachdem ich die verschiedenen Faktoren gegeneinander abgewogen hatte, beschloß ich, es zu riskieren. Ich hoffte auf mein Glück, gewiß; aber es ist nicht meine Art, zu klagen, wenn ich im vollen Bewußtsein ein Risiko eingehe und dann verliere. Außerdem wurde mir die Entscheidung praktisch abgenommen. Wenn ich nicht gespielt hätte, hätte ich in jedem Falle verloren.«

Seine Miene wurde bitter.

»Diese Frau, Mr. Markham, hat Unmögliches verlangt. Sie war nicht damit zufrieden, mich finanziell bluten zu lassen; sie wollte Sicherheit, Stellung, soziale Anerkennung – durchweg Dinge, die nur mein Name ihr geben konnte. Sie erwartete von mir, daß ich mich scheiden ließ, um sie zu heiraten. Ich frage mich, ob Sie wirklich ermessen können, wie ungeheuerlich diese Forderung war ... Sehen Sie, Mr. Markham, ich liebe meine Frau, und ich liebe auch meine Kinder. Es hieße Ihren Verstand kränken, wollte ich Ihnen erklären, daß dies bei all meinem Verhalten trotzdem die Wahrheit sein kann ... Und doch forderte diese Frau von mir, daß ich mein Leben ruinierte und die Menschen ins Unglück stürzte, die mir soviel bedeuteten, nur um ihren kleinlichen, lächerlichen Ehrgeiz zu befriedigen! Als ich mich weigerte, drohte sie, unsere Beziehung meiner Frau zu enthüllen, ihr Abschriften meiner Briefe zu senden, mich öffentlich anzuklagen – kurz, einen solchen Skandal anzuzetteln, daß mein Leben in jedem Falle ruiniert gewesen wäre, meine Familie entehrt, mein Heim zerstört.«

Er hielt inne und atmete tief.

»Halbheiten sind nie meine Sache gewesen«, fuhr er mit ruhiger Stimme fort. »Zum Kompromiß fehlt mir die Begabung. Vielleicht bin ich darin das Opfer meiner Herkunft. Meine Art ist es eher, die Karten auszureizen – es mit Gewalt zu versuchen, wie groß auch die Gefahr ist. Und fünf Minuten lang, vor einer Woche, da habe ich verstanden, wie die Fanatiker früherer Jahrhunderte ruhigen Sinnes und im Bewußtsein ihrer Rechtschaffenheit die Feinde foltern konnten, die ihre spirituelle Welt bedrohten ... Ich wählte die einzige Lösung, mit der ich die Menschen, die mir lieb waren, vor Leid und Entehrung bewahren konnte. Ich mußte dafür ein verzweifeltes Risiko eingehen. Doch das Blut in mir zauderte nicht, und in meinem Inneren kochte die Wut eines unermeßlichen Hasses. Ich setzte mein Leben ein gegen einen Tod im Leben, weil eine kleine Hoffnung bestand, daß ich damit Frieden gewann. Und ich verlor.«

Wieder lächelte er leise.

»Tja, das Glück im Spiel ... Aber Sie sollen nicht denken, daß ich jammere oder Ihr Mitleid will. Mag sein, daß ich andere belogen habe, doch mir selbst gegenüber bin ich immer aufrichtig gewesen. Ich hasse jeden Pinscher – jeden, der sich rechtfertigen will. Das sollen Sie wissen.«

Er nahm vom Tisch einen kleinen, in flexibles Leder gebundenen Band.

»Noch gestern abend habe ich Wildes ›De profundis‹ gelesen. Verstünde ich wie er mit Worten umzugehen, so wäre mein Geständnis ähnlich ausgefallen. Lassen Sie mich Ihnen zeigen, was ich meine, damit Sie mir nicht auch noch die letzte Demütigung antun und mich für einen Feigling halten.«

Er schlug das Buch auf und las mit einer solchen Inbrunst, daß keiner von uns sich auch nur regte:

»›Meinen Untergang habe ich mir selbst zuzuschreiben. Niemand, ob hoch oder niedrig, muß durch andere Hand zugrunde gehen als die eigene. Doch auch wenn ich dies noch so bereitwillig gestehe, wird es doch zu dieser Zeit viele geben, die mein Geständnis ungläubig aufnehmen. Und so unerbittlich ich mich auch anklage, soll doch jeder wissen, daß ich nicht um Entschuldigung bitten will. So entsetzlich die Strafe auch ist, zu der die Welt mich verurteilt hat, noch entsetzlicher ist das Verderben, das ich selbst über mich gebracht habe ... In der Morgenröte des Mannesalters erkannte ich meinen Rang ... Mein Name galt etwas, meine Stellung war angesehen ...

Dann kam der Wendepunkt. Ich war der Höhen des Lebens überdrüssig geworden – und stieg aus freien Stücken in die Tiefen herab ... Ich gab meinen Gelüsten nach, wo immer mir der Sinn danach stand, und ging dann meines Weges. Ich bedachte nicht, daß jede Tat des täglichen Lebens, selbst die belangloseste, den Charakter eines Menschen formt, zum Guten oder Schlechten; und alles, was in der Abgeschiedenheit der Kammer geschieht, wird eines Tages von den Dächern verkündet. Ich verlor die Beherrschung über mich. Ich hatte das Ruder nicht mehr in der Hand und wußte es nicht. Ich war zum Sklaven meiner Laster geworden ... Nur eines bleibt mir nun noch – vollkommene Demut.‹«

Er warf das Buch beiseite.

»Verstehen Sie jetzt, Mr. Markham?«

Es dauerte eine Weile, bis Markham etwas entgegnete.

»Wollen Sie mir von Skeel erzählen?« fragte er dann.

»Dieses Schwein!« Spotswoode fletschte die Zähne vor Empörung. »Solchen Gestalten könnte ich jeden Tag den Hals umdrehen und würde mich noch als Wohltäter der Menschheit fühlen ... Ja, ich habe ihn erwürgt, und ich hätte es schon vorher getan, hätte sich eine Gelegenheit dazu ergeben ... Skeel hatte sich in der Wohnung versteckt, als ich am Montag nach dem Theater dorthin zurückkehrte, und er muß mit angesehen haben, wie ich die Frau umbrachte. Hätte ich gewußt, daß er hinter der Schranktür steckte, hätte ich sie aufgebrochen und auf der Stelle ein Ende mit ihm gemacht. Aber wie sollte ich das ahnen? Es schien ja ganz natürlich, daß die Schranktür verschlossen war – ich habe weiter keinen Gedanken darauf verschwendet ... Am nächsten Abend rief er mich hier im Club an. Er hatte es zuerst bei mir zu Hause auf Long Island versucht und dort erfahren, daß ich hier wohnte. Ich hatte ihn nie gesehen – wußte überhaupt nicht, daß es ihn gab. Er hingegen wußte offenbar genau über mich Bescheid – ich nehme an, ein Teil des Geldes, das ich der Frau zahlte, ging an ihn weiter. In was für einen Haufen Unrat ich da gefallen war! ... In seinem Anruf sprach er von dem Grammophon, und ich wußte, daß er dahintergekommen war. Ich traf mich mit ihm im Foyer des Waldorf, und dort offenbarte er mir, was er wußte: Ich brauchte gar nicht zu versuchen, es abzustreiten. Als er sah, daß ich ihm glaubte, forderte er eine solche Summe, daß es mir den Atem verschlug.«

Spotswoode zündete sich mit ruhiger Hand eine Zigarette an.

»Mr. Markham, ich bin schon lange kein reicher Mann mehr. Um die Wahrheit zu sagen, ich stehe kurz vor dem Bankrott. Über den

Betrieb, den ich von meinem Vater geerbt habe, wurde schon vor fast einem Jahr der Vergleich eröffnet. Das Haus auf Long Island, in dem ich wohne, gehört meiner Frau. Nur die wenigsten wissen, wie es um mich steht, aber es ist die Wahrheit, glauben Sie mir. Es wäre mir schlicht und einfach unmöglich gewesen, die Summe zu beschaffen, die Skeel forderte, selbst wenn ich vorgehabt hätte, den Feigling zu spielen. Ich gab ihm einen kleinen Betrag, um ihm für ein paar Tage den Mund zu stopfen, und versprach ihm, alles zu zahlen, sobald ich einen Teil meines Vermögens zu Geld gemacht hätte. Ich hoffte, daß ich in der Zwischenzeit in den Besitz der Schallplatte kommen würde, und dann hätte er nichts mehr gegen mich in der Hand gehabt. Doch das gelang mir nicht; und als er drohte, Ihnen alles zu erzählen, erklärte ich mich bereit, ihm am späten Samstag abend das Geld in seine Wohnung zu bringen. Ich hielt die Verabredung von vornherein in der Absicht, ihn zu töten. Ich sah mich vor, als ich das Haus betrat, doch er selbst hatte mir die Arbeit abgenommen, indem er mir genau beschrieb, wann und wie ich hineinkommen könnte, ohne daß jemand mich sehen würde. Als ich erst einmal dort war, vergeudete ich keine Zeit. Beim ersten Augenblick, den er nicht auf der Hut war, packte ich ihn – und ich genoß es. Ich schloß die Tür ab, steckte den Schlüssel ein, verließ ohne alle Heimlichtuerei das Haus und kehrte zurück hierher in den Club. – Das ist alles, glaube ich.«

Vance betrachtete ihn nachdenklich.

»Als Sie gestern abend meinen Einsatz verdoppelten«, sagte er, »da war das also ein beträchtlicher Posten in Ihrem Haushaltsbuch.«

Spotswoode lächelte schwach.

»Es war praktisch jeder Cent, den ich noch hatte.«

»Unglaublich! ... Und würden Sie mir wohl noch sagen, warum sie das Etikett von Beethovens ›Andante‹ für Ihre Schallplatte nahmen?«

»Eine weitere Spekulation, die fehlschlug«, antwortete er matt. »Ich dachte mir, wenn jemand aus Zufall den Deckel das Grammophons öffnete, bevor ich wieder in die Wohnung kam und die Platte beseitigen konnte, dann wäre bei einem klassischen Titel die Wahrscheinlichkeit, daß er sie abspielen will, geringer als bei einem populären.«

»Und ausgerechnet jemand, dem Unterhaltungsmusik ein Graus ist, muß sie finden! Wirklich, Mr. Spotswoode, ich fürchte, das Schicksal hat es nicht gut mit Ihnen gemeint bei diesem Spiel.«

»Ja ... Wäre ich religiös, würde ich Ihnen wahrscheinlich dummes Zeug über Vergeltung und über Sünder, die ihre göttliche Strafe bekommen, erzählen.«

»Ich möchte Sie gern noch nach dem Schmuck fragen«, sagte Markham. »Es gehört sich zwar nicht, und ich hätte es sonst auch nicht getan, aber da Sie die entscheidenden Punkte bereits aus freien Stücken gestanden haben ...«

»Fragen Sie, wonach Ihnen der Sinn steht, Sir«, antwortete Spotswoode, »ich werde es Ihnen nicht übelnehmen. Nachdem ich meine Briefe aus der Dokumentenkassette geholt hatte, stellte ich die Wohnung auf den Kopf, um einen Einbruch vorzutäuschen – ich trug natürlich Handschuhe –, und aus demselben Grunde nahm ich auch den Schmuck der Frau mit. Ich hatte, das nur nebenbei gesagt, die meisten dieser Stücke bezahlt. Ich bot sie Skeel als Schweigegeld an, aber er wollte es nicht riskieren; am Ende warf ich sie fort. Ich habe sie in eine der Zeitungen gewickelt, die im Club ausliegen, und in einen Mülleimer nicht weit vom Flatiron Building geworfen.«

»Sie haben sie in die Morgenausgabe des *Herald* gewickelt«, schaltete Heath sich ein. »Wußten Sie, daß Paps Cleaver keine Zeitung außer dem *Herald* liest?«

»Sergeant!« tadelte Vance ihn mit schneidender Stimme. »Das wußte Mr. Spotswoode mit Sicherheit nicht – sonst hätte er eine andere Zeitung genommen.«

Spotswoode betrachtete Heath mit verächtlichem Lächeln. Dann warf er Vance einen anerkennenden Blick zu und wandte sich dann wieder an Markham.

»Vielleicht eine Stunde nachdem ich den Schmuck fortgeworfen hatte, packte mich plötzlich die Furcht, das Päckchen könnte gefunden werden und jemand dahinterkommen, woher die Zeitung stammte. Also kaufte ich ein zweites Exemplar des *Herald* und klemmte es in den Halter.« Er hielt inne. »Wäre das alles?«

Markham nickte.

»Ich danke Ihnen – das wäre alles; nur daß ich Sie nun bitten muß, mit den beiden Beamten mitzugehen.«

»Dann möchte ich«, sagte Spotswoode mit ruhiger Stimme, »Sie noch um einen kleinen Gefallen bitten, Mr. Markham. Nun, wo die Entscheidung getroffen ist, möchte ich noch ein paar Worte niederschreiben – für meine Frau. Aber ich möchte allein sein, wenn ich sie schreibe. Dafür haben Sie doch gewiß Verständnis. Ich werde nur ein paar Augenblicke brauchen. Ihre Männer können an der Tür Wache halten – ich kann Ihnen ja nicht entgehen ... Soviel Großzügigkeit kann sich ein Sieger doch gestatten.«

Bevor Markham etwas sagen konnte, trat Vance vor und faßte ihn am Arm.

»Ich will doch hoffen«, schaltete er sich ein, »daß Sie es nicht für notwendig halten werden, Mr. Spotswoodes Bitte abzuschlagen.«

Markham blickte ihn zögernd an.

»Wahrscheinlich haben Sie sich ja das Recht verdient, mir diese Entscheidung abzunehmen, Vance«, stimmte er dann zu.

Er gab Heath und Snitkin Order, draußen auf dem Flur zu warten, und ging mit Vance und mir ins Nebenzimmer.

Markham blieb bei der Tür stehen, wie in Bereitschaft; doch Vance schlenderte mit einem ironischen Lächeln zum Fenster und blickte hinunter auf den Madison Square.

»Ich muß schon sagen, Markham!« meinte er. »Der Bursche macht mir Eindruck. Man muß ihn einfach bewundern. So durch und durch logisch und vernünftig.«

Markham antwortete nicht. Der nachmittägliche Verkehrslärm der City, gedämpft durch die geschlossenen Fenster, schien die ominöse Stille des kleinen Schlafzimmers, in dem wir warteten, noch zu verstärken.

Dann kam ein lauter Knall aus dem anderen Zimmer.

Markham riß die Tür auf. Heath und Snitkin waren bereits hereingestürzt und beugten sich hinab zu Spotswoode, der am Boden lag. Markham warf einen Blick auf ihn, dann fuhr er herum und starrte Vance, der in der Tür erschienen war, wütend an.

»Er hat sich erschossen!«

»Was Sie nicht sagen«, entgegnete Vance.

»Sie – Sie haben das gewußt?« stotterte Markham.

»Aber es war doch offensichtlich.«

Markhams Augen schleuderten Blitze.

»Und Sie haben sich absichtlich für ihn eingesetzt – damit er die Gelegenheit dazu bekam?«

»Also wirklich, mein Lieber!« tadelte Vance ihn. »Nun kommen Sie doch nicht zum Schluß noch mit kleinlichen Moralvorstellungen daher. So unanständig es – in der Theorie zumindest – auch sein mag, einem anderen das Leben zu nehmen, ist das eigene Leben eines Menschen doch allein dessen Sache. Das Recht auf Selbstmord kann ihm keiner nehmen. Und wenn ich mir die väterliche Tyrannei unserer modernen Demokratien so ansehe, dann ist es so ziemlich das einzige Recht, das ihm noch bleibt, nicht wahr?«

Er warf einen Blick auf seine Uhr und runzelte die Stirn.

»Da, jetzt habe ich mein Konzert verpaßt, nur weil ich Ihnen bei Ihrer grausigen Arbeit helfe«, klagte er und schenkte Markham sein schönstes Lächeln, »und am Ende tadeln Sie mich auch noch dafür. Ich muß schon sagen, mein Alter, das ist wirklich verdammt undankbar von Ihnen!«

Nachwort

Entgegen dem sonstigen Prinzip, eine Reihe in »DuMont's Kriminal-Bibliothek« möglichst in chronologischer Folge erscheinen zu lassen, werden die Werke S. S. van Dines, alias Willard Huntington Wright (1888–1939), fast in verkehrter Reihenfolge vorgelegt. Begonnen wurde mit dem vierten Band (»Der Mordfall Bischof«, DuMont's Kriminal-Bibliothek Bd. 1006); dann erschien der dritte (»Der Mordfall Greene«, DuMont's Kriminal-Bibliothek Bd. 1029), dem nun der zweite folgt, »The Canary Murder Case« aus dem Jahre 1927. Wir haben uns zu dieser Abweichung von den eigenen Normen entschlossen, um Wright-van Dine auch in Deutschland als einen der Großmeister des Genres ›Detektivroman‹ bekanntzumachen, und dazu schienen uns seine spektakulärsten Fälle am besten geeignet: eine Mordserie nach dem grausigen Schema populärer Kinderreime (»Mordfall Bischof«) – eine Anregung, die dann Agatha Christie und Ellery Queen dankbar aufnahmen – und eine weitere Mordserie, deren grundlegendes Prinzip hier nicht verraten werden darf (»Mordfall Greene«).

Daß Willard Huntington Wright in Deutschland nicht so bekannt ist, hat historische Gründe: Seine legendären Triumphe mit zwölf Bestsellern, Buchclub-Erfolgen, zahllosen Verfilmungen und einer eigenen Hörspielserie feierte er in den zwanziger und dreißiger Jahren zu einer Zeit, als der ›Kriminalroman‹ in Deutschland höchstens als diffamiertes Objekt von Kampagnen gegen ›Schmutz und Schund‹ Aufmerksamkeit erregte. In diesem Klima konnte van Dines Bemühen, den Detektivroman als legitime Kunstform von den Machwerken etwa eines Edgar Wallace abzusetzen, keine Resonanz finden. Als dann auch in Deutschland in den siebziger Jahren die kunst- und durchaus anspruchsvolle Form des ›Krimis‹ stärkere Achtung und Beachtung fand, stand van Dine selbst bei den Liebhabern des klassischen Detektivromans im Schatten seines Schülers »Ellery Queen« (»Der mysteriöse Zylinder«, »Sherlock Holmes und Jack the Ripper«,

»Der Sarg des Griechen«, DuMont's Kriminal-Bibliothek Bde. 1008, 1017, 1040). Für ein breiteres Publikum schien aber die amerikanische Schule, wie Dashiell Hammett sie begründet und Raymond Chandler sie programmatisch etabliert und fortgeführt hatte, mit ihrem scheinbaren Realismus van Dine und seine bewußt gepflegte Künstlichkeit endgültig aus dem Olymp verstoßen zu haben. Erst mit der erneuten Blüte des klassischen Rätselromans als legitimer künstlich-künstlerischer Spätform wurde der Autor wiederentdeckt, der diese Entwicklung in Gang gesetzt und wie kein anderer auch theoretisch und kritisch begleitet hatte. Gemeinsam mit seinen Generationsgenossinnen Agatha Christie und Dorothy L. Sayers, die 1920 bzw. 1923 debütierten, etablierte van Dine den Detektivroman als komplexe epische Großform, bei der der Kommunikationsprozeß zwischen Autor und Leser kunstvoll geregelt war. Seit den frühen Werken dieses Trios ist es für jeden Autor des Genres Ehrensache, einerseits alle ›clues‹, die dem Detektiv für die Lösung des Falls zur Verfügung standen, auch dem Leser zu präsentieren, sie aber gleichzeitig so kunstvoll zu plazieren, daß der Leser sie übersieht und so trotz aller Wachsamkeit bei der Lektüre von der endlichen Auflösung überrascht wird.

S. S. van Dine, der während einer durch eine Herzerkrankung bedingten zweijährigen Bettruhe, bei der ihm sogar ›anstrengende‹ Lektüre verboten war, nahezu alle bis dahin erschienenen europäischen und amerikanischen ›Krimis‹ gelesen hatte, ist sich dieser Tradition durchaus bewußt, stellt sich in sie und spielt mit ihr. Seine Erzählfiktion übernimmt er von Edgar Allan Poe und vor allem von Sir Arthur Conan Doyle, dessen letzte Sammlung von Holmes-Geschichten, »The Case-Book of Sherlock Holmes«, 1927 zeitgleich mit van Dines »Mordfall Canary« erschien. Im Gegensatz zu Conan Doyle aber, der mit der Nennung seines Namens auf dem Titelblatt zum Leidwesen der Holmesianer in aller Welt die Fiktion durchbricht, Dr. Watson habe mit vier Ausnahmen die detektivischen Abenteuer seines Freundes berichtet, hält W. H. Wright durch sein Pseudonym »S. S. van Dine« seine Fiktion durch: In den Büchern ist S. S. van Dine der persönliche Anwalt des zum höchsten und ältesten Geldadel zählenden Philo Vance – sein Familienname ist so berühmt, daß »van Dine« ihn bei der Publikation der Fälle hinter einem Pseudonym verbergen muß. Er selbst bleibt so farblos wie der anonyme Begleiter, den Poe von den Heldentaten seines Auguste Dupin berichten läßt – er ist nicht mehr als Kamera und Mikrophon, hält das

Geschehen fest und arbeitet es später zu einem chronologischen Bericht aus.

Bei der Erschaffung seines Detektivs aus den besten Kreisen hat zweifellos D. L. Sayers' Lord Peter Wimsey Modell gestanden, der drei Jahre vor Philo Vance das Licht der Welt erblickt hatte. Die aristokratischen Manieren – und Manierismen – teilt er mit ihm, den makellosen akademischen Hintergrund und den nahezu unbeschränkten ererbten Reichtum; man bedauert nur, daß sein Kammerdiener Currie nie das Format seines britischen Kollegen Bunter erreicht. Wie Sayers' Amateurdetektiv mit Chief Inspector Parker befreundet und später sogar verschwägert ist, hat Philo Vance den Bezirksstaatsanwalt von New York County, seinen einstigen Studienkollegen, zum besten Freund, so daß beide ganz zwanglos an ihre Fälle geraten und beiden für Routineermittlungen der gesamte Polizeiapparat zur Verfügung steht.

Neu ist allerdings die Vorgehensweise Philo Vance', sein grundlegendes Mißtrauen gegenüber Indizien jeder Art, wie sie der Polizei allein wichtig sind. Fakten können in die Irre führen und tun es auch, während sich aus dem richtig erfaßten Gesamtbild eines Verbrechens unweigerlich sein Urheber erschließen läßt. Hier kommen Vance seine als Kunstsammler erworbenen Kenntnisse zur Hilfe: Wie ein bestimmtes Bild für den Kenner seinen Meister verrät, so ein Verbrechen seinen Täter.

So bildet das Vermittlungsteam in Vance' zweitem Fall eine Troika, die in verschiedene Richtungen zieht: Sergeant Heath als Vertreter der Mordkommission interessiert sich nur für Fakten, Fingerabdrücke und Vorstrafen, Vance für den Kopf, den er hinter den kunstvoll arrangierten Ergebnissen zu erkennen glaubt, und John F.-X. Markham braucht unter dem Druck der Öffentlichkeit ein schnelles Ergebnis. Er hat seit kurzem alle Ermittlungen bei Verbrechen im Nachtclub-Milieu an sich gezogen – die aufziehende Prohibitionskriminalität zeigt ihre Krallen. Das neueste Verbrechen könnte durchaus in diese Richtung weisen: Die ermordete Margaret Odell ist eine berühmte Broadway-Schönheit, im Kostüm des Kanarienvogels in einer Revue ertanzte sie sich die Herzen der New Yorker, vor allem der männlichen, wovon ihr der Ehrenname »Canary« geblieben ist. Dabei war nach allen Ermittlungen der Polizei die junge Dame, was Männerbekanntschaften anging, äußerst wählerisch – sowohl hinsichtlich der Zahl als auch der Einkommenshöhe ihrer Favoriten. Außer einem Einbruchsspezialisten aus ihrer dunkleren Vergangenheit erfreuten sich in den letzten Jahren nur ein Fabrikant, ein Modearzt, ein Großkaufmann und ein Spielclub-Besitzer ihres vertrauteren Umgangs. Alle vier haben ein Alibi, was aber nur Heath und Markham, nicht Vance beeindruckt. Mehr noch – und das bereitet allen dreien erhebliches Kopfzerbrechen –, die Schöne der Nacht wurde erwürgt, als sie allein in ihrer verschlossenen Wohnung war und der zur Wohnung führende Korridor die ganze Nacht vom Telefonisten und Rezeptionisten des Apartmenthauses bewacht war. Dennoch muß jemand die Wohnung betreten, den Mord begangen, das Zimmer durchwühlt und dann wieder verlassen haben. Heath ist überzeugt, die Lösung für den offenkundigen Raubmord zu finden, wenn er den mehr als einschlägigen Berufsverbrecher lange genug verhört, wurden doch dessen Fingerabdrücke zu allem Überfluß in der Wohnung gefunden. Um nichts zu versäumen, läßt er zusätzlich durch Architekturspezialisten das Haus auf potentielle Geheimgänge absuchen, um auf seine schlichte Weise zur Lösung des klassischen Problems ›Mord im hermetisch verschlossenen Raum‹ beizutragen.

Vance deutet alle diese Spuren anders: Nach seinem Empfinden wurden sie samt und sonders gelegt, um die Polizei in die Irre zu führen; die Wohnung sieht so perfekt nach einem in aller Eile begangenen Raubmord aus, daß es eine Fälschung sein muß, wie beim Werk eines übereifrigen Fälschers, der einfach keinen Zug der Meisterhand auslassen wollte. Wenn er den Kopf, den er hinter dieser Planung zu erkennen glaubt, einer der verdächtigen Personen zuordnen kann, werden sich die kleineren Probleme der Alibis und des Zugangs zum verschlossenen und bewachten Raum schon lösen lassen. Was ihn motiviert, ist nicht der Kampf für die Gesellschaft, der auch seinen großen Vorgängern wie Auguste Dupin und Sherlock Holmes herzlich gleichgültig war, sondern die Faszination des »reizenden kleinen Problems«, das sich ihm hier stellt. Schließlich ist es eine Pokerpartie, die ihn den Täter finden läßt – aber dessen Alibi bleibt ebenso bombensicher wie das Problem seines Zugangs zum verschlossenen Raum ungelöst. Nicht die Lösung des Falles, wohl aber die Überführung des Täters verdankt so der große Philo Vance letztlich dem Zufall – aber auch wieder nicht ganz: Im allerletzten ist es sein ästhetischer Sinn, der ihn den ganzen Fall über instinktsicher geleitet hat und der ihn dann auch die gerichtsverwertbare Lösung finden läßt. ›Mord als schöne Kunst betrachtet‹ – das ist S. S. van Dines entscheidender Beitrag zur Entwicklung des Genres.

Volker Neuhaus

DUMONT's Kriminal-Bibliothek

»Knarrende Geheimtüren, verwirrende Mordserien, schaurige Familienlegenden und, nicht zu vergessen, beherzte Helden (und bemerkenswert viele Heldinnen) sind die Zutaten, die die Lektüre der DUMONT's ›Kriminal-Bibliothek‹ zu einem Lese- und Schmökervergnügen machen. Der besondere Reiz dieser Krimi-Serie liegt in der Präsentation von hierzulande meist noch unbekannten anglo-amerikanischen Autoren.«

Neue Presse/Hannover

Band 1001	Charlotte MacLeod	**»Schlaf in himmlischer Ruh'«**
Band 1002	John Dickson Carr	**Tod im Hexenwinkel**
Band 1003	Phoebe Atwood Taylor	**Kraft seines Wortes**
Band 1004	Mary Roberts Rinehart	**Die Wendeltreppe**
Band 1005	Hampton Stone	**Tod am Ententeich**
Band 1006	S. S. van Dine	**Der Mordfall Bischof**
Band 1007	Charlotte MacLeod	**»... freu dich des Lebens«**
Band 1008	Ellery Queen	**Der mysteriöse Zylinder**
Band 1011	Mary Roberts Rinehart	**Der große Fehler**
Band 1012	Charlotte MacLeod	**Die Familiengruft**
Band 1013	Josephine Tey	**Der singende Sand**
Band 1014	John Dickson Carr	**Der Tote im Tower**
Band 1016	Anne Perry	**Der Würger von der Cater Street**
Band 1017	Ellery Queen	**Sherlock Holmes und Jack the Ripper**
Band 1018	John Dickson Carr	**Die schottische Selbstmord-Serie**
Band 1019	Charlotte MacLeod	**»Über Stock und Runenstein«**
Band 1020	Mary Roberts Rinehart	**Das Album**
Band 1021	Phoebe Atwood Taylor	**Wie ein Stich durchs Herz**
Band 1022	Charlotte MacLeod	**Der Rauchsalon**
Band 1023	Henry Fitzgerald Heard	**Anlage: Freiumschlag**
Band 1024	C. W. Grafton	**Das Wasser löscht das Feuer nicht**
Band 1025	Anne Perry	**Callander Square**
Band 1026	Josephine Tey	**Die verfolgte Unschuld**
Band 1027	John Dickson Carr	**Die Schädelburg**
Band 1028	Leslie Thomas	**Dangerous Davies, der letzte Detektiv**

Band 1029	S. S. van Dine	**Der Mordfall Greene**
Band 1030	Timothy Holme	**Tod in Verona**
Band 1031	Charlotte MacLeod	**»Der Kater läßt das Mausen nicht«**
Band 1033	Anne Perry	**Nachts am Paragon Walk**
Band 1034	John Dickson Carr	**Fünf tödliche Schachteln**
Band 1035	Charlotte MacLeod	**Madam Wilkins' Palazzo**
Band 1036	Josephine Tey	**Wie ein Hauch im Wind**
Band 1037	Charlotte MacLeod	**Der Spiegel aus Bilbao**
Band 1038	Patricia Moyes	**»… daß Mord nur noch ein Hirngespinst«**
Band 1039	Timothy Holme	**Satan und das Dolce Vita**
Band 1040	Ellery Queen	**Der Sarg des Griechen**
Band 1041	Charlotte MacLeod	**Kabeljau und Kaviar**
Band 1042	John Dickson Carr	**Der verschlossene Raum**
Band 1043	Robert Robinson	**Die toten Professoren**
Band 1044	Anne Perry	**Rutland Place**
Band 1045	Leslie Thomas	**Dangerous Davies … Bis über beide Ohren**
Band 1046	Charlotte MacLeod	**»Stille Teiche gründen tief«**
Band 1047	Stanley Ellin	**Der Mann aus dem Nichts**
Band 1048	Timothy Holme	**Morde in Assisi**
Band 1049	Michael Innes	**Zuviel Licht im Dunkel**
Band 1050	Anne Perry	**Tod in Devil's Acre**
Band 1051	Phoebe Atwood Taylor	**Mit dem linken Bein**
Band 1052	Charlotte MacLeod	**Ein schlichter alter Mann**
Band 1053	Lee Martin	**Ein zu normaler Mord**
Band 1054	Timothy Holme	**Der See des plötzlichen Todes**
Band 1055	Lee Martin	**Der Komplott der Unbekannten**
Band 1056	Henry Fitzgerald Heard	**Das Geheimnis der Haarnadel**
Band 1057	Sarah Caudwell	**Adonis tot in Venedig!**
Band 1058	Phoebe Atwood Taylor	**Die leere Kiste**
Band 1059	Paul Kolhoff	**Winterfische**
Band 1060		**Mord als schöne Kunst betrachtet**
Band 1061	Lee Martin	**Tod einer Diva**
Band 1062	S. S. van Dine	**Der Mordfall Canary**
Band 1063	Charlotte MacLeod	**Wenn der Wetterhahn kräht**

Band 1006
S. S. van Dine
Der Mordfall Bischof

»Müßte man jemanden nennen, der Sherlock Holmes ebenbürtig ist, dann könnte das nur Philo Vance sein, der in den Büchern von S. S. van Dine auf der anderen Seite des Atlantik selbst den durchtriebensten Verbrechern auf die Spur kommt. In diesem Band stellen wir den berühmtesten Fall dieses Klassikers unter den amerikanischen Detektiven vor ... Ein Mord unter kühl kalkulierenden Mathematikern; unmöglich! Doch was zunächst wie ein Unglücksfall im Haus von Professor Dillard aussieht, stellt sich bald als raffiniert geplanter Mord heraus. Noch unheimlicher: die Handlungsvorlage ist ein bekannter Kinderreim ...«
Mittelbayerische Zeitung

Band 1029
S. S. van Dine
Der Mordfall Greene

Im Haus der Greenes hat scheinbar ein Amokläufer gewütet: Julia Greene wurde erschossen, ihre Schwester Ada ist schwer verwundet. Tippt die Polizei zunächst auf einen Einbrecher, so ist sich Philo Vance, der kühl kalkulierende Amateurdetektiv, bald sicher: Hinter diesem Mord steckt mehr! Auch die übrigen Mitglieder der Familie Greene glauben nicht mehr an einen gewöhnlichen Dieb. Sie scheinen vielmehr vor etwas Angst zu haben, was sich innerhalb der düsteren Mauern des Greeneschen Domizils befindet, und verdächtigen sich bald gegenseitig . . .

Nach dem zweiten Mord steht jedenfalls eines fest: Mord kommt auch in den reichsten Familien vor. Und Philo Vance muß seinen ganzen Scharfsinn einsetzen, um dem Grauen auf die Spur zu kommen und den Haß zu besiegen.

Band 1055
Lee Martin
Das Komplott der Unbekannten

Deb Ralston entdeckt beim Joggen die Leiche einer hochschwangeren Frau in einem Wassergraben. Da sie die erste Detektivin am Ort ist, wird sie mit der Lösung des Falles beauftragt. Sie stellt bald fest, daß es schon seit einiger Zeit in ihrem und den benachbarten Countys und Staaten eine ganze Reihe von Vermißtenmeldungen schwangerer Frauen gibt, die ebenso wie ihre Babys verschollen bleiben. So setzt sich in ihr der Verdacht fest, daß dieser Mord ebenso wie das Verschwinden der Schwangeren etwas mit dem schwunghaften Handel mit illegalen Adoptivkindern zu tun haben könnte. Aber bald nehmen die Mörder auch sie und ihren Sohn aufs Korn...

Band 1056
Henry Fitzgerald Heard
Das Geheimnis der Haarnadel

Der merkwürdige Forscher Mycroft (der Kenner an Sherlock Holmes erinnert) bringt seinen »Watson-wider-Willen« – den Eigenbrötler Sidney Silchester – unter einem Vorwand dazu, sich ein Haus auf dem Lande anzusehen. Was Wunder, daß sich in eben diesem Haus ein Selbstmord ereignete – so scheint es zumindest. Um den Toten, einen allseits schlecht gelittenen Griesgram, der sich mittels einer dolchförmigen Haarnadel aus dieser Welt verabschiedete, trauert niemand so recht – auch die Polizei zeigt sich geneigt, den Fall als Selbstmord zu den Akten zu legen. Nicht so Mr. Mycroft: Anhand einer alten Stahlfeder, eines Astes und eines Drahtspanners entlarvt er den Täter!

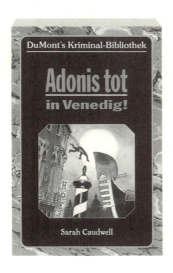

Band 1057
Sarah Caudwell
Adonis tot in Venedig!

Die leicht verträumte und hilflos wirkende Rechtsanwältin Julia Larwood aus England macht eine Bildungsreise nach Venedig. In Briefen an die Kollegen berichtet sie, daß nichts sie so fasziniere wie der adonisgleiche Ned aus ihrer Reisegruppe, dessen Verführung sie sorgfältig vorbereitet und genau dokumentiert. Unverhofft werden die schlimmsten Befürchtungen der Daheimgebliebenen bestätigt: Ned wird nach einer Liebesnacht mit Julia ermordet – und sie behauptet sogar, ihn gar nicht zu kennen ... Ihre Freunde und Kollegen, allen voran die Juraprofessorin Hillary Tamar, machen sich daher daran, Julia's Unschuld aus dem fernen England zu beweisen.

Band 1058
Phoebe Atwood Taylor
Die leere Kiste

Chaos bei Leonidas Witherall: Ein Schulausflug der Quinta unter seiner Leitung endet damit, daß Leonidas als Führer einer terroristischen Vereinigung von Armee, Nationalgarde und Polizei gesucht wird. Als er nach Hause kommt, ist sein Haus völlig verwüstet, und auf seinem Bett liegt eine gefesselte und geknebelte Blondine. Außerdem soll er, so besagen zahllose Telegramme von einer potentiellen Spenderin für die Meredith Akademie, George an einer Straßenecke abholen. So macht sich Leonidas auf den Weg – aber George taucht nicht auf! Dafür jedoch an der nächsten Straßenecke die Leiche des dubiosen Bankdirektors ...

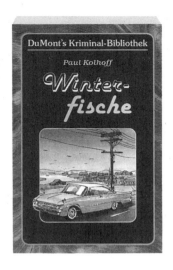

Band 1059
Paul Kolhoff
Winterfische

Eines morgens wird der Kleinstadt-Journalist Ben Coogle mit einer ungewöhnlichen Nachricht geweckt: Im Gefängnis hat es zwei Tote gegeben, der Häftling Jeff Willer hat offenbar seinen Zellenkumpan grundlos erstochen und sich dann selbst erhängt. Ben Coogle wittert *die* Story, denn ihm sind die Tatmotive Willers suspekt, schließlich war dieser nur wegen Trunkenheit eingesperrt und Sohn des reichsten Manns am Ort. Zusammen mit der Polizistin Toni macht er sich im Sumpf der Kleinstadt auf die Suche nach der Wahrheit. Jedenfalls scheinen Coogle und Toni auf dem richtigen Weg zu sein, denn sie geraten bald selbst in tödliche Gefahr …

Band 1060
Mord als schöne Kunst betrachtet
*Die raffiniertesten Kurzgeschichten der
»DUMONT's Kriminal-Bibliothek«-Autoren in einem Band*

Anläßlich des 10jährigen Jubiläums der »DUMONT's Kriminal-Bibliothek« stellt dieser Band klassisch-schöne Detektivgeschichten vor, deren Mehrzahl noch nie auf deutsch erhältlich war, ja von denen einige überhaupt erstmals das Licht der öffentlichen Welt erblicken. Begleiten Sie die Detektivinnen und Detektive der bewährten Autoren der »DUMONT's Kriminal-Bibliothek«!
Mit Kurzgeschichten von:
John Dickson Carr, Stanley Ellin, Timothy Holme, Michael Innes, Paul Kolhoff, Charlotte MacLeod, Lee Martin, Anne Perry, Ellery Queen, Mary Roberts Rinehart, Leslie Thomas und Robert Robinson.

Band 1061
Lee Martin
Tod einer Diva

Deb Ralston – Polizistin, Adoptivmutter und bereits Großmutter – ist mit 42 Jahren erstmals schwanger. Statt Mordfälle zu lösen, erholt sie sich deshalb bei der Mutter einer Schulfreundin, einst eine gefeierte Leinwand-Diva. Doch die einstmals von ihr geradezu angehimmelte Schauspielerin erweist sich zuerst als sehr anstrengend, dann als tot. Der Ex-Star hatte sich schnell als psychisch schwer geschädigtes alkoholisiertes Wrack erwiesen, das unter Verfolgungsängsten litt. Motive findet Deb im Laufe ihrer Ermittlungen mehr als genug – aber den Täter zu finden wird durch vergiftete Drinks, geheimnisvolle Stichwunden und zahlreiche (falsche)Testamente nicht leichter.

Band 1063
Charlotte MacLeod
Wenn der Wetterhahn kräht

Der Botanikprofessor und »Sherlock Holmes der Rübenfelder« Peter Shandy und seine kluge Frau Helen sind wieder auf Verbrecherjagd. Es gilt nicht nur, einer ganzen Bande von Wetterfahnen-Dieben das Handwerk zu legen, sondern auch, den Verantwortlichen für den Brand einer Seifenfabrik zu finden. Haben die spektakulären Diebstähle mit integrierter Brandstiftung etwas mit den mysteriösen Überlebenskämpfern zu tun, die sich bei näherem Hinsehen als schießwütige paramilitärische Wehrsportgruppe entpuppen? Peter und Helen lösen nicht nur auf brillante Weise den Fall, sondern treffen auf die skurrilsten Typen und geraten in die erstaunlichsten Gefahren.